◎ 美联储主席金融文萃

金融监管与系统性风险防范
——来自美联储的观点

JINRONG JIANGUAN
YU XITONGXING FENGXIAN FANGFAN
LAIZI MEILIANCHU DE GUANDIAN

艾伦·格林斯潘
本·伯南克
珍妮特·耶伦 ◎ 著

王中华 ◎ 译

首都经济贸易大学出版社
Capital University of Economics and Business Press
·北 京·

图书在版编目（CIP）数据

金融监管与系统性风险防范：来自美联储的观点 / (美) 艾伦·格林斯潘，(美) 本·伯南克，(美) 珍妮特·耶伦著；王中华译. -- 北京：首都经济贸易大学出版社，2024.9

ISBN 978-7-5638-3230-9

Ⅰ. ①金… Ⅱ. ①艾… ②本… ③珍… ④王… Ⅲ. ①美国联邦储备系统－金融监管－研究②美国联邦储备系统－金融风险防范－研究 Ⅳ. ①F837.123

中国版本图书馆CIP数据核字(2022)第196041号

金融监管与系统性风险防范——来自美联储的观点
JINRONG JIANGUAN YU XITONGXING FENGXIAN FANGFAN
——LAIZI MEILIANCHU DE GUANDIAN
艾伦·格林斯潘　本·伯南克　珍妮特·耶伦　著
王中华　译

责任编辑	陈　侃
封面设计	砚祥志远·激光照排　TEL:010-65976003
出版发行	首都经济贸易大学出版社
地　　址	北京市朝阳区红庙（邮编100026）
电　　话	(010) 65976483　65065761　65071505（传真）
网　　址	http://www.sjmcb.com
E－mail	publish@cueb.edu.cn
经　　销	全国新华书店
照　　排	北京砚祥志远激光照排技术有限公司
印　　刷	唐山玺诚印务有限公司
成品尺寸	170毫米×240毫米　1/16
字　　数	296千字
印　　张	22.25
版　　次	2024年9月第1版　2024年9月第1次印刷
书　　号	ISBN 978-7-5638-3230-9
定　　价	98.00元

图书印装若有质量问题，本社负责调换
版权所有　侵权必究

前　言

20 世纪 70 年代以来，受技术进步的影响，加之金融自由化和金融创新的发展，金融行业在国民收入中的比重持续上升。金融业效率的提升，既推动了经济的发展，也使得金融领域的风险更容易扩散开来。于是，进入 20 世纪 90 年代之后，包括墨西哥金融危机和东南亚金融危机在内的各种金融危机开始频繁出现，引发了人们对金融体系内在稳定性的担忧，以及对新兴市场经济体金融监管问题的关注。

始于 2008 年的金融危机，是自大萧条以来最严重的金融危机。危机过程中，贝尔斯登、房利美、房地美、雷曼兄弟和美国国际集团等著名金融机构相继陷入困境。经济学家普遍认为，此次金融危机在很大程度上是政府监管失灵导致的。在经历了全球性的金融危机之后，世界各国纷纷强化金融监管，通过变革寻求出路。美国大力进行金融改革，通过整合与优化监管体制、强化金融消费者保护和实施全面监管等措施，力图摆脱危机。这些措施体现了美国当局金融监管理念的变化，也显示了后危机时代金融监管的基本发展趋势。

2010 年 7 月 22 日，时任美国总统奥巴马签署了《多德—弗兰克华尔街改革与消费者保护法》（简称《多德—弗兰克法案》）。这项法案标志着美国金融监管的一个新纪元的开始，是自 1930 年以来最为重要的金融监管改革。《多德—弗兰克法案》文本长达两千多页，涉及的改革内容极为庞杂，但它有两个非常清晰的主要目标：一是降低系统性金融风险；二是降低大型金融机构倒闭带来的损害。

法案的重要改革内容之一是成立金融稳定监管委员会，由其负责风险监测并处理威胁国家金融稳定的系统性风险。为了更好地监管金融机构，法案对具有系统重要性的金融机构施加了更为严格的监管。这些受到特别监管的金融机构，包括资产超过 500 亿美元的银行控股公司，以及金融稳定监管委员会认定具有系统重要性的非银行类金融机构（如投资银行和保险控股公司等）。法案要求这类具有系统重要性的公司维持比普通金融机构更高的资本充足水平，以降低破产倒闭的风险。

法案的第二个目标是在相关机构倒闭的事实发生以后，降低倒闭带来的影响和损害。对于这一目标，法案采取了一种新的破产框架——"多德—弗兰克清算规则"。如果监管者发现某一家具有系统重要性的金融机构发生倒闭或处于倒闭的危机中，它就可以向华盛顿特区的联邦法院提出启动清算程序，并指定联邦存款保险公司接管该金融机构，对其进行清算。

除此之外，法案还在公司治理、信用评级和对冲基金管理等方面进行了改革。

金融稳定是实体经济稳定的基础。金融监管一直是我国宏观经济管理的重要任务。我国金融监管的目标是：维护金融体系的安全和稳定，保证金融机构审慎经营和保护金融消费者的利益，并以此为导向，结合我国国情，在现有监管体系基础上，积极构建宏观审慎监管和微观审慎监管相结合的金融监管组织体系，并逐步建立和完善金融消费者保护机构及保护机制。党的十九大报告强调，"健全金融监管体系，守住不发生系统性金融风险的底线"，并将防范和化解重大风险作为全面决胜小康社会三大攻坚战之首。2017 年召开的全国金融工作会议指出：金融安全是国家安全的重要组成部分，要紧紧围绕服务实体经济、防控金融风险、深化金融改革三项任务，创新和完善金融调控，健全现代金融企业制度，完善金融市场体系，推进构建现代金融监管框架，加快转变金融发展方式，健全金融法治，保障国家金融安全，促进经济和金融良性循环、健康发展。

防范系统性金融风险是一个浩大的工程，涉及方方面面的内容。2018年4月12日，国家金融与发展实验室、中国社会科学院金融研究所及金融法律与金融监管研究基地联合发布《中国金融监管报告2018》，强调我国系统性金融风险防范目前需要关注以下主要内容。

第一，要把主动防范化解系统性金融风险放在更加重要的位置，建立健全系统性风险监测预警体系。要参照国外的经验，构建符合我国国情、具有监测功能和预警功能的中国系统性风险指数和系统性风险"仪表盘"，对重要的金融行业、金融市场和金融要素形成全面、实时的动态跟踪，构建中国系统性风险指数，建立健全系统性风险的识别、监测、预警和处置机制。

第二，要深化金融监管体系改革，注重功能监管、依法监管和监管协调。金融监管体系需要在系统性金融风险监测、功能监管、金融监管法制化、监管协调等领域开展有针对性的改革，构建立足依法监管、重在实施功能监管、有效进行监管协调、具有系统性风险防控作用的金融监管体系。金融监管协调是完善金融监管体系的核心任务之一，需要在更高层面进行协调统筹，研究如何进一步完善金融协调组织框架，有效提升金融监管效率。

第三，要实施货币政策与宏观审慎双支柱政策框架，保障金融安全与稳定。货币政策当局需要重点关注系统性金融风险的演进，继续实施稳健中性、适度趋紧的货币政策，适应货币供应方式新变化，调节好货币总闸门；此外，还要进一步完善宏观审慎评估体系，强化对银行业的宏观审慎监管，重点强化对跨行业、跨市场、高关联金融业务的监管。

第四，要坚持问题导向，强化重点突破，重点防控系统性金融风险的核心要素。要注意系统性金融风险在时间维度上的传染机制，重点关注金融顺周期性的风险冲击，强化流动性风险管控。

上述金融监管内容,既是我国目前金融稳定发展要解决的实际问题,也反映了国际监管的发展趋势。

作为主要的经济和金融强国,美国在金融监管和系统性金融风险防范方面积累了许多经验。而作为美国的中央银行,美联储在金融监管政策的探索与改革方面进行了诸多有益的尝试。为了了解自20世纪90年代以来,美联储在金融监管与系统性风险防范方面做出的努力,尤其是次贷危机以来,美国金融监管政策的调整,本书从美联储的官方网站上,选取了该机构的三位前任主席艾伦·格林斯潘（Alan Greenspan）、本·伯南克（Ben Bernanke）和珍妮特·耶伦（Janet Yellen）在各种场合针对金融监管问题所做的发言、讨论。其中包括：艾伦·格林斯潘谈国际金融体系的演进与监管,本·伯南克谈宏观审慎监管与系统性风险防范,以及珍妮特·耶伦谈后危机时代的金融监管。希望美联储这几位掌门人的演讲,能够让我们了解美国金融监管政策的发展趋势,并借鉴其先进经验,完善我国的金融监管体系,确保我国金融体系的稳健运行。

目 录

第一部分　艾伦·格林斯潘谈国际金融体系的演进与监管　1

综述　3

监管、创新与财富创造　14

股票期权及相关问题　20

美国和全球的金融问题　29

国际金融风险管理　36

国际金融体系的结构　44

对当今国际金融体系的理解　55

政府监管与衍生合约　66

第二部分　本·伯南克：宏观审慎监管与系统性风险防范　79

综述　81

一个世纪以来的美国中央银行业务：目标、框架与责任　94

银行压力测试：我们从中得到了什么？　116

促进金融的稳定性　128

宏观审慎监管的实施　139

借助于金融改革纠正系统性风险　149

金融危机对银行业监管的教训　162
监管资本评估方案　173
危机后的金融监管：美联储的作用　184
金融机构的风险管理　196
金融监管与金融稳定性　206
降低系统性风险　218
美国的中央银行与银行业监管　229
金融监管与"看不见的手"　245
《巴塞尔协议（Ⅱ）》：前景与挑战　257

第三部分　珍妮特·耶伦：后危机时代的金融监管　269

综述　271
社区银行监管政策的调整　280
金融监管全景：美国的视角　289
相互联系与系统性风险：来自金融危机的教训及其政策含义　295
美联储谋求金融稳定性的努力　319
宏观审慎监管与后危机时代的货币政策　330

第一部分

艾伦·格林斯潘谈国际金融体系的演进与监管

综述

从20世纪70年代开始，金融创新以超常规的速度迅速发展。金融创新的不断涌现，使得金融工具、金融市场和金融服务方式出现了深刻的历史性变化。与此同时，金融创新在推动金融自由化与一体化的过程中，也放大了金融的潜在风险，加快了金融风险的传导与扩散效应。进入20世纪90年代，国际金融危机开始频繁出现，其中包括1992年欧洲货币危机、1994年墨西哥金融危机和1997年东南亚金融危机。除此之外，还发生了巴林银行和长期资本管理公司倒闭等个体事件。

从1987年8月被里根总统任命为联邦储备委员会主席开始，到2005年10月美国总统布什宣布提名总统经济顾问委员会主席本·伯南克接任其职位为止，格林斯潘担任美联储主席长达近20年的时间。

2006年1月31日，格林斯潘卸任美联储主席。在美联储的历史上，格林斯潘的出现之所以显得突出，是因为美联储主席一直都是从联邦储备体系内部产生的，而格林斯潘以前从来没有在美联储任职。上任伊始，格林斯潘就遇上了1987年美国股市的"黑色星期一"。格林斯潘冷静出招，他当时开出的药方是放松银根，中止股市的继续恶化，迅速稳住了美国的股市。此后，格林斯潘"怪招"频出。1994年，他一次又一次地提高利率，被人视为"近乎疯狂"；1997年东南亚金融危机爆发后，格林斯潘沉着应战，三次削减利率，从而使美国免受了金融危机的波及。一次次的辉煌，使得格林斯潘被媒体称为"金融之神"。

美国次贷危机过后，格林斯潘曾一度遭到指责，人们对他的批评声不绝于耳。但是，他本人始终坚持认为，这是百年一遇的金融危机，具有不可避免性。2010年，在美国国会"金融危机调查委员会"举行的听证会上，格林斯潘再次遭到了无情的诘问。委员会主席指责说：危机之所以爆发，格林斯潘和美联储未能有效监管问题贷款是其中的一个重要原因，他们应该为此承担历史责任。这次金融危机的导火索，是美国房地产泡沫及随之引爆的次贷危机。人们认为，房地产泡沫和次贷危机的产生一是源于美联储过低的利率政策，二是源于美国金融企业的过度借贷。因此，身为美国央行行长并被外界寄予厚望的格林斯潘，显然难辞其咎。而在格林斯潘看来，危机的根源有很多方面：一是新兴经济体的崛起，使市场资金充裕，导致了房价出现暴涨；二是信用评级机构低估了房地产投资的风险，而房利美和房地美两大房贷巨头又加剧了市场的投机行为。至于美联储的过低利率，格林斯潘辩护说，"房地产市场泡沫，以及几代人所看到的最显著的全球泡沫，的确是由低利率引发的；但是……这是由长期抵押贷款利率的刺激，而不是由中央银行的隔夜拆借利率而引起的"。在格林斯潘看来，市场监管者不是超人，他们不可能预料到大部分的危机，甚至在掌握大量证据的情况下，也会遗漏部分重大的诈骗事件——麦道夫金融诈骗案就是其中的证据。因此，格林斯潘认为，市场监管者不能完全阻止危机的发生。

尽管在卸任后遭到了许多的指责，但是，客观地讲，作为美联储主席，格林斯潘在维护美国金融稳定和经济发展方面的确做出过较大的贡献。为了反映格林斯潘在金融监管方面的一些认识，本书的第一部分选取了从1997年到2002年，格林斯潘针对国际金融监管问题所做的部分演讲。演讲的内容主要涉及国际金融体系的演进、国际金融体系变化带来的挑战、监管与创新的关系、股票期权的监管、过度杠杆化带来的风险以及市场监管与政府监管的关系。

一、国际金融体系的演进

由于信息和计算机技术的不断进步，我们的国际金融体系一直在发生改变——在向更好的方向改变。然而，金融体系的这种深化过程，也意味着监管必须不断地进行调整，以更好地适应这些发展。

20世纪90年代以来，证券化的银行贷款、信用卡应收款、商业和住房抵押贷款等市场获得了广泛的发展，这极大地促进了美国国内和国际风险的分散化。这些市场使得此类资产的风险能很好地适应范围更广泛的投资者偏好。

国际金融市场灵活性的提升，主要来自金融衍生品增长步伐的急速加快，以及利率互换和利率期权在对冲期限不匹配风险和提前还款风险方面的广泛应用。期权和其他复杂金融产品定价理论的发展以及计算机和通信技术的改进，极大地降低了风险对冲的成本，扩大了风险对冲的机遇。此外，与衍生工具使用相关的交易对手信用风险，也因为法定的安全网和担保协议的更广泛使用而减轻了。这些日益复杂的金融工具，使得一种更加灵活、更加有效和更具适应力的金融体系得到了发展。

信用衍生市场显著增长的原因，不仅在于它有能力分散风险，而且还在于它所提供的信息能够促进银行和其他金融中介的风险管理。随着信用违约互换市场的扩张和深化，市场参与者所获得的整体信息能够准确地反映到这些衍生工具的价格之中。比如，它们能够向银行信贷主管提供有关信用风险的重要补充信息，而在以前，信贷主管主要依赖于银行内部的信用分析。

国际金融体系势不可挡的扩张必然会带来潜在的系统性风险的上升。但是，这种情况可以通过下列手段得到抑制：改进私人部门的有效风险管理，改进国内银行业的监管，各国金融当局之间继续保持合作，以及在必要情况下，由中央银行来充当最后贷款者。

二、国际金融体系变化带来的挑战

计算机和通信技术的巨大进步，使得众多的风险可以借助于创新性金融工具来加以防范。以往的金融工具——普通股和债券——已经被扩展为一系列种类繁多且更为复杂的混合金融产品。这使得风险能够被隔离开来，但是，在许多情况下，这似乎会对人类的理解能力提出挑战。

这种发展带来的结果，无疑是一个更加有效率的金融体系。比如，美国市场经济的定价功能，已经对消费选择和资本效率的细微变化日益敏感；由此而带来的一组产品和资产价格以及利率水平，使得生产者将稀缺的资本可以投入到能够最有效地满足消费偏好的生产活动中去。因此，尽管美国的资本投资率大大低于其他许多发达的工业化国家，但其资本效率创造出的经济活力在全世界是领先的。

金融在促进这些国家（尤其是美国）生活水平上升方面所起到的越来越重要的作用，是导致20世纪70年代中期以来，金融行业在国民收入中的比重持续上升的主要原因。尽管这种新的国际金融体系具有明显的优势，但1994年年底发生在墨西哥的金融危机，以及1997年发生在东南亚和其他地方的一些危机事件，使得人们对这种新体系的内在稳定性提出了疑问。

导致国际金融体系效率显著提升的技术，既带来了生产性资本流量的急剧增长，同时也强化了非审慎投资的传播能力。新的体系既能带来生活水平的提升，也更容易导致资本使用的不当。与以前相比，这种体系不仅更有利于对创新的鼓励，而且也更容易对私人投资或公共政策的失误（一旦它们显示出来的话）进行惩罚。

我们将如何利用好不断增长的国际金融流量，以防止它给人类的估价能力带来的压力？首先，我们认为资本管制这种第二次世界大战（简称"二战"）以后被用来部分控制国际资本流动的措施，从长远来看是无效的，因为有越来越多的技术能力能够规避这些措施。然而，更重要的是，即使管制能够成功，它们也会阻断资本投资向经济领域的流动，并且会阻断此类流动通常所能带来的技术和生活水平的提升。通常所建议的对短期资本流动进行控制的做法，并不是一种解决方案。它们也必将限制需要靠短期资本来推动的直接投资。亚洲的一些危机事例给我们带来的一个重要教训是：一个经济体如果没有内部约束来使自己经济的适应力从没有危机的环境转向不断变化的环境，它就不能享受发达的国际金融体系所带来的好处。

新的国际金融体系面对的另一个挑战是，要设立和维护更稳健的货币制度。已经在制订的一些行动方案，如果能得到有效实施的话，应该能够极大地提升对国际金融体系的约束力。这些方案包括：尽力推广全球银行业监管准则；显著提升中央银行账户的透明度；针对全球借贷更及时地发布详细数据；遵守财政透明度准则；确保拥有良好的公司治理和合理的会计准则。在强化约束性方面，尚未达成一致的关键领域包括：针对私人部门实体的违约提出的恰当破产程序和解决办法；针对债务人和债权人的风险分担做出新的安排；针对政府在私人债务方面提供的显性和隐性担保给出限制性办法。

重要的是，在思考新的国际金融体系监管措施时，我们要记住：相关的体系并非我们如今要面对的唯一体系。没有证据能让我感到，向以先进技术为基础的国际金融制度转变的过程现在已经结束。毫无疑问，明日的复杂性甚至要大大超过今日的情况。随着全球金融中介机构的复杂性进一步增加，传统的监管审核程序将迅速过时。需要坚持不懈的努力，才能维护国际金融体系的稳定，并将这种稳定保持下去。

三、监管与创新的关系

竞争性市场的所有参与者都在寻求创新，以获取超额回报。在总体有效的市场上，很少有人能发现这种利润。但是，那些的确利用了此类发现的人，会因此而获得一笔异常回报。在这一过程中，他们通过提供先前并不存在的一些服务，使得市场效率得到改进。

场外衍生市场大多数的金融创新，都涉及一些新的风险分散化方法。此外，我们不断变化的金融环境，为利用创新来纠正市场的不完善提供了一系列新的机会。创新产品可以暂时赚取一笔准垄断租金。但是，最终套利交易会消除市场的不完善，而超额回报则正是来自这种不完善。最终，创新产品成为一件"普通商品"，任何人都可以在充分竞争的环境下，从这种产品的投资中获得一笔适中的利润。

在创新产品被引入之前或被引入之后，要求对其结构进行披露的行为，会立即使得准垄断回报消失，并且会阻碍未来人们在该领域的创新努力。其结果就是，市场的不完善将一直得不到纠正，将资本应用于劳动生产率最高领域的努力也会受挫。即使要求只向监管当局秘密披露信息的做法，都很有可能阻止此类风险承担行为。创新者永远都不会充分相信信息的安全性——无论他们的这种想法是否合理。

监管者并非总能轻易地区分出，哪些是出于保护知识产权而保守的秘密，哪些是出于欺骗或公然诈骗而保守的秘密。在监管方面，很难进行利弊权衡，这一点都不奇怪。事实上，对于大多数监管制度而言——无论对经济系统中的金融还是非金融部门的监管制度而言，这种情况都是常态，而非例外。实际上，从更广泛的角度来看，此类利弊权衡，决定了我们在世界各国所看到的监管制度的不同。制度方面的这些差异，主要反映了各国对待竞争的态度的不同。

竞争是促进创新的因素。创造性毁灭，即以创新性的优势技术取代生产率较低的资本的过程，是创造财富的驱动力。因此，从总体财富创造的角度来看，竞争越激烈越好。

然而，人们并不完全认为，不受限制的竞争性资本主义是最佳的经济范式，至少目前不是这样认为的。一些与公共政策打交道的人，经常认为竞争可能导致过度的狂热。监管制度的一项主要的决定因素在于，如何利用法则，在完全不受限制的市场有可能带来的利益与过度激烈的竞争有可能带来的社会成本之间，找到一个平衡点。

四、股票期权的监管

在一个庞大、多样和复杂的经济系统中，如果国家的资源想要得到最有效的利用,健全的公司治理——包括对公司业绩的准确计量——是必不可少的。人们大多承认,总体而言,就最近几十年来美国采用的做法而言,公司治理和业绩计量这两方面都做得非常好。

然而,我们经济体系的复杂性和动态变化,要求我们不断地对计量公司业绩时所使用的工具进行评估,以确保它们能很好地适应变化过程中的金融和经济环境。在这一方面,越来越多地向企业员工赠予股票期权的做法,给我们的会计制度带来了新的挑战。

如果设计合理,股票期权赠予能够非常有效地促进公司高管与股东利益的一致。这种利益的一致,是企业长期市场价值最大化的必要条件。遗憾的是,目前的一些股票期权派发行为,并没有带来对公司行为产生积极影响的正向激励效果。其中的一个问题是,目前所设计出来的股票期权通常只在薪酬与企业的成功管理之间建立起一种松散的联系。公司的股价,进而相关期权的价值,都受到整体经济因素的严重影响,也就是说,其影响来自利率、通胀率和其他众多因素的变化,而与特定公司发展战略的成功与否毫不相干。

实际上,期权的费用认定这一看起来不大的会计问题,对准确地反映公司的业绩而言是极为重要的。反过来,准确的会计方法对自由市场资本主义制度的运行而言,具有核心作用。资本主义财富扩张的主要方式,是创造性毁灭过程:资金从过时的、回报较低的资本,转向回报较高且具有优势的技术。但是,这一过程想要发挥作用,市场就必须拥有可靠的数据来衡量资产的回报。然而,利润的计量只能是近似的。尽管大多数的税前利润都反映了现金收入与现金支出之差,但很大一部分利润是来自表内项目估值的调整。几乎所有资产的价值都取决于其未来获取收益的能力。但是,对资产价值的恰当评估严重依赖于对将来事件的预测,而这些事件本质上是不确定的。收益的估算很困难,需要在计算过程中考虑各种偏差。我们担心,不计算股票期权赠予这笔费用,会对所报告的收益产生重大扭曲作用,而且随着这种薪酬方式的日益普及,这种扭曲作用会越来越大。

近几年,企业部门发生的一些突出事件,其中最引人注目的是安然公司的倒闭,暴露了公司治理方面所存在的缺陷。这些缺陷需要通过市场定价和监管行动加以纠正。

五、过度杠杆化带来的风险

一个复杂的金融系统拥有众多的风险化解工具,这将使得任何既定基本经济风险水平下的经济杠杆化程度得以提升。但是,经济体系中的杠杆化程度越高,经济就越容易遭受意料之外的需求下降以及其他错误判断所带来的影响。人们设计出来的衍生合约都具有很高的杠杆比,这种状况既是一个巨大优势,也是一个致命缺陷。在过去的金融动荡中,经常会有此类杠杆交易导致过度投机,从而引发金融悲剧。过度杠杆化交易会引发许多问题。

第一,非常高的杠杆比通常意味着存在过度的风险承担行为,这种行为容易导致人们对金融体系和经济状况丧失信心。此外,金融(以及非金融类的)企业会利用很高的杠杆比来掩盖不恰当的基础利润率,同时,并没有足够的资本缓冲来应对不稳定的环境。

第二,当银行面临着总体上升的收益曲线的时候(这是通常出现的情况),它们就会因为"借短放长"的业务活动而承担利率或流动性风险。这会使得银行,尤其是资本不太充裕的银行,在利率迅速上升和资本受到侵蚀的情况下,让人们对其完全丧失信心。此外,在汇率固定且通胀风险溢价和本国利率水平较高的环境下,金融中介会寻求低成本、非对冲的外汇融资;一旦本国货币在随后贬值,就会出现储户挤兑不断升级的风险。

第三,银行在金融市场基础设施中扮演着关键的角色。但是,当它们的资本不充裕、信贷标准宽松且面临着不严格的监管时,就会成为导致国内和国际金融体系系统性风险产生的根源。

第四，最近银行业方面的一些例子强调了这样一个事实：如果银行体系——尤其是不稳固的银行体系——几乎成为唯一的金融中介业务的来源时，就会产生一些问题。这些银行的倒闭会引发明显的经济衰退。

第五，尽管期限过短的同业融资，尤其是跨国同业融资，具有将储蓄资金用于最有价值的投资的作用，但事实证明，它们是国际金融体系最致命的缺陷，因为该体系会受到各种金融信心因素的影响。

第六，导致过去危机发生的一个重要因素是道德风险，即激励机制的扭曲。这种扭曲发生在这样的情况下：决定风险水平的一方从风险行为中获得，但却并不承担风险行为所带来的全部损失。当人们预期本国金融当局或国际金融机构将会向有问题的金融体系和不稳健的投资提供援助时，显然会带来大量的过度风险承担行为。

我们要认识到，如果我们要享受杠杆化金融中介体系所带来的好处，那么，金融体系风险管理的负担就不能完全由私人部门承担。杠杆经营总是会带来可能性较小的连锁反应；如果其进展得不到遏制，那么一系列的违约行为将会最终导致金融的内爆。只有中央银行在拥有无限货币创造权的情况下，才很有可能在这一过程带来破坏性影响之前挫败它。因此，中央银行必然成为最后贷款者。

从理论上讲，私人部门和中央银行之间承担风险的责任分配，取决于私人资本的成本。一方面，如果私人金融机构必须吸纳所有的金融风险，那么它们的杠杆比就将受到限制，金融部门的规模也更小，其对经济的贡献也更为有限。另一方面，如果中央银行有效地阻止了私人机构承担最大的潜在损失（无论损失是如何发生的），那么这种过度交易的行为有可能使得纳税人的资金被大量消耗，或者是导致央行创造出过多的货币，或者两者同时存在。最终，我们将要面对严重的实际资本分配不合理的状况。

因此，包括中央银行在内的政府部门，必须权衡自己对银行业和金融体系应该承担的责任。我们有责任通过下列措施来防止重大的金融市场动荡：开发并实施审慎监管标准；在罕见的情况下，必须采用直接的市场干预；我们还有责任确保监管框架允许私人部门的机构去审慎承担恰当的风险，即便此类风险有时会造成意外的银行亏损甚至是银行倒闭。

六、市场监管与政府监管的关系

产品和市场的迅速深化使得许多人认为，在20世纪二三十年代所设立的许多市场监管体系已经日益过时了。有些人看到新的产品和市场不在政府监管的范围之内，于是对这种所谓的"监管空缺"将会带来的后果表示出担忧。其他人则看到了旧的政府监管政策被用于新的工具和市场，因此担心不必要和沉重的监管手段有可能带来意想不到的后果。

在评价市场监管时，首先必须弄清楚，政府监管想要达到的公共政策目标。政策制定者想要鼓励什么样的市场特征：是效率，还是公平与公开准入？我们希望抑制或消除哪些现象：是欺诈、市场操纵和其他不公平的行为，还是系统的不稳定性？如果不能明确地回答这些问题，那么政府监管就不可能有效。更有可能的是，事实将证明，政府监管是不必要的，是沉重的负担，或许甚至是与更仔细考虑所得出的基础目标相抵触的。

一旦公共政策目标清楚地确定下来之后，第二件必须完成的任务是评估政府监管对这些目标而言，是否是必然需要的。在做出此类评估时，非常重要的一点是要认识到，没有哪个市场是真正不受监管的。市场参与者自身的利益会带来私人市场监管。因此，真正的问题并不在于市场是否应该受到监管，相反，真正的问题在于：政府干预是强化了还是削弱了私人监管？如果私人市场监管的动机较弱，或者市场参与者没有能力去有效追求自身的利益，那么，引入政府监管的做法可能会使监管得到改进。但是，如果私人市场监管是有效的，那么最好是不需要有政府监管。在最坏的情况下，如果政府监管本身是无效的，或者政府监管会损害私人市场监管的动机，那么，政府监管的引入实际上会弱化监管的效果。我们必须意识到，政府监管不可避免地会涉及某些道德风险因素——如果私人市场参与者认为政府正在保护他们的利益，那么他们保护自身利益的努力将会有所减轻。

是否需要政府监管？如果需要的话，哪种形式的政府监管是最优的？这个问题的答案主要取决于市场的特征。金融市场上"统一尺度的"监管方法，几乎永远是不恰当的。所需要的政府监管的程度和类型，取决于交易工具的种类、市场参与者的种类以及市场参与者之间关系的性质。在这方面，我们只需要给出其中的一个例子：旨在保护小额投资者免受经纪商欺诈或破产影响的政府监管框架，如果被应用于大型机构的自主交易市场的话，那么这可能就是不必要的，而且几乎可以肯定，这并不是一个最优的选择。

认识到统一尺度的监管方法总是不恰当的，这有助于交易者在以下两种情况中作出选择：在承受政府监管负担的同时，获取政府监管所带来的利益；或者是放弃这些利益，并避免这些负担，在只受私人监管的金融市场上从事交易。这样，私人监管市场实际上提供了对政府监管净利益的一种市场测试。人们从政府监管市场转向私人监管市场的行为，向政府监管者发出了一个信号：许多交易者认为，政府监管的成本超出了监管所带来的好处。当这种转变发生时，政府监管者应该仔细考虑，降低监管程度或采用不同的监管办法，是否会在不危害公共政策目标的前提下，提供一种更好的成本—收益平衡关系。

监管、创新与财富创造

格林斯潘主席

在英国伦敦向企业经济学家协会所做的演讲

2002年9月25日

  自从工业革命在这里（英国）发端以来，生活在工业化世界的每一代人几乎都经历了生活水平的提升。一系列永无止境的创新，带来了无法阻挡的贸易扩张，并且使得全世界许多国家的劳动生产率得到了提升。

  如今，我们能够看到很多创新，例如即将诞生的诸多新的通信和计算方法，生物技术发展在现实中的应用，以及无疑还会出现的许多其他的创新。但是，半个世纪之后，我们所生产和消费的商品和服务，将在很大程度上是对目前尚未形成，甚至是尚未想象过的见解的应用。在威廉·赫歇尔爵士证明无线电传播之前，18世纪发达的伦敦地区的居民甚至怀疑：能够传遍全球的无线电波存在吗？我仍然弄不清楚，英国广播公司发送的短波信号，是如何经过几千英里的旅行，而被我卧室的短波半导体收音机在夜里接收到的。

  我们的现代电子设备，是根据量子力学原理来工作的。该原理是由埃尔温·薛定谔、维尔纳·海森堡和波尔·狄拉克等人于20世纪20年代提出来的。他们认为，在次原子层，世界并不遵循有长达一个世纪之久的牛顿学说所提出的方式运行。爱因斯坦的重大革命性理论，比量子力学理论早几年出现；而在大约20多年之后，就诞生了核能。

  我指出这些例子，只是想要强调，我们无法实际预测未来的创新，以及这些创新所具有的创造经济价值的潜能。根据定义，新的见解不会事先出现在某人的意识中。然而，关于财富创造方法的意外发现，将会提前几十年出现；而这种发现，似乎不再像（比如）工业革命之前那样，具有猜测性。

过去的创新所带来的好处想要得到充分实现，以及我们的子孙想要享受到这些好处，这取决于已经在发挥作用的全球化的力量：需要这些力量来开发新技术的商业潜能，并将这些技术的应用扩展到我们的整个经济领域。通过传播专业知识，并且将劳动分工和专业化扩展到更加广阔的市场，这些力量导致了过去半个世纪内的贸易增长，而这种增长反过来又极大地提升了那些选择这种发展道路的国家的生活水平。

然而，一个不断膨胀的全球金融体系，也必将使得系统性风险增加的可能性上升。今天晚上，在兰开斯特宫这个酒店，我将探讨一些新的风险管理工具和管理原则——这些原则能够指导对系统性风险的约束，以及这种风险在私人和公共部门之间的分配。在此，我将关注于一个范围更为狭窄，但却是越来越重要的问题：风险承担、监管、创新和财富创造之间的联系。

由于信息和计算机技术的不断进步，我们的金融机构体系一直在发生改变——我认为是在向更好的方向改变。然而，金融体系的这种深化过程，也意味着监管必须不断地进行调整，以更好地适应这些发展。比如，在如今的市场上，人们越来越多地依赖于对私人交易对手的监督来作为主要的风险控制手段。政府可以作为对私人监督的补充——尤其是当它判断认为市场的不完善有可能导致次优的经济结果的时候。

然而，让我们现在来考虑另一个方面的市场监管努力：透明度的问题。人们大多不会否认，当参与者充分了解信息时，市场的运行是最好的。然而，令人困惑的是，对某些参与者所了解的信息进行完全公开，这会影响到人们承担风险的积极性——而承担风险是经济增长的前提条件。

没有人会否认，充分获取信息的市场参与者将对资源进行最有效的定价，并导致资本的最有效分配。此外，人们认为，如果单个买方或卖方拥有的所有信息都向全部参与者公开的话，定价体系将会更密切地反映基本的供求平衡关系。因此，所有的信息似乎都要成为明确的公开目标。但是，应该如此吗？

比如，以房地产开发商为例：现在，他想到了一个创新项目，该项目会极大地提升所处地块的价值——假定该地块具有适合的开发特点。另外我们假设，开发商在决定某块土地是否合适方面要花费巨额的成本。如果开发商发现了一个合适的地块，能够在不向目前的土地所有者透露项目价值的情况下悄悄买到这一地块，那么，开发商就会赚取丰厚的利润，而且整个社区也会从土地的更好使用中获利。

但是，如果在购买地块之前，开发商被要求公开其购买意图，尤其是公开该项目将会带来的价值提升，那么情况会怎样呢？此时卖方看得更清楚了，他将尽量提高地块的出让价格，以便从开发商那里攫取所有的创新价值。在这样的情况下，会有人去做新项目吗？显然不会，因为得知在发现合适地块方面无法获取利益时，开发商就不愿意承担潜在地块的价值评估成本。因此，要求更全面地公开该地块尚未被发现的潜在价值的做法，既不会带来更多的信息公开，也不会提升土地的使用价值。

与当前的监管问题有更直接联系的例子是场外衍生市场的监管与信息披露。按照最初的意图，这一市场的交易应该发生在精通金融业务的专业人士之间，因此大多都不受到政府的监管。这一监管例外部分反映了如下的观点：小额投资者参与的市场通常要向投资者提供投资保护，而专业人士却不需要这种保护。在这些场外市场，监管不仅是不必要的，而且还有可能是有害的，因为监管必然事先要求信息披露，而强制性地披露私人信息会阻碍金融市场的创新，正如房地产市场的情况一样。

　　竞争性市场的所有参与者都在寻求创新，以获取超额回报。在总体有效的市场上，很少有人能发现这种利润。但是，那些的确利用了此类发现的人，会因此而获得一笔异常回报。在这一过程中，他们通过提供先前并不存在的一些服务，而使得市场效率得到改进。

　　场外衍生市场大多数的金融创新，都涉及一些新的风险分散化方法。此外，我们不断变化的金融环境，为利用创新来纠正市场的不完善提供了一系列新的机会。创新产品可以暂时赚取一笔准垄断租金。但是，最终套利交易会消除市场的不完善，而超额回报则正是来自这种不完善。最后，创新产品成为一件"普通商品"，任何人都可以在充分竞争的环境下，从这种产品的投资中获得一笔适中的利润。

　　在创新产品被引入之前或被引入之后，要求对其结构进行披露的行为会使得准垄断回报立即消失，并且会阻碍未来人们在该领域的创新努力。其结果就是：市场的不完善将一直得不到纠正，将资本应用于劳动生产率最高领域的努力也会受挫。即使要求只向监管当局秘密披露信息的做法，都很有可能阻止此类的风险承担行为。创新者永远都不会充分相信信息的安全性——无论他们的这种想法是否合理。

　　监管者并非总能轻易地区分出来，哪些信息是出于保护知识产权而保守的秘密信息，哪些信息是出于欺骗或公然诈骗而保守的秘密信息。在监管方面，很难进行利弊权衡，这一点都不奇怪。事实上，对于大多数监管制度而言——无论对经济系统中的金融还是非金融部门的监管制度而言，这种情况都是常态，而非例外。实际上，从更广泛的角度来看，此类利弊权衡，决定了我们在世界各国所看到的监管制度的不同。制度方面的这些差异，主要反映了各国对待竞争的态度的不同。

　　竞争是促进创新的因素。创造性毁灭，即以创新性的优势技术取代生产率较低的资本的过程，是创造财富的驱动力。因此，从总体财富创造的角度来看，竞争是越激烈越好。

然而，人们并不完全认为，不受限制的竞争性资本主义是最佳的经济范式，至少目前不是这样认为的。一些与公共政策打交道的人，经常认为竞争可能导致过度的狂热。几年前欧洲一位杰出领导人的独白让我非常清楚地感受到了这种不同的视角。他说："市场是什么？是丛林法则，是自然法则。文明是什么？是与自然进行的抗争。"监管制度的一项主要的决定因素在于，如何利用法则，在完全不受限制的市场有可能带来的利益与过度激烈的竞争有可能带来的社会成本之间，找到一个平衡点。

就释放竞争力量以及在感受到竞争对社会秩序带来威胁时对其进行约束而言，大多数国家都难以做出较好的权衡。随着技术进步带来的市场不断演进，人们对恰当监管程度的政治感受也在发生变化，毫不奇怪，我们的监管似乎总是处在变化之中。

必须尽量减少这种变化，以防止它们增加创新者所面对的不确定性。此外，监管方案的改变，必然会在随后导致一些监管措施的过时。美国以及国外的商界人士抱怨（或许有些夸张）监管法规如此之多，他们或许在任何时候都有可能无意间违反了其中的某些法规。我们这些美联储的工作人员，每隔5年就会努力地对已有的监管法规进行审核，以便对过时的法规加以修正或取消。我们的这项工作进展得很顺利，或许应该将这种好的做法应用于总体的监管制度，尤其是可以用于巴塞尔委员会的监管过程。

为了控制风险承担行为并使其不超出通常的系统性风险的控制范围，政府的这种市场干预最终要在下列两者之间做出权衡：经济增长有可能出现的不稳定性，以及较低生活水平下的一种更加文明和压力更小的生活方式。

在我们当中，那些支持更激烈竞争的市场资本主义的人可能会认为，不受限制的市场所创造出的财富，能够促进一种更加文明的生存条件。我始终认为，这一见解很具有说服力。但是，其他许多人对这种观点的反对，反映了人们对创造性毁灭过程中经常伴随的灾难表示出的一种更深的厌恶。

我们的社会对这些重要问题做出的选择，将会极大地改变我开头所讲过的无法预料但必然会出现的创新机会；而这些创新机会，有能力去促进美国居民的经济福利。

股票期权及相关问题

格林斯潘主席

在亚特兰大联邦储备银行举办的关于金融市场研讨会上的发言

2002年5月3日

我问杰克·盖恩和鲍勃·埃森贝伊斯:"你们希望我今天上午谈什么问题?"他们建议我谈与安然公司的倒闭相关的问题,说这一倒闭事件再次引发了人们对一些会计问题的关注①。

在我们这样的一个庞大、多样和复杂的经济系统中,如果国家的资源想要得到最有效的利用,健全的公司治理——包括对公司业绩的准确计量——是必不可少的。人们大多承认,总体而言,就最近几十年来美国采用的做法而言,公司治理和业绩计量这两方面都做得非常好。如果资本的分配是以总体上不准确的信息为基础的,我们的经济业绩根本就不可能达到现在的水平。

然而,我们经济体系的复杂性和动态变化,要求我们不断地对衡量计量公司业绩所使用的工具进行评估,以确保它们能很好地适应变化过程中的金融和经济环境。在这一方面,越来越多地向企业员工赠予股票期权的做法,给我们的会计制度带来了新的挑战。

这种期权对风险资本行业是非常重要的。高技术行业的许多人建议不要对目前的做法进行任何的调整。他们认为,期权的使用是一种非常有价值的薪酬机制;把这些赠予的期权认定为一种费用的行为,将会降低人们对期权的使用,从而对高科技企业造成损害;期权对充分稀释的

---

① 关于非金融类企业的公司治理和会计问题,并不是美联储的管辖范围;显然,我所讲的只代表个人的观点。

每股盈利的影响已经得到了认可；我们并不能通过足够准确的计量期权的成本，来证明它们在财务报告中的认可是合理的。

这都是一些重要的问题。今天上午，我想对它们及其他相关的问题展开讨论。实际上，期权的费用认定这一看起来不大的会计问题，对准确地反映公司的业绩而言，是极为重要的。反过来，准确的会计方法对自由市场资本主义制度的运行而言，具有核心作用——该制度给我们的国家带来了如此之高的繁荣水平。

资本主义财富扩张的主要方式，是创造性毁灭过程：资金从过时的、回报较低的资本，转向回报较高且具有优势的技术。但是，这一过程想要发挥作用，市场就必须拥有可靠的数据来衡量资产的回报。

然而，利润的计量只能是近似的。尽管大多数的税前利润都反映了现金收入与现金支出之差，但很大一部分利润来自表内项目估值的调整。几乎所有资产的价值都取决于其未来获取收益的能力。但是，对资产价值的恰当评估严重依赖于对将来事件的预测，而这些事件本质上是不确定的。

比如，银行将贷款所偿付的利息记为当期收入。然而，如果借款人随后违约，这笔偿还的利息就应该在事后被看成是部分本金的偿还，而不能被看成是一笔收入。我们通过设立贷款损失准备来应对这种不确定性，但是，这些准备的准确性也依赖于一种预测结果。同样，以账面值为基础的折旧费用从收益中的扣除，也是非常粗略地反映了工厂和设备经济价值的贬损。实际的贬损只有等到资产被淘汰或转手时才能确定。另一个例子是，对限定收益养老计划未来投资回报的预测，这会明显地影响到公司养老金的缴纳，因而会影响到税前利润。因此，选择以何种方法来估算资产负债表的未来收入潜力，这将对当期的报告盈利产生重大影响。

收益的估算很困难，需要在计算过程中考虑各种偏差。我担心，不计算股票期权赠予这笔费用，会对所报告的收益产生重大扭曲——随着这种薪酬方式的日益普及，这种扭曲会越来越大。

正如我在刚开始时所指出的，有些人认为，当前对待期权赠予的做法，极大地促进了资本的筹集过程，有利于先进技术快速利用。尽管每个人都能清楚地看到，新技术对我们的经济增长具有极大的贡献，但并非所有新的想法最终都能创造出一笔价值。并非所有新的想法都应该获得融资。最近几年，可以说大量的资本都被一些企业浪费了——它们最后投资的结果没有达到当初所预测的前景。这种浪费是推动经济增长的风险承担行为必然会带来的副产品。然而，当有助于投资者做出投资分配决策的收益报告不准确的时候，这笔浪费金额会出现不必要的增加。

如果设计合理，股票期权赠予能够非常有效地促进公司高管与股东利益的一致。这种利益的一致，是企业长期市场价值最大化的必要条件。

遗憾的是，目前的一些股票期权派发行为，并没有带来对公司行为产生积极影响的同步激励效果。其中的一个问题是，目前所设计出来的股票期权通常只在薪酬与企业的成功管理之间建立起一种松散的联系。公司的股价，进而相关期权的价值，都受到整体经济因素的严重影响；也就是说，其影响来自利率、通胀率和其他众多因素的变化，而与特定公司发展战略的成功与否毫不相干。

有许多令人沮丧的例子：某些首席执行官几乎将他们所经营的公司逼到了绝境；在他们的主持下，公司的股价相对于其竞争对手和整个市场出现了大幅下降，然而他们却获得了丰厚的奖励；而因为整个股市的强劲表现，带动了这家可怜公司的股价上涨。

股票或期权政策，应该要求这种奖励反映管理层决策的成功与否。以股票或期权赠予代替现金奖励的做法，想要更加有效地得到使用，就应该把这种赠予与衡量企业未来业绩的某种指标挂钩，而这种业绩的好坏要与细心选定的参照物作为比较。许多公司的确把股票或期权赠予的价值与公司的相对业绩进行挂钩，但大多数公司却并没有这样去做。可以肯定的是，未挂钩的期权赠予可以被当成一种选择权；这种选择权的价值，随着公司相对于其竞争对手的业绩而发生变化，同时还与一种看涨期权，比如标准普尔500指数的看涨期权相联系。有人认为，这样的一种做法只不过是另外一种薪酬形式，它有助于企业保留住有价值的员工。我相信这种看法是正确的，但是，一种与整体股市挂钩的薪酬体系，能够很好地为公司服务吗？

* * *

现在，让我转向期权的会计问题。股票期权是现有股东向员工提供的一笔单方面的价值赠予。这是通过公司将现有股东拥有的一部分市值进行转让。提供这种赠予，是为了获取员工的服务；而且可以认为，这笔价值等同于为了获取这些服务，应该向员工支付的现金或其他薪酬。这笔价值显然取决于这种期权被行使的时间和条件。想要估算这种期权的等值现金，相关因素只有期权赠予时的市场价值。随后的期权价值变化，与按照员工所获得的价值来换取员工劳动服务的做法，是没有关系的；这与员工提供服务所获现金的购买力在未来发生变化时，并不会影响企业的薪酬成本，是一样的情况。

对投入的成本的准确计量是非常重要的，它决定了公司从当期的业务活动中，是否赚取了一笔利润。当所有的收入和费用支出都采用现金的时候，这一决定相对直接一些。但是，根据不太可靠的预测结果对表内估值进行的调整，已经成为某个公司发展战略是否成功的更重要决定因素。这样造成的结果就是，成本估算已经变得比以往任何时候都更成问题了。然而，以产出价值减去投入价值的利润计算原则，并没有因为计量的复杂性而发生改变。

认为期权赠予不是一项费用，就好比认为带来产出价值的实际资源是免费的。向员工赠予期权的股东一定不会认为,其公司股份市值有可能被稀释的现象与他们无关紧要。

通过价值转让来获取劳动服务的做法中,所使用的特定工具是无关紧要的。但是这种工具的价值并不是无关紧要的。从税收的角度来考虑,人们一定会认为,不管所使用的工具的性质如何,这笔价值对雇主而言都是一样的——无论它是现金,还是以股票、免租待遇、孩子的大学年金或期权赠予等方式而获得的现金等价物。

期权代替现金的能力,显然在于员工期望公司的股价将会上涨。反过来,股价变化的预期,似乎会受到当期股价行为的严重影响。因此,20世纪90年代后期,随着股价的急剧上涨,作为薪酬形式的股票期权受到了极大的欢迎,这一点都不奇怪。同样,人们有理由认为,在股价上涨较缓慢的环境下,期权赠予作为代替现金的一种方式,将不再受到员工的欢迎。这样造成的结果就是需要有更多的现金或现金等价物来支付劳动提供的服务。

人们可能会认为,因为期权赠予的信息是完全公开的,所以它们对收益的影响可以经过一定的努力较为合理地估算出来;金融市场的集体智慧,能够看穿任何会计交易的本质。因此,费用和利润如何报告是不重要的,因为真实世界并没有发生任何改变。比如,现金流并没有受到影响。这种推理的结果就是,期权赠予是否作为一项费用,并不会对股价产生影响。显然,大多数高科技公司的高管都不是这样认为的。如果期权赠予只会影响到向股东所报告的账面利润的话,那我们又如何解释高管们针对期权赠予的费用支出而做出的激烈反对呢?

恐怕他们是正确的。实际上,大多数的美国商人一定认为,把期权赠予作为费用支出,并非仅仅只是一种会计行为。当前的会计准则鼓励企业把期权赠予列为一项费用。然而据报道,2000年,标准普尔指数的500家企业中只有两家选择了这样的做法。如果费用支出的确很重要,那么,在网络公司投资高峰时期,至少有一些公司难以为继的"美好感受",是被有问题的报告夸大了利润的。

目前,一些公司所报告的每股稀释后的收益,部分反映了公司员工已经获得但尚未行使的股票期权。有些人认为,只需要做到这一点,就可以把握期权赠予所带来的影响。显然,这种调整只纠正了每股收益中的分母,而会计争议所涉及的是对分子的估算。

有些人反对将期权列为费用支出,其理由在于布莱克—斯科尔斯公式这种估算期权费用的流行手段,是一个近似的方法。情况的确如此①。然而,正如我前面所指出的,所有其他的一些利润估算方法也是如此。此外,每家公司已经在其损益表中,隐含地报告了期权费用的估算值。当然,对大多数公司而言,这一数值正好为零。难道期权赠予真的没有价值吗?

正如我在前面所指出的,期权费用支出的批评者还认为,这种费用支出将使得资本筹集更加困难。但是,我们需要记住,费用支出只是一项会计记录。需要重申,公司的实际业务或现金流并没有发生任何实质的改变。如果投资者由于费用支出所带来的报告利润的降低而不愿意投资的话,那这仅仅只意味着他们获得的信息不全面,而他们本应该了解

---

① 将股票期权列为费用支出的做法,要求对以期权赠予来购买劳动力服务的经济成本进行记录。但是,与表内所有此类成本(比如折旧)一样,它们最终的会计处理经常要花几年的时间。原因在于,在从赠予股票期权到期权未来到期的这段时间内,基础股票价格的变化将会给股票期权带来资本利得或资本损失。此类变化不会使经济成本发生改变,但是,却会影响到公司的净值——其影响结果取决于公司选择以何种方法来对期权赠予进行套期保值。

股票的赠予不会带来这个问题,因为发行股票后的所有资本利得和损失都记在员工的名下。此外,如果公司对提供赠予后的资本利得和损失风险进行完全套期保值的话,那么期权的赠予也不会带来这一问题。从原则上讲,公司可以做到这一点,其做法是:购买自己股票的看涨期权(这种股票在各个方面都与所赠予的期权是一样的),然后,在公司员工行使自己期权的同时,出售这种股票的看涨期权。当然,进行这种套期保值所需的看涨期权很难安排。考虑到这一困难,许多公司只是对自己的头寸进行了部分套期保值,其做法是:在公开市场回购自己的股票,这样,公司要承担赠予后的部分资本利得和损失风险。可以肯定的是,许多企业根本没有对自己的期权赠予进行套期保值。

然而,这些都是会计问题,与期权赠予时的经济成本无关。它们属于众多的表内估值调整问题,这些调整是为了纠正市场估值变化将会给所有的资产和负债带来的持续性影响。

创造公司收入的真实投入成本。基于错误信息而使用资本，有可能导致资本使用的不当。

费用支出的批评者还认为，期权的使用使公司能够吸引劳动生产率更高的员工。我承认这是对的。但是，期权费用的支出绝不会排除期权的发行。的确，费用支出所导致的较低的报告利润如果会减缓股价上涨的话，那么就会阻碍期权的发行。但是，需要再次指出，这种阻碍是恰当的，因为它反映了对错误信息的纠正。

在我看来，与随意假设折旧费用为零一样，假设期权赠予费用为零是不合理的做法。两种假设都会提升所报告的税前利润（利息除外）。两种假设都隐含着这样的观点：给公司带来有价值产出的投入，是免费获取的。

* * *

使得有关期权费用支出讨论更为复杂的一个问题是它在税收会计处理方面有不同的方法。根据现行税法，当期权被行使之后，员工所获得的价值——即股价与行权价之差——是公司的一笔可扣除的薪酬费用。出于税收目的的这笔薪酬，反映了期权赠予发生之后，股价将要出现的上涨。

这种价格变化无论有多大，都与对购买劳动力服务成本的判断没有关系，尽管这种变化会对期权赠予企业的税收负担产生影响，而且还有可能对该企业向股东报告的税后利润产生影响[①]。另外的一个问题是，与这些交易相关的资本利得和资本损失，应该如何在报告利润中得到反映。

* * *

我要强调的是，费用支出绝不会阻止法人去发行期权。是的，如果投资者把当期报告利润看成是真实的，那么费用支出将会降低人们所感

---

① 某些企业向国税局和股东报告的税收负担是有区别的。

受到的公司利润，因此自然也会降低其股价。相应地，公司员工将会认为期权价值下降了，这样，期权的发行将会减少。如果作为期权价值基础的公司投入成本是真实存在的，那么这些成本就不可能被永久性地掩盖下去。

正如我在前面所指出的，如果以期权赠予来代替现金报酬的做法想继续受到员工的欢迎，那么这就要求人们预期公司股价具有持续上涨的趋势。如果薪酬更多地转向现金，那么与期权始终作为费用支出时的利润趋势相比，公司所报告的利润增长出现了下降趋势。这种转变应该使得期权的费用支出对公司更有吸引力。

* * *

会计制度能够或者应该准确地衡量单个公司发展战略的成功与否；在这种情况下，会计准则的演进是很重要的，因为我们的经济的特征发生了改变。由于计量方法需要改变，准则也必须随之改变。这样，就不会带来固定不变的法律——此种法律会使得制定规则的灵活性下降。在我看来，我们最好还是把期权费用支出这样的问题，留给监管机构和私人部门去解决。

有一个应该提出的问题是，市场参与者是否充分理解当前不把期权作为费用支出的做法。如果他们充分理解并看清楚了，那么在报告利润中公开认可期权费用的做法将无关紧要。向股东报告的格式将会有所改变，但不会涉及更多的问题。期权费用的估算，不会要求公司承担巨大的额外负担。

可是，如果市场没有完全看清未将真实要素投入作为费用支出的做法，那么，市场价值就会被扭曲，实际资本资源就将偏离最有效的就业。这将会是国家需要关注的一个问题。

显然，更大的风险在于不对当前的会计方法进行调整。如果市场看清楚了这种会计方法，并要求将期权赠予作为费用支出，就不会对国家的资本配置产生影响。然而，如果费用支出的确会影响市场价值，那么继续采用当前的会计方法的行为将会极大地影响到资本的效率。

近几年，公司业界发生的一些突出事件——最引人注目的是安然公司的倒闭——暴露了公司治理方面存在的缺陷。这些缺陷正在通过市场定价和监管行动得到纠正。

正如我在这次演讲刚开始时所指出的，尽管时不时地会暴露出一些缺点，但我们不能忽视这样一个事实：过去几十年内，这些制度安排曾有效地促进了本国的储蓄向生产率最高的领域的配置。总体而言，企业的激励体系、财务报告体系和责任体系都为我们提供了满意的服务。我相信，我们将通过必要的调整，来确保这些体系在未来继续为我们提供满意的服务。

美国和全球的金融问题

格林斯潘主席

在纽约国际金融学会所做的视频演讲

2002 年 4 月 22 日

最近几周，美国的经济预测者们一直在讨论这样一个问题：当前商业周期中出现的一个明显的转折点，是否预示着未来几个月的经济会有一定程度或更为强劲的复苏？很少有人关注于一个更为重要的事件：美国经济有强大的能力来抵御股票资产价值的剧烈下跌，抵御资本支出的急剧紧缩，以及抵御恐怖主义者对美国市场体系的基础所带来的前所未有的打击。

正如上个月我在国会听证中所概述的，如果这个商业周期的收缩阶段即将结束的迹象最终得到确认，那么我们将经历一个非常温和的经济下滑——比长期以来的商业周期历史带给我们的预期结果要更为温和。非常可喜的是，引发经济下滑并且有可能延长这一困难期的不平衡问题并没有逐渐恶化。

显然，人们要提出的问题是：最近几十年以来，我们的经济发生了怎样的变化，才导致了这种较强适应能力的形成；而且，这些变化会在未来持续下去吗？

毫无疑问，企业决策者在获取实时信息方面的巨大进步发挥了关键作用。30 年以前，及时获取信息的状况在企业之间和行业之间是有区别的，这经常会造成它们对不断变化的商业条件做出反应的速度和力度存在区别。

在以前的某些年份，不平衡会在无意间积累起来，达到一定程度后，其最终的纠正将会引发明显的经济压力。纠正这些不平衡的过程，以及相伴而来的经济或金融动荡，经常会导致更深刻和更持久的衰退。

如今，企业几乎可以实时拥有大量的数据。因此，尽管企业预知需求变化的能力似乎没有太大的改进，但是，它们能够比过去更快地应对和解决经济的不平衡问题。

美国经济灵活性的明显提升，也反映了过去 25 年内监管程度的放松。毫无疑问，如果能源部门仍然处于 20 世纪 70 年代时的严格监管约束之下，我们如今的灵活性就将明显下降。最近对天然气和电力市场的开发，使得我们经受住了安然公司的倒闭，而没有遭遇严重的动荡，这是一件令人鼓舞的事情。尽管恐怖袭击给航空旅行带来了特别沉重的打击，但过去 20 年内该行业监管的放松，明显地提升了航空旅行的数量和灵活性——即便没有提升其盈利能力。卡车和铁路运输行业监管的放松，增加了全国商品运送的灵活性。

在提升总体经济的灵活性和适应力方面，特别有力的因素是金融部门监管放松与创新的结合，这一点我无须提示大家。新的金融产品使得风险能够更有效地分散给那些愿意且能够承担风险的人。这样，整体经济系统所受到的冲击，就不太可能引发连锁的信贷违约。

债权人有机会进行更分散化的投资，而债务人则对特定融资机构的依赖性大大降低。促进风险分散化的一个主要因素是因为商业和住房抵押贷款、银行信贷及信用卡应收款等证券化市场的广泛发展。这些市场对持有此类资产所带来的风险进行了特定的调整，以适应更广泛的投资者偏好。

尤其重要的是，次级抵押贷款市场的灵活性与规模方面的变化。自 2000 年初以来，这一市场极大地促进了房地产市场的债务融资；而这反过来又在最近的周期性收缩时期，极大地支持了美国的消费支出。毫无疑问，人们广泛利用利率互换和利率期权来对冲期限不匹配风险和提前还款风险的做法，极大地提升了这一市场的灵活性。

更一般地讲，过去 15 年内金融衍生品的数量出现了惊人的增长。期权和其他复杂金融产品定价理论的发展，再加上计算机和通信技术的进步，所有这一切都极大地降低了风险对冲的成本，扩大了风险对冲的机遇，而在几十年以前，这些风险是难以回避的。这些日益复杂的金融工具，在过去较为困难的几年内，发挥了特别突出的作用。仅与二三十年以前相比，这些金融产品已经极大地促进了一个更加灵活和更有效率的金融体系（包括国内和国际金融体系）的发展。

更大的适应力可以从金融市场的许多部门中清楚地看到。一个突出的例子就是电信行业。1988—2001 年，电信企业全球借款总额超出了一万亿美元。欧洲企业的光纤网络大规模扩张以及第三代移动电话许可所需的巨额融资，给债券市场带来了巨大压力。

当时，这些投资的融资业务在很大程度上被人们认为是审慎的，因为通信借款人具有非常高的市值；在必要时候，这种市值有利于发行股票以取代银行和其他债务。当然，最终通信股崩盘了，许多企业陷入了破产。在过去的几十年内，这种情况原本会带来严重的金融动荡。然而，借助于降低信用风险的工具，比如信用违约互换、抵押债务债券和与信用相关的票据等，通信公司巨大的债务风险得以化解。这似乎降低了通信企业贷款的集中度，以及银行和其他金融机构所面临的压力。

此外，更一般地讲，此类工具似乎有效地分散了安然、世界电讯、轨道公司和瑞士航空等公司最近几个月违约所带来的损失。尤其值得注意的是，规模仍然相对较小但却在快速增长的信用衍生市场迄今为止运行都很正常，大部分的资金偿付都能顺利进行。显然，这一市场仍然太新，而未能经历广泛信贷紧缩周期的检验。然而，到目前为止，运行都很顺利。

在过去几年内，更传统的衍生市场，比如，利率互换、外汇远期和掉期等市场的增长很快。根据国际清算银行提供的最新统计数据，截止到 2001 年 6 月底，全球场外衍生合约的名义价值总额已经增长到了令人瞠目结舌的 100 万亿美元，尽管此后其增速有所下降。在考虑到须依法强制对冲的协议及安排之后，当时的总体贷款风险大约为 1 万亿美元。抵押担保协议使用的增加，进一步缓了这些工具有可能带来的信贷损失。比如，此类协议为安然公司的交易对手提供了巨大的保护。

除了资产证券化的迅速发展以及衍生工具的扩张之外，我们还经历了计算机和通信能力的提升给金融行业带来的意料之外的促进作用。比如，近几年银行间即期外汇交易转向电子交易市场的状况，就明显地降低了维持一个有效的市场所要求的交易量。在场外衍生市场，各种电子通信和交易系统都得到了开发。的确，场外衍生市场的交易商在利用这些系统方面一直都比较缓慢，但总有一天，市场力量会迫使他们去利用这些系统。

* * *

总之，由于获取实时信息的机会增加，而且由于金融市场和商品市场管制的进一步放松和创新的进一步增强，经济不平衡的状态更有可能得到较好抑制。因此，整体周期性波动事件将不会像以前那么严重。

如果的确是这种状况——在获得更多证据之前，这不过是一种猜测——那么，在其他条件相同的情况下，经济波动性的下降将会使得风险溢价和权益溢价下降。然而，其他条件不可能完全相同。使得经济的灵活性和适应能力得到明显提升的主要因素，就是各种技术手段；然而，这些技术手段也会带来各种不同形式的脆弱性。这种脆弱性既会导致商业周期的加剧，也有可能会因为商业周期的影响而变得更严重。

从某个角度看，我们的国内生产总值中，与实物增值不同的概念性增值占的比重越来越大，这实际上会减轻周期性波动。具体而言，由于概念性的价值不能作为存货持有，因此这意味着国内生产总值中有更大比重的产品并不属于能扩大周期性波动的动态因素。

但是，概念形态的价值占有重要比重的经济具有自己的脆弱性。正如最近围绕着安然公司的倒闭事件突出反映出来的，如果某家企业的增值主要来源于概念性的资产而非实际资产，那么该企业本质上就是脆弱的。一种实际资产，无论是一座办公楼，还是一家汽车装配工厂，都有能力生产出产品——即使在企业管理者的声誉受到怀疑时。安然公司的快速倒闭，实际上反映了那些市场价值主要依赖于资本化声誉的企业所具有的脆弱性。此类企业的实际资产只占其总资产的较小比重。信誉会在一夜间消失；而在同样情况下，实体工厂却不会这样。

这种信心的丧失对宏观经济的影响，主要取决于正在退出市场的企业的概念化资本能在多大程度上被竞争者或新的行业进入者自由取代。即便市场的进入是相对自由的，也会出现宏观经济风险，因为某个企业的问题一般会使得投资者和交易对手对于其他可能处于类似状况的企业心生疑虑。对于主要是由于对概念化资产的企业进行估价很困难，再加上这些企业的规模和重要性在不断上升，这一切都使得我们的经济更容易受到这类连锁反应带来的影响。

关于经济稳定性的另一个更传统的决定因素是经济的杠杆化程度，即资本融资中除了权益之外的债务所占的比重。就一个企业，或者就整个经济体系而言，其合适的杠杆化程度实际上是一个不确定的数值；几乎可以肯定，该数值在不断发生变化。显然，企业会发现，一定程度的杠杆比有利于权益回报的提升，因此，适当的杠杆比无疑会推动股本的价格和产出水平。一个复杂的金融系统拥有众多的风险化解工具，这将使得任何既定基本经济风险水平下的杠杆化程度得以提升。但是，经济体系中的杠杆化程度越高，经济就越容易遭受到意料之外的需求下降以及其他错误判断所带来的影响。

尽管最近几年人们对企业杠杆比的担忧主要局限于特定的行业，但在安然公司遇到困难后，人们又开始关注衍生工具大幅扩张可能带来的系统性问题。毫无疑问，安然以及先前的长期资本管理公司这样的企业，都是衍生市场的主要参与者。然而，它们的问题很容易被发现；这些问题可以归结为对老式债务（无论是以何种方式获得的）的过度使用，以及关于杠杆比的会计信息的不透明和对交易对手的审核不严。在安然公司的短期历史中，互换和其他衍生工具的表现很好；其中包括在过去的18个月，公司业界都没有出现过违约。

当然，在任何一个类似的快速扩张的市场，都有可能存在一些潜在的问题。监管者对这种可能性尤为敏感。衍生工具为我们的金融体系提供了更大的灵活性。但是，其复杂性会使交易对手面临着他们尚未认识到的巨大风险，因此，在失误较大的情况，这些工具有可能带来整体风险。

在这一方面，人们开始担心政府资助企业（GSE）为支持自己的次级抵押市场业务而大量进行的利率套期保值交易，认为这些交易有可能遭遇对手风险。当然，交易对手可以通过信用限额、冲销和担保协议有效地管理这种风险。金融市场和经济体系更广泛的风险，来自人们知晓政府会向这些企业提供支持，而这种支持又会造成政府资助企业能获得隐含的补贴。补贴会有意识地扭曲正常的市场平衡。在这种情况下，所感受到的政府支持，会使得政府资助企业的交易对手，不会像管理场外衍生风险那样去积极地进行某些风险控制。更一般地讲，我们必须小心，以防止各种补贴对有效金融体系带来的过度打扰，而有效的金融体系显然能够促进经济的稳定性。

我们的金融体系所发生的巨大变化，要求政府确保其监管制度能够适应当前的市场和机构的布局。根据美联储的判断，2000年通过的《商品期货现代化法案》正好有助于美国衍生工具监管方面的平衡，正如《格雷姆—里奇—比利雷法案》（即《金融服务现代化法案》——译者）有助于整个金融市场的监管一样。

我们的国际银行体系和金融体系的监管，主要来自各个交易对手；他们的尽职尽责是风险（包括系统性风险）控制的根本。政府监管者只能够行使广泛的监督。比如，我们美联储的工作人员，永远不可能像私人部门的参与者那样，对市场和交易对手进行细致的考察。

政府监管的增加，会使得人们对监管者降低风险的能力抱有不切实际的期望。这种行为会带来道德风险，而且事实证明，这会导致相反的结果。我们相信，最终达成的《巴塞尔资本协议（Ⅱ）》将会关注这些问题。

* * *

最近几年，风险对冲手段的急剧增加，反映了国内和国际金融领域发生的更广泛的变化，而这种变化也是对实体经济变化的反映。由于技术进步使得我们的商业活动方式发生了完全意想不到的改变，因此我们必须使得不断扩张的国际银行和金融体系的能力得以提升，以应对这种变化带来的挑战。

在必要的情况下，我们的企业和劳动力能够重新投入使用，这种灵活性成为未来生活水平提升的基础。反过来，这种"创造性毁灭"要求有一个有效和灵活的金融体系。我认为，全世界的银行家们能够很好地开发和培育出这样的一个体系。

国际金融风险管理

格林斯潘主席

在首都华盛顿召开的对外关系研讨会上的发言

2001 年 11 月 19 日

今天，我想和大家共同探讨正在不断变化的一些国际金融问题。过去的一年内，我们美联储的工作人员一直在关注这些问题。具体而言，我一直在关注风险管理的创新，以及这些创新对全球经济和金融体系的影响。

在贸易障碍减少这一因素的促进下，过去半个世纪内跨国商品和服务的交换增长速度比世界总产出的增长速度更快。但是，更引人注目的是跨国融资规模相对贸易融资规模的急剧增长。可以肯定的是，全球许多的融资交易都反映了投资证券组合的增长，其中有些无疑是投机性的。然而，归根结底，在支持商品和服务有效国际流动的体系中，此类融资是一项核心要素。尽管结论尚不确定，但我们强烈怀疑下列观点可能是正确的：全球融资的加速扩张，是世界商品和服务贸易持续快速增长的必要条件。似乎有越来越多的证据表明，如果我们想要完全获得技术和贸易进步带来的好处，就需要有多种形态和多种层次的融资手段。实际上，与全球许多投资相关的超额隐含风险报酬，意味着对世界金融体系的潜在需求规模要远大于目前的状况。

在世界贸易大国之中，回避国外资产投资的倾向很明显。这可以从国内储蓄与国内投资之间很高的相关性中看到。在过去的 10 年中，人们认为风险会随着投资距离的增加而增加。信息的缺乏以及过度的监管抑制了跨国资金的流动。即使在今天监管门槛降低、信息增加、市场准入更容易的情况下，人们对跨国投资仍然存在很大的偏见。然而，持续谋求更高回报的努力，似乎有可能使得所有经济体之间的金融联系越来越多（除非被政府所禁止）。

与生活中的各种情况一样，如果一个人将自己的活动范围扩展到以前探索过的区域之外，那么这是要冒风险的。风险本质上会导致——而且总是会导致——有可能产生的不利后果。因此，随着新世纪的到来，要想通过全球化来持续提升生活水准，就必须比以往任何时候都要更加有效地管理好风险。

我们开发出来的控制风险的范式强调了风险的分散化的重要性——将风险分散到那些愿意并且有能力承担风险的人身上。如果风险能够得到较好的分散，那么它对整个经济体系的冲击就能够被更好地吸纳；因此，它就不太可能导致威胁金融稳定性的一系列破产倒闭事件的发生。

这一范式的广泛成功，似乎可以从过去两年半美国的情况中看得非常清楚。尽管有股市缩水8万亿美元所带来的财富损失冲击，有资本投资的大幅收缩，当然还有2001年9月11日发生的悲惨事件，但美国的经济仍然在增长。重要的是，尽管有巨额损失，但美国主要的金融机构并未出现违约。世界其他国家大多存在类似的情况，只不过程度不及美国。

这些事例表明，过去二三十年内，现代经济吸纳意外冲击的能力有了明显的提升。毫无疑问，最近世界经济活动的疲软步伐，使得人们担心过去10年的整个周期还没有彻底结束。然而，已经明显提升的适应力有力地证明了这样一个看法：无论随后几周或几个月之内的事态如何展开，世界经济都已经变得更加灵活。这种有利的事态变化，无疑得到了最近金融创新活动的极大支持：这些创新使得债权人有机会进行更大程度的多元化投资，同时也使得债务人对特定机构或特定市场资金需求的依赖性下降了。

证券化的银行贷款、信用卡应收款、商业和住房抵押贷款等市场获得了广泛的发展；这极大地促进了近十年国内和国际风险的分散化。这些市场使得此类资产的风险能很好地适应范围更广泛的投资者偏好。

在美国，尤其重要的是次级抵押贷款市场的灵活性和整体规模。自2000年初以来，这一市场促进了大规模家庭财产债务融资的发展；反过来，这又对最近周期性紧张时期美国消费者的支出提供了重要支持。这种市场的灵活性的提升，主要来自利率互换和利率期权在对冲期限不匹配风险和提前还款风险方面的广泛应用。

更一般地讲，在过去15年内，金融衍生品的增长步伐急速加快。期权和其他复杂金融产品定价理论的发展，以及计算机和通信技术的改进，极大地降低了风险对冲的成本，扩大了风险对冲的机遇；而在此前几十年内，这些风险是不太容易回避的。此外，与衍生工具使用相关的交易对手信用风险，也因为法定的安全网安排和担保协议的更广泛使用而减轻了。这些日益复杂的金融工具，使得一种更加灵活、更加有效和更具适应力的金融体系得到了发展——尤其是在过去较为困难的几年内；而在25年以前，这种情况是不存在的。

更强的适应力在金融市场的许多部门都看得很清楚。其中一个突出例子，就是金融市场对快速膨胀之后又开始紧缩的通信行业所做出的反应。1998—2001年，全球通信企业各种货币的借款总额超过了一万亿美元。光纤网络大规模扩张导致的需求，以及欧洲企业在第三代移动电话许可方面所需的巨额投资，给债券市场带来了压力。

此时，面向这些投资的融资行为被广泛认为是审慎的，因为通信借款人在股市具有很高的估值；在必要的情况下，这可以促进股票的发行，以降低银行贷款和其他债务。当然，最后通信股的价格崩盘了，许多企业破产了。在过去的几十年，这种连锁反应势必会给更广泛的金融体系带来严重的压力。然而，与几十年前相比，现在的银行已经拥有了更多的资本来吸纳各种冲击，而且它们采用了经过改进的信用风险管理体系。在进行这种改进的同时，银行拥有了更多的工具来转移信用风险，这样就可以将信用风险更广泛地分散到金融体系中（这既是信用风险管理体系改进的原因，又是其改进的结果）。其中的一些工具，比如银团贷款、贷款出售和集合资产证券化等，都是比较直接和透明的交易。近期，一些更复杂和不太透明的工具——比如信用违约互换、抵押债务和与信用相关的票据等——已经得到了开发，而且其使用在最近几年的增长非常迅速。结果怎样？改进后的信用风险管理体系，加上更多和更好的风险管理工具，这一切似乎极大地降低了通信领域（实际上也降低了其他领域）贷款的集中度以及这种集中度给银行和其他金融机构所带来的压力。

更一般地讲，这类工具似乎将过去一年内安然、世界电讯、轨道公司、世界通信、瑞士航空和阿根廷主权贷款违约所造成的损失，有效地分散到了更多银行的身上（在以前，就不会涉及如此众多的银行）；而且，这些损失还从银行（它们主要使用短期杠杆交易）传递给了保险公司、养老基金以及其他拥有各种长期债务或根本没有债务的机构。可以想象，许多风险保险合约的卖方都遭受了巨额亏损，然而，由于其资本雄厚，它们能够避免先前危机时期所广泛出现的违约。值得注意的是，在大多数情况下，市场规模相对较小但快速增长的信用衍生工具，一直都在顺利地履行合约。显然，这一市场仍然太新，尚未经历过广泛的信贷紧缩压力的检验；然而，迄今为止，其运行得似乎很好。

信用衍生市场显著增长的原因，不仅在于它有能力分散风险，而且还在于它所提供的信息能够促进银行和其他金融中介的风险管理。比如，信用违约互换的定价，反映了最广泛的借款人（包括金融机构和非金融机构）的违约所导致的净损失的概率。

随着信用违约互换市场的扩张和深化，市场参与者所获得的整体信息能够准确地反映到这些衍生工具的价格之中去。比如，它们能够向银行信贷主管提供有关信用风险的重要补充信息——以前，信贷主管主要依赖于银行内部的信用分析。的确，信贷主管总是在以潜在借款人的股票和债券的市场价格作为引导，但它们两者都不能直接回答关于任何一笔潜在贷款的一个关键问题：在既定的时间内，贷款有可能面对的净亏损是多少？显然，信用违约互换正好能做到这一点；而且，这一方法自然也包含了潜在借款人所发行的金融工具的全部相关市场价格信息。

最近几个月以来，违约互换的价格趋势一直都对公司治理方面的问题非常敏感。在出现了影响公司声誉的丑闻之后，对金融和非金融类企业所感受到的违约风险会明显上升——尽管违约风险水平大多并不是很高。

*　*　*

设计出来的衍生合约都具有很高的杠杆比，这种状况既是一个巨大优势，也是一个致命缺陷。即使不在基础金融工具方面持有巨额的头寸，也能获得风险分散化的好处。然而，在过去的金融动荡中，经常会有此类杠杆交易导致过度投机从而引发金融方面的悲剧。我们根本不可能改造人类过度投机的天性，但是，我们的确需要尽最大可能来提升我们的风险管理能力，以防止金融市场偏离平衡增长的轨道。

更为重要的是，我们要认识到，如果我们要享受杠杆化金融中介体系所带来的好处，那么，金融体系风险管理的负担就不能完全由私人部门承担。杠杆经营总是会带来连锁反应；如果其进展得不到遏制，那么一系列的违约行为将会最终导致金融的内爆。只有中央银行在拥有无限货币创造权的情况下，才很有可能在这一过程带来破坏性影响之前挫败它。因此，中央银行必然成为最后贷款者。

但是，中央银行这一作用所隐含的假设条件是，极端后果带来的风险负担将以某种方式分配在公共和私人部门之间。因此，中央银行本质上所提供的是灾难金融保险的赔付额度。此类公共补贴应该只用于最罕见的情况。如果私人金融机构所有者或管理者事先预料到能够经常得到政府的支持，那么这只能助长它们的粗心大意和不负责任的行为。

从理论上讲，私人部门和中央银行之间承担风险的责任分配，取决于私人资本的成本。为了吸引资本，或者说至少是为了保留住资本，私人金融机构至少必须赚取一定的经济回报率（经过风险调整之后的回报率）。在竞争性的金融市场，杠杆比越大，风险调整之前的投资资本回报率就应该越高。

如果私人金融机构必须吸纳所有的金融风险，那么它们的杠杆比就将受到限制，金融部门的规模也更小，其对经济的贡献也更为有限。另一方面，如果中央银行有效地阻止了私人机构承担最大的潜在损失（无论损失是如何发生的），那么这种过度交易的行为有可能使得纳税人的资金被大量消耗，或者是迫使央行创造出过多的货币，或者两者同时存在。最终，我们将要面对严重的实际资本分配不合理状况。在实践中，有多少极端市场风险（如果存在的话）将由政府当局来吸纳，这是一个复杂的政策选择问题。然而，中央银行每天都要做出这种决策——要么是明确公开的决策，要么是不经意间做出的隐含决策。此外，我们始终无法确定我们的决策是否恰当。问题并不在于事后去询问我们当时的行为是否是必需的；因为在没有发生火灾的情况下，并不意味着我们当初不应该购买火灾保险。相反，问题在于，我们要事先考虑系统性崩盘的可能性是否足以证明干预行为是合理的。通常情况下，我们不能在事前就能判断这个问题是否大体上是一个无害的孤立事件。

因此，包括中央银行在内的政府部门，必须权衡自己对银行业和金融体系应该承担的责任。我们有责任通过下列措施来防止重大的金融市场动荡：开发并实施审慎监管标准；而且，在罕见的情况下，必须采用直接的市场干预措施。但是，我们还有责任确保监管框架允许私人部门去审慎承担恰当的风险，即便此类风险有时会造成意外的银行亏损甚至是银行倒闭。

国际金融体系不可挡的扩张，必然会带来潜在的系统性风险的上升。这种情况可以通过下列手段得到抑制：改进私人部门的风险管理；改进国内银行业的监管；各国金融当局之间继续保持合作；以及在必要情况下，由中央银行来充当最后贷款者。在过去的20年里，发展中国家的监管者，借助于巴塞尔银行监管委员会，对银行的监管工作进行了改进。这一努力正在进行；它重点强调的是，鼓励银行进一步改进其风险管理体系。单个中央银行在追求共同目标下的类似努力，也应该有助于增强对国际范围内的系统性风险的防范。

对单个国家监管制度进行同步协调的努力，远不止是一项技术行动。国与国之间的差异更多地表现在文化方面，而不是经济方面。这些差异主要反映了各国不同的商业惯例，尤其是对待竞争的态度的不同。

* * *

当然，竞争是促进创新的因素。创造性毁灭，即生产率较低的资本被创新性的优势技术所取代的过程，是财富创造的驱动力。因此，从整体财富创造的角度来看，竞争越激烈越好。

但是，不受限制的竞争性资本主义，绝不会被人们完全看成是最优的经济范式，至少在目前是如此。一些与公共政策打交道的人，经常认为竞争过于狂热。几年前，欧洲一位杰出领导人的独白让我非常清楚地感受到了这种不同的视角。他说："市场是什么？是丛林法则，是自然法则。文明是什么？是与自然进行的抗争。"监管制度的一项主要的决定因素在于，如何利用法则，在完全不受限制的市场有可能带来的利益与过度激烈的竞争有可能带来的社会成本之间，找到一个平衡点。

在释放竞争力量和感受到竞争对社会秩序带来威胁时对其进行约束方面，大多数国家都难以做出较好的权衡。随着技术进步带来的市场不断演进，随着人们对恰当监管程度的政治感受不断发生变化，毫不奇怪，我们监管似乎总是处在变化之中。

监管必须随着金融结构的变化而做出调整，而监管的调整也必须最大限度地降低对创新者和投资者的影响，以避免加大他们所面对的不确定性。此外，监管方案的改变，必然会在随后导致一些监管措施的过时。美国以及国外的商界人士抱怨（或许有些夸张），监管法规如此之多，他们在任何时候都有可能无意间违反了其中的某些法规。我们这些美联储的工作人员会努力地对所有现行的监管法规进行定期审核，以便对过时的法规加以修正或取消。我们的这项工作进展得很顺利，或许应该将这种好的做法应用于总体的监管制度，尤其是可以用于巴塞尔委员会的监管过程。

* * *

为了控制风险承担行为，使其不超出通常的系统性风险的控制范围，政府的这种市场干预最终要在下列两者之间做出权衡：经济增长有可能出现的不稳定性，以及较低生活水平下的一种更加文明和压力更小的生活方式。

我们当中，那些支持更激烈竞争的市场资本主义的人可能会认为，不受限制的市场所创造出的财富，能够促进一种更加文明的生存条件。我始终认为，这一见解很具有说服力。但是，其他许多人对这种观点的反对，反映了人们对创造性毁灭过程中经常伴随的灾难表示出了一种更深的厌恶。

我们的社会对这些重要问题做出的选择，将会极大地改变无法预料但必然会出现的创新机会；而这些创新机会，有能力去促进美国及其贸易伙伴国居民的经济福利。

国际金融体系的结构

格林斯潘主席

在佛罗里达召开的证券行业协会年会上的发言

1998 年 11 月 5 日

如果是在 10 年以前的话，今天下午我想谈论的话题将会使人昏昏欲睡。如今，它却成了一个引人注目的事物——这就是，国际金融体系的结构。如果该体系运行良好，大多数参与者会认为这是理所当然的；如果运行得不好，该体系将成为金融危机传播的工具，而且还会对在座的许多人的特许经营权构成威胁。

最近几年，计算机和通信技术的巨大进步，使得众多的风险可以借助于创新性金融工具来加以防范。以往的金融工具——普通股和债券，已经被扩展为一系列种类繁多且更为复杂的混合金融产品。这使得风险能够被隔离开来，但是，在许多情况下，这似乎会对人类的理解能力提出挑战。

这种发展带来的结果，无疑是一个更加有效率的金融体系。比如，美国市场经济的定价功能，已经对消费选择和资本效率的细微变化日益敏感；由此而带来的一组产品和资产价格以及利率水平，使得生产者将稀缺的资本，投入到能够最有效地满足消费偏好的生产活动中去。因此，尽管美国的资本投资率大大低于其他许多发达的工业化国家，但其资本效率创造出的经济活力，在全世界是无与伦比的。

正是这些新的技术和金融产品，对实行封闭和贸易保护主义政策的国家在维持有效壁垒方面的能力提出了挑战。这种挑战，再加上更加开放的贸易伙伴国经济的良好表现，使得过去 10 年内一些国家大力解除了限制贸易和资本自由流动的障碍。这样演变而来的新的国际金融体系，尽管在最近遇到了一些挫折，但仍然作为一种主要的因素，明显提升了选择加入该体系的国家的生活水平。

这一生活水平的提高，来自商品和服务跨国交易的更加便利；这种便利提升了竞争水平，扩展了国际劳动分工所带来的利益。实际上，金融在促进这些国家（尤其是美国）生活水平上升方面所起到的越来越重要的作用，是导致20世纪70年代中期以来，金融行业在国民收入中的比重持续上升的主要原因。

尽管这种新的国际金融体系具有明显的优势，但1994年年底发生在墨西哥的金融危机，以及最近发生在东亚和其他地方的一些危机事件，使得人们对这种新的体系的内在稳定性提出了疑问。

墨西哥危机与以前的金融动荡具有许多相同的特征，其主要问题在于巨大的经常账户赤字。然而，相对于其基础原因而言，这次动荡的强度以及为了阻止危机而动用的官方融资规模，似乎比以前类似的危机都要大。

最近发生的许多危机，从泰国到俄罗斯，都是由于传统的原因所导致的：财政和贸易的失衡，以及（或者）对外举债的不谨慎。但是，这一次的倒闭规模以及应对危机所需的官方融资，同样与过去有很大的差别。这一点尤其可以从20世纪80年代拉美国家中看到——当时所使用的纠正措施，造成了十分巨大的扭曲。

然而，为什么在过去一年半之内，东亚国家较传统的资本投资和资本流入的减缓，会在单个国家引发如此痛苦的调整？为什么传染的范围如此之大？

答案似乎就在于导致我们的国际金融体系效率显著提升的技术进步。这一金融体系既带来了生产性资本流量的急剧增长，同时也强化了非审慎投资的传播能力。在几十年以前纸质交易的环境下，人们很难想象单个交易商利用现代技术所造成的损失，就能导致巴林银行在1995年的倒闭。显然，近几年，我们造成损失的能力也大幅度提升了。

因此，这种体系既能带来生活水平的提升，也更容易导致资本使用的不当。与以前相比，这种体系不仅更有利于对创新的鼓励，而且也更容易对私人投资或公共政策的失误（一旦它们显示出来的话）进行惩罚。正如我以前所指出的，以过度乐观的风险或回报评估结果为基础将大量的资本投入债券或股票市场的行为，将推动资产价格上涨到不可持续的水平，而这只会使得随后的校正更加困难。

因此，最近的危机尽管与过去存在着许多（而不是大多数的）相同点，但两者之间似乎是有区别的。与20或30年以前相比，如今的市场惩罚显然更为严苛，更缺少宽容。由于信息和机会的增加，现在的资本更容易越来越多地流向那些表现出色的企业或经济体。

当前的技术比以往的技术具有更广泛的敏感性；这一点可以从"颈圈"（collars）安排对纽约证券交易所程序交易的影响中反映出来。1987年10月股市崩盘之后，当道·琼斯工业平均指数在一天内出现过度波动时，电子化的指数套利交易就会被暂停。

对使用"颈圈"时的交易所进行的分析表明，与允许使用电子订单相比，标准普尔期货和现货指数趋同的速度要更加缓慢一些。实际上，我们通过实验对比了在使用现代技术和较早的纸质系统（在1976年以前使用；电子订单传送方式最早出现在1976年）时的市场反应状况。1988年对"颈圈"进行了修改，允许提交电子订单；但另一个不合时宜的事物——即要求这些订单只有在稳定性的刻度上调或下调的情况下才能被执行——现在起着相同的作用。

更快的反应，不仅加速了国内资本流动的步伐，使得人们能够越来越多地发现各种投资之间更细微的差别，而且还使得国际资本流动显著加快。比如，跨国银行借贷业务在过去10年内增加了一倍。日均外汇交易量增长了一倍以上，现在处于每天 1.5 万亿美元的水平。

可以说，危机的发生反映了人们没有能力去应对金融业务（包括其复杂性和交易量）快速增加的步伐。在 20 世纪 90 年代抬升资产价格和压低风险溢价的良性循环所带来的剧烈动荡中，竞争性压力步伐的加快（直到危机发生时）似乎从未构成一种威胁。然而，最终发生的逆转引起了人们的担忧和业务紧缩。尽管这种现象一年以前就出现在亚洲，但最近几个月内，美国和欧洲却非常明显地出现了风险厌恶和流动性保护倾向增加的情况；而这些国家和地区并没有明确的迹象显示其实体经济出现了根本性的损害，其货币政策出现了紧缩，或者其通货膨胀速度出现了加快。这是二战以后我们几乎没有经历过的事件。

8 月 17 日俄罗斯债务出现延期偿还之后，本已有所下降的风险资产需求突然枯竭了。这使得美国风险矩阵中的收益差距急剧上涨。欧洲收益差距的变化较小，显然是由于对关联融资的广泛依赖所导致的结果。然而，风险市场的交易规模急剧下降了。更引人注目的是，流动性保护行动的突然大幅度增加——这可以从不同流动性的无风险资产的巨大收益差距中体现出来。我们都知道，9 月底已发行的政府债券的流动性溢价，以及政府资助的机构债券的利差，都出现了急剧上涨。

对风险较低的资产的需求急剧增加，反映了不确定性的大幅上升，但这仍然只是人们对各种资产的风险做出的区分。然而，对流动性保护需求的急剧增加，则是更进一步的行动，因为这意味着任何交易承诺都是试探性的，能轻易改变决定的能力被赋予了很高的溢价。当然，尽管风险区分行为最近急剧增加，但这只是直接反映资本市场运行很好的一个特征。然而，对流动性保护的需求增加，则反映了人们明显地不愿意面对不确定性，这将导致人们极力远离风险承担行为。

当然，我们似乎可以认为，目前这一时期的投资者恐慌将会消失，收益差距和流动性溢价将很快下降到更合理的范围。的确，我们已经看到了某些局势发生逆转的重要迹象。然而，这并不能解答下列问题：起初，为什么会爆发此类事件？

事实一次又一次地证明：正如今我们所看到的，当事件变得太复杂且发展更快时，人类显然没有能力去应对。对外部事件的无法理解，几乎总是会使得人们采取回避的态度，无论人们是害怕走进一间黑屋子，还是涉足一个不稳定的市场。一般而言，当人们远离一个总体上处于过剩的市场时，就意味着竞买受挫，价格将会下降。

从长远看，人们或许会沉着地面对突然发生的变化。毫无疑问，我们的年轻人似乎要比其先辈们更能适应新的技术。但是，我不认为，新的一代人对变化做出的反应，将会与以前的人有任何本质上的不同。这给我们带来了一个挑战：我们将如何利用好不断增长的国际金融流量，以防止它给人类的估价能力带来压力？

我认为资本管制这种二战以后被用来部分控制国际资本流动的措施，从长远来看是无效的，因为有越来越多的技术能够规避这些措施。然而，更重要的是，即使管制能够成功，它们也会阻断资本投资向经济领域的流动，并且会阻断此类流动通常所能带来的技术和生活水平的提升。通常所建议的对短期资本流动进行控制的做法，并不是一种解决方案。它们也必将限制需要靠短期资本来推动的直接投资。

显然，生活在一个全球金融增长的时代，人们必须找到一些方法来支持我们的金融制度，使其能够承受住国内和跨国资本流动的急剧增长，防止这种增长给人类带来压力。

长期参与国际金融市场的人们花了几十年的时间，建立了复杂的金融和法律"基础设施"，以缓解此类资本流动所带来的冲击。然而，在罕见的情况下，它们也会陷入麻烦（比如1992年瑞典发生的情形）。这些先进的"设施"通常能够挫败一种地位稳固的货币所遭受的投机性攻击，因为其金融体系非常牢固，能够承受住巨额的和快速的资本外逃，而且还经常拥有强有力的政策措施来阻止此类袭击。对于全球金融体系内一些新的参与者而言，用棒球运动来打比方，其金融制度尚未经历大联盟投手力量的考验。

许多新兴市场经济体一直将自己的汇率盯住美元，而且，最近几年，许多这样的经济体都在过度地以尚未对冲的美元融资来从事非生产性资本项目的开发。最终，它们的货币将会被高估，其金融体系将在非对冲债务压力不断增加的情况下崩溃。

然而，这种行为不一定会对一个金融体系稳健的国家带来损害。上个月有三天之内美元对日元出现了前所未有的疲软，据说这是由于大规模出现的所谓日元套利交易所导致的。但这一事件并没有导致美国金融市场的动荡，也没有给日本造成动荡，尽管日本的银行业面临着严重的问题。

如果这些新兴市场经济体的银行和其他金融机构实力强劲且资本充裕，那么，在经受压力时期其汇率敏感性的增加将不会有太大的问题。发达国家银行的杠杆比无疑是很高的，但它们要接受足够有效的监管，因此，当地的银行问题一般不会进一步升级为国际金融危机。新兴市场经济体的大多数银行也具有很高的杠杆比，但事实证明，它们的监管经常不足以防止破产倒闭，以及全面金融危机的发生。有些银行的倒闭，对于与其打交道的其他银行和企业（包括国内的和国际的）具有很大的传染性。

过去10年左右的时间内，新兴经济体参与国际金融体系的活动在不断增加；在此之前，它们对银行业监管的薄弱，不会给世界其他国家带来重大问题。一个经济体在自己的金融体系足够稳固、可以应对大规模的非预期取款之前，所面对的短期外汇资本流入风险是非常巨大的。

最近的危机给我们带来的一个重要结论是：一个经济体如果没有内部约束来使自己经济的适应力从没有危机的环境转向不断变化的环境，

那么它就不能享受发达的国际金融体系所带来的好处。

从美国南北战争到第一次世界大战，国际资本流动都与如今的情况一样，大体上不受限制；这种约束一般是自动形成的。当时的金本位法则很严格，流动性受到约束，货币流出的不利影响会迅速通过利率以及资本成本总体的快速上涨而反映出来。这一般能限制资本的滥用及其所带来的后果。失衡问题大多在失去控制之前就得到了解决。然而，一战以后，人们认为对经济的这种严格约束过于僵化，无法满足20世纪经济政策的要求。

20世纪30年代到60年代以及之后的一段时间内，许多国家（包括大多数工业化国家实施的资本控制措施）限制了国际资本的流动，这在一定程度上减轻了相关的金融不稳定性；然而，可以说，这是以牺牲经济增长和资源有效配置为巨大代价的。当然，有无数的事件表明，个别经济体经历了严重的汇率危机。不过，危机的传播一般会受到限制，因为在那个以纸币交易为基础的时代，对资本流动的限制措施至少是有一定效果的。

20世纪70—80年代，人们认识到管制带来的效率缺乏，再加上新的技术以及这些技术推动下的监管放松，使得国际资本逐步恢复到一个世纪以前通行的自由流动的状态。然而，20世纪后期，法定信用货币制度取代了金本位全盛时期所存在的严格自动调节机制。可以说，更具有弹性的货币和市场，加大了潜在的资本配置不当的规模。财政和货币当局要采用自由斟酌的应对性（且经常是不受欢迎的）政策行动，来做出所需的调整。一旦这些行动被延误，不平衡就会加剧；在如今的国际金融市场，跨国传播效应会因此比一个世纪以前同等条件下的范围更广、步伐更快。

与现在相比，以前的国际金融体系对技术的反应没有这么强。当金融方面的相互联系较弱或者是缺乏时，传播效应就不会越来越严重。

此外，传播效应因为杠杆比而得到了增强，尽管如今的杠杆比不一定显著高于二战结束后几十年的一段时期；但是，当时显得合理的杠杆比，在如今更不稳定的金融环境下，显然已不再是恰当的。如果金融资产的价格更不稳定，企业就需要利用更稳健的财务结构来防范预料之外的不利市场条件所带来的风险。新的工具，比如衍生产品，给人们带来了降低风险的机会，但是它们也会带来风险加大的机会。债务人、债权人和监管者需要进一步提升他们对这些新的工具在各种环境（包括某些极端环境）下所具有的风险特征的理解。

随着金融体系对各种变化越来越敏感，我们需要考虑对全世界金融中介过高的杠杆比加以限制。过去一年内所发生的事件，无疑已经导致所有投资者和借款者在最优的债务—股权比方面做出了调整。在亚洲，非金融类企业的杠杆比尤其需要迅速做出调整。非金融类企业更高的债务水平，使得债务偿还的要求更加缺乏灵活性，尤其是当这些债务是以外汇计价的时候。在导致东亚的金融体系崩溃方面，这种趋势发挥了非常重要的作用。我们认为，亚洲的借款者在将来会使得高杠杆比降下来。或许，新兴市场经济体降低杠杆比的最有效办法，就是消除中央银行和政府所提供的显性和隐性的债务担保。

国际金融体系面对的另一个挑战是，要设立和维护更稳健的货币制度。

最近一系列危机的主要特征是新兴市场经济体汇率制度的严重崩溃。此类调整会给这些经济体的金融和非金融类企业的资产负债状况带来严重后果，必然会在随后引发剧烈的衰退。日益增长的全球性投资，主要是由于技术进步所导致的；这种增长将导致传播效应的扩展。

当然，最终的问题并不在于货币的稳定性，而在于导致货币稳定的基础性政策。具有稳健的货币、贸易和财政政策的开放经济体，很少会像一些亚洲经济体那样，经历汇率问题所引发的经济不稳定。最近几年出现的一些问题，来自某些没有稳健的金融历史的经济体；它们试图通过"借用"来达到目的，也就是说，想通过让本国货币与长期参与国际金融体系的某些稳定货币（比如美元和德国马克）挂钩，来达到货币稳健的目的。建立这种联系本身并没有什么错误，只要这种盯住货币的汇率处在具有竞争力的水平，而且能够得到良好的政策和灵活的经济所提供的支持。但是，很多时候情况并非如此；正如最近的历史提供的大量例证所显示的，这种做法会产生广泛的后果。

为了在不承担政策成本的情况下获得稳健的经济制度所带来的好处，许多新兴市场经济体曾试验过几种技术工具：固定的盯住汇率，各种爬行盯住，货币局，甚至是美元化。在是否成功方面，结果并不一致。凡是获得成功的经济体，都得到了稳健政策的支持。

如果基础政策不稳健的话，即使美元化，或者是在其他货币方面的同样做法，也都不能成为货币稳定的来源。一个主权国家，在采用"开酒戒"的经济政策时，能否通过美元化来强迫自己"处于清醒的状态"，这是值得怀疑的。完全坚持美元化，能够消除轻易印刷货币的可能性，并且将一国财政赤字限制在能够按美元利率借款的水平。尽管在此类国家流通的美元货币可以得到美国政府的支持，但任何的国内美元存款或其他债权都会受到本国政府政策不确定所带来的影响：政府可以一笔勾销这些债权的合法地位。因此，在这种政治环境下的美元存款，一般都会折价出售。如果对"去美元化"的担忧急剧增加的话，那么这个经济体的美元利率会上升到难以承受的水平。

因此，在建立稳固的经济基础方面，并不存在一种捷径。如果我们想要拥有一种先进的高科技国际金融体系，那么，最近几年的教训清楚地表明，所有的参与者必须遵循能使这一目标达到的政策。

已经在制订的一些行动方案，如果能得到有效实施的话，应该能够极大地提升对国际金融体系的约束力。这些方案包括：尽力推广全球银行业监管准则；显著提升中央银行账户的透明度；针对全球借贷更及时地发布详细数据；遵守财政透明度准则；以及确保拥有良好的公司治理和合理的会计准则。

在强化约束性方面，尚未达成一致的关键领域包括：针对私人部门实体的违约提出恰当破产程序和解决办法；针对债务人和债权人的风险分担做出新的安排；针对政府在私人债务方面提供的显性和隐性担保给出限制性办法。

达不到"最佳行为"要求的中央银行，就不能充分融入国际金融体系中去；这无疑会极大地促进中央银行的改进。

重要的是，在思考新的国际金融体系监管措施时，我们要记住：相关的体系并非我们如今要面对的唯一体系。没有证据能让我感到，向以先进技术为基础的国际金融制度转变的过程现在已经结束。毫无疑问，明日的复杂性甚至要大大超过今天的情况。

因此，更为重要的是，要认识到21世纪的金融监管需要更加依赖于私人交易对手的监督，只有这样才能具有安全性和稳健性。对于大多数的政府金融监管而言，除了这种监管程序之外，我们想不到其他可靠的办法。随着全球金融中介机构的复杂性进一步增加，传统的监管审核程序将迅速过时——至少对更为复杂的银行体系而言情况一定如此。

总之，需要坚持不懈的努力才能维护国际金融体系的稳定，并将这种稳定保持下去。

毫无疑问，在目前的危机得到解决之前，需要国际金融群体向遭遇困难的新兴市场经济体提供转型支持。但是，在提供这种支持的时候，我们必须记住，近几年技术复杂的金融产品所取得的重大进步，已经对市场参与者提出了约束——除了近一个世纪以来尚未见到的少数突出例外事件之外。因此，在提供国际金融支持时必须非常小心，以免对这种约束造成破坏。这样，任何暂时性的金融支持都必须仔细针对特定的情况，而不能激励不应有的道德风险。

当然，在过去18个月内经历一系列破坏性危机的同时，至少可以说还存在着些许的慰藉。

首先，尽管从长远看，必须极大地改进金融中介的信贷监管体系，防止总体杠杆率的上升，但从短期看，并不需要这么去做。原因在于，债权人有可能变得过分谨慎。我记得，十年前美国信贷紧缩刚开始发生的时候，我与一位负责银行监管业务的同事开过一个玩笑。我说，他可以安心地去来一次环球旅行休假，因为在随后的一年内，不太可能有银行会发放不良的贷款（然而，我当时所关注的是，是否也会有任何人提供优质的贷款）。

其次，随着非生产性的资本流入某些新兴市场经济体，20世纪90年代中期美国和欧洲市场上股权驱动所带来的巨额资本利得中，有一些已经被分散了。这种资本流动可以说是导致这次危机的关键因素；在近期，它们不太可能再次出现。

这两种过于放纵的行为都有可能陷入休眠期，这是一件幸运的事，因为新技术所要求的国际金融结构调整过程需要花费几年的时间。假如我们成功地解决了目前的危机，就会有时间去进行结构调整。我只是担心，当拖延变得非常明显时，我们将无所作为，从而加剧下一次的危机所带来的后果。

对当今国际金融体系的理解

格林斯潘主席

在芝加哥联邦储备银行举办的关于银行结构与竞争的第 34 届年会上的发言

1998 年 5 月 7 日

过去一年内亚洲发生的事件，再一次强调了这样的一个事实：尽管我们迅速膨胀的金融体系是有效的，而且也对全球生活水平的提升做出了巨大贡献，但它也以同样的效率，迅速和果断地对基本经济政策的不谨慎行为加以暴露和惩罚。在跨国金融规模和产品迅速扩张的情况下，这些金融市场获得了一种在整个金融体系内以前所未有的方式和极快的步伐传递各种错误的能力。如今的国际金融体系，在众多方面都与以前的体系有足够大的区别，因此，我们可以将其看成是一种新的体系，而不仅仅只是把它看作是过去体系的持续深化和演变的产物。

这样，我们要加快自己的努力，以深刻地理解这种高技术金融体系是如何运行的；这一点非常急迫。具体而言，我们经历的系统性动荡有可能超出我们的理解能力，或者是超出我们做出有效反应的能力；我们需要上述这种理解来尽量减少此类机会的产生。如果我们想在降低外汇市场结算风险方面继续取得进步，如果我们想确保拥有一个整体稳健的支付和结算体系，那么我们就需要这种深刻的理解。而且，如果想要对自己的监管程序充满信心，我们也需要有这种深刻的理解。

关于这方面，我打算在今天上午集中讨论三个相关的话题。首先，我将考察亚洲发生的危机；这次危机，再加上几年以前的墨西哥金融危机，第一次向我们展示了危机是如何在这种新的体系中产生的（尤其是展示了银行所发挥的核心作用）。我将要指出的是，尽管公共安全网向银行提供的支持似乎是新的体系中的一种稳定性因素，但它也是造成最近危机发生的部分原因。其次，我将要思考的是，如果现有的安全网会促进危机的产生，那么我们为什么还要继续提供这种安全网。最后，我将分析，针对这种体系明显存在的问题和造成的紧张关系，可以做出哪些可能的政策反应。换句话讲，我们能否学会如何去稳定这种不断膨胀且有时会失控的新的国际金融体系，以使其潜能得到充分发挥？

* * *

让我从亚洲开始。从事后来看，很明显，在20世纪90年代，这些杠杆化的经济体不能在合理的风险水平下提供足够的盈利机会来吸纳大规模的资本流入。这种大规模的资本流动，部分反映了西方股票市场巨额资本利得的分散化行动，即将资本分散到自己所认为的能提供高于平均回报水平的世界其他地方去。再加上长久以来政府的经济计划氛围所带来的扭曲，这股投资浪潮导致了重大的损失（有些人认为这是必然的结果）。在固定成本债务的压力下（人们认为这种债务会持续增长），经济活动放缓，企业的亏损和不良贷款急速上升。亚洲各经济体的银行资本迅速下降——尤其是按恰当的标准来衡量。这样，随着人们对违约的担心急剧上升，资金来源便枯竭了。

在金融体系脆弱、监管制度松懈以及对存款人或债权人的保护不够明确的环境下，银行体系正常运行所必需的信心被打破了。有几个国家遭遇了银行挤兑，其中印度尼西亚达到了危机程度。不确定性与紧缩状态逐步升级。

总之，亚洲经济的放缓，暴露了一个杠杆经济体所承担的固定成本过高，尤其是固定的外债成本负担过高的问题。债务的无力偿还引发了一种恶性循环：随着传播效应的不断扩大，人们的恐慌也不断增加。

很难对此类危机做出预测。每一个借款人，无论是银行还是非银行类企业，都会使自己的资产负债结构能够提供足够的缓冲，以防止流动性短缺或丧失清偿力的状况出现。当这种缓冲突然被破坏，而借款人却为了保护自己的资产负债结构而争先恐后采取行动的时候，就会造成对流动性的需求激增；这种状况反过来又会造成对金融体系的挤兑。某一时刻，经济看上去似乎是稳定的；但接下来经济又会遭遇恐慌所导致的紧缩。

在这种背景下，如果金融机构在目前面对较低的资本成本或其债务面临着较小的利差时，通过高杠杆经营而减少缓冲的话，那么，为降低这种危机出现的可能性而采取的防御性努力——比如，通过增加资本或改进银行监管来提升金融体系缓冲力的努力——本身并不能进一步阻止一个国家遭遇危机。事实上，其中一种形式的道德风险就是，最初能吸引较低风险溢价的稳健金融体系，可能仅仅只会导致该国借款人愿意承担的风险不断上涨。这并不是想要贬低人们在促进金融体系稳定方面所做出的努力。但是，我们需要记住，此类行动所带来的某些好处，有可能被道德风险所抵消。

越来越清楚而且与本次会议尤其相关的一个事实是：几乎在任何情况下，把表面看上去不太严重的失衡转变成一场危机的，都是银行体系（至少是该体系的一些主要参与者）流动性或清偿力的实际瓦解，或预期将要出现的瓦解。对于理解亚洲和以前的拉美危机来讲，这个事实是非常重要的。依据环境的不同，导致危机爆发的最初动力有可能来自银行体系（或者是来自其他地方），但在银行体系所引发的问题，却将一个麻烦事件转变成一场内爆式的危机。

导致此类结果的银行体系所具有的特征，并不是十分难以理解。

其一，非常高的杠杆比通常意味着存在过度的风险承担行为；这种行为容易导致人们对金融体系和经济状况丧失信心。当资产主要集中于股权资金的时候，人们难以想到，危机时期债务工具寻求安全性所引发的累积性崩溃过程。此外，金融（以及非金融类的）企业会利用很高的杠杆比来掩盖不恰当的基础利润率，而并没有足够的资本缓冲来应对不稳定的环境。

其二，当银行面临着总体上升的收益曲线的时候（这是通常出现的情况），它们就会因为"借短放长"的业务活动而承担利率或流动性风险。这会使得银行，尤其是资本不太充裕的银行，在利率迅速上升和资本受到侵蚀的情况下，让人们对其完全丧失信心。此外，在汇率固定且通胀风险溢价和本国利率水平较高的环境下，金融中介会寻求低成本、非对冲的外汇融资；一旦本国货币在随后贬值，就会出现储户挤兑不断升级的风险。

其三，银行在金融市场基础设施中扮演着关键的角色。但是，当它们的资本不充裕、信贷标准宽松且面临着不严格的监管时，就会成为导致国内和国际金融体系系统性风险产生的根源。

其四，最近银行业方面的一些例子强调了这样一个事实的存在：如果银行，尤其是不稳固的银行，几乎成为唯一的金融中介业务的来源，那么一些问题就会产生。这些银行的倒闭会引发明显的经济衰退。更广泛的非银行类机构，包括稳健的债券和股票市场，在银行系统出现倒闭时，能向经济活动提供重要的保障。

其五，期限过短的同业融资，尤其是跨国同业融资，尽管具有将储蓄资金用于最有价值的投资的作用，但事实证明，它们是国际金融体系最致命的缺陷，因为该体系会受到各种金融信心因素的影响。这种现象在我们国内的经历中再普遍不过了，在国际背景下，这也是尤其危险的因素。我将在后面再谈到这一点。

其六，导致过去危机发生的一个重要因素是道德风险，即激励机制的扭曲。这种扭曲发生在这样的情况下：决定风险水平的一方从风险行为中获利，但却并不承担风险行为所带来的全部损失。安全网的存在，会导致下列现象的产生：积极从事利率和汇率风险业务；过度进行杠杆融资；金融体系脆弱；以及积极开展同业融资。当人们预期本国金融当局或国际金融机构将会向有问题的金融体系和不稳健的投资提供援助，这显然会带来大量的过度风险承担行为。在许多情况下，公共债务与私人债务之间的界限已经变得模糊了。

* * *

既然安全网的存在会导致道德风险，而道德风险又会扭曲激励机制，那么，我们为什么还要继续向金融体系提供安全网呢？

重要的是，我们要记住，尽管有可能带来过高的杠杆比，但银行带给现代社会的许多好处，都是来自它们愿意承担风险，且使用了相对较高的金融杠杆比。借助于杠杆交易，主要是通过吸收存款，银行在金融中介服务过程中发挥了关键作用；它们向储户提供了额外的投资选择，向借款人提供了更大范围的资金来源，因此有利于更复杂的资源分配，对经济的快速增长起到了极大的作用。实际上，正是中介服务和杠杆交易所明显具有的价值，才使得我们的金融制度从最初发展到现在的状况——显然，这种发展起始于文艺复兴时期：当时的金匠发现，将人们存储的黄金贷放出去，这种做法既是可行的，又是有利可图的。

此外，中央银行提供了一种将高度缺乏流动性的资产组合转变成流动性资产组合的机制；在特殊环境下，这种机制会给银行业带来更高程度的杠杆化经营，也比仅仅由市场力量所支持的杠杆化经营程度更高。传统上，这一任务是通过贴现或伦巴第（Lombard）业务来完成的；因此，单个存款者可以将非流动性资产转变为流动性资源，不会因为强制性出售此类资产，或者是提前收回借款，而加剧市场的不稳定性。更广泛地讲，在1987年全球股市崩盘这样的环境下，公开市场业务能够满足整个金融系统流动性需求的显著增长；否则，这种需求增长将会给许多金融市场带来具有累积效应和自我强化效应的紧缩后果。

毫无疑问，我们应该认识到，如果我们想要获得金融中介系统杠杆化经营所带来的好处，那么金融体系风险管理的负担就不会完全由私人部门来独自承担。正如我讲过的，杠杆化经营始终存在引发连锁反应（即一系列违约）的可能性——无论这种可能性有多么遥远。如果这种连锁反应得不到抑制，最终就将导致金融内爆。只有中央银行在拥有无限的货币创造权的情况下，才很有可能在这一过程带来破坏之前，将其挫败。因此，中央银行在必要的时候，将会成为最后贷款者。但是，中央银行这种作用的存在，意味着在公共与私人部门之间将存在着某种风险分担的形式，其中要由中央银行来负责对最极端，也就是最具系统敏感性的后果进行管理。因此，本质上中央银行要提供的服务，类似于灾难金融保险所提供的保障。这种公共资助，应该仅限于最罕见的灾难。如果私人金融机构的所有者或经理事先知道能经常得到政府的支持，那么，这只会鼓励粗心大意和不负责任的行为。

　　从理论上讲，私人部门和中央银行之间的风险分担责任，取决于私人资本的成本。为了吸引或者至少是为了留住资本，私人金融机构必须在考虑自身风险状况的情况下，从整个经济中赚取最低限度的无风险资本边际成本。在竞争性的金融市场，杠杆比越大，风险调整之前的回报率就越高。如果私人金融机构必须吸纳所有的金融风险，那么它们的杠杆化程度就会受到限制；金融部门的规模就越小，对经济的作用也就更为有限。另一方面，如果中央银行有效阻止了金融机构承担有可能出现的损失，而不管这种损失是如何发生的，那么这种更加宽松的条件会威胁到纳税人的利益，或者是会因为创造出过多的货币而导致通货膨胀这一不稳定因素的产生。

　　一旦某私人金融机构推测出自己确保流动性以及最终的清偿力所需要的资本数额，其经过风险调整后的股权回报最大化的资产规模也就随之确定下来了。这一推测结果，取决于该金融机构对自己的风险分布尾部所要求提供的资本数额的判断。中央银行应该通过贷款的自由发放，来对其余的风险分布尾部做出回应，以降低流动性缺乏的危险。通过债务担保来保护私人金融机构清偿力的做法，会带来极大的道德风险。

在实践中，对政府当局应该吸纳多少极端市场风险这一政策选择而言，充满着各种复杂性。然而，我们的中央银行家每天都要公开或不公开地做出这种决策。此外，我们永远也无法确切地知道，所做出的决策是否恰当。事后来看我们的行动是否被看成是必需的并不正确：因为，没有发生火灾，并不意味着我们不应该购买火灾保险。相反，问题在于，我们要在事前判断出，系统性崩盘的可能性是否足以证明干预是合理的。通常情况下，我们不能等到事后才判断这个问题是否只是一个孤立事件和大体上无害的事件。

因此，包括中央银行在内的政府部门，在保证银行和金融体系的平衡方面负有一定的责任。我们有责任去防止出现重大的金融市场动荡，其手段包括：设计出并执行好审慎监管准则，以及在罕见环境所必需的情况下采用直接干预市场的行动。但是，我们还有责任去确保私人部门的机构有能力去承担审慎和恰当的风险，即使此类风险有时会导致非预期的银行损失甚至银行倒闭。

因此，正如我在本次会议中多次提到的，作为监管者，我们的目标不是要防止所有的银行倒闭事件，而是要维持足够审慎的准则，以防止所出现的银行问题不会扩散开来。我们试图通过官方监管，以及通过各种正式和非正式的监管政策与程序来获得恰当的平衡。

从某种程度上讲，我们是通过下列做法来达到目的的：借助于我们的行动，向市场发出信号，表明在哪些情况下，我们可能会愿意通过干预来抑制金融动荡；同时也要表明，在遇到哪些困难时，我们希望私人机构自身能够解决问题。这样，市场就会做出反应：在银行获取无风险资本成本的基础上，增加一笔风险溢价。

＊　＊　＊

现在回到我刚开始提出的问题：我们能否学会，如何去稳定这种不断膨胀且有时会失控的新的国际金融体系，以使其潜能得到充分发挥？

在解决这些问题时，我将再次把自己的讨论限定在与银行相关的更小的范围内；具体而言，就是银行监管以及有可能使单个银行的行为得到改进的办法。在我们新的体系下，无论是就许多国家的内部环境而言，还是就跨国环境而言，我们都需要拥有有效的破产程序，以及协调债权人和债务人的其他方法。我将对这些重要的问题进行探讨。

尽管在一个动态市场必将发生倒闭事件，但我再次强调，仅仅因为安全网的存在（更不要说对系统性风险的担忧），就需要监管者不能对银行如何管理其风险的做法漠不关心。为了避免过度依赖于麻痹大意的微观管理，监管者开始更多地要求银行设立制度，以便管理层借助于信息和相关程序，来了解自己在全球范围所面对的实际风险，并且有能力对此类风险进行管理。如果这些风险信息和控制制度比较完善，银行就能够审慎处理好更多的风险。在这种背景下，必须拥有经过改进的市场激励机制，包括对市场信号有更大的敏感性，以及有更多的信息来使这些信号更强烈。

在这个迅速扩张的国际金融体中，防范金融波动负面影响的主要手段在于有效的交易对手监管；因此，政府监管应该创造出一种环境，以使得交易对手能够非常有效地监管交易过程中有可能出现的信用风险。

在这方面，透明度的提升是一个必要条件。毫无疑问，交易对手经常会把原本应该保密的信息作为一项交易条件。但是，如果全球金融体系固有的风险想要得到遏制，那么就必须将政府部门、金融机构和企业详细披露的信息进行更广泛地发布。一个市场体系想要达到均衡，其必要条件是：个体市场参与者做出反应时所参照的信号应该是准确的，且足以满足调整过程的需要。其中的一些重要信号包括：产品和资产的价格、利率、各种期限的债务以及中央银行和私人企业的详细会计记录。比如，我认为，如果泰国和韩国的中央银行在危机爆发之前，详细披露其储备净额，而不是仅仅只披露非常粗略的总储备头寸信息的话，那么我们很难相信，其所经历的危机会如此严重。在困难显示出早期迹象的时候，就必须对一些不恰当的资本流动进行限制，而且政策制定者也应当更加迅速地做出一些困难的选择。

透明度的增加能够暴露出广泛存在的问题，但是，它并不能阻止所有不恰当的行为。例如，透明度的增加，并没有防止依赖不动产抵押物信息的做法发展成为一个问题，而且这种情况曾多次发生过。东亚的情况也不例外。当房地产价值急剧下降的时候（这种情况经常发生），此类抵押物会变得非常缺乏流动性。在处理这些问题方面，一些有益的做法是通过消除法律障碍来使得抵押物的形态更为广泛，且使得人们能更迅速地获取抵押物。

一个越来越明显的事实是，对不良贷款应该迅速地进行处置，不要让其导致事态的恶化。当然，这些贷款的预期价值损失要从资本中扣除。但是，由于这些估值是不确定的，因此它们包含了一笔额外的风险溢价；这会进一步降低市场对有效股本的最佳估值。这样，融资会变得更加困难。比如，部分由于人们对其不良贷款的数额不了解，设在伦敦的一些日本的银行目前在吸纳短期日元存款时，必须比西方主要银行支付的利息大约高出 15 个基点。因此，最好的做法是，将这些可疑资产及其相关的风险溢价从银行资产负债表中清除，对它们进行单独处理，而且越快这样做越好。

迅速解决不良贷款的前提是拥有较好和较强有力的监管手段；而这又要求银行核查人员拥有更多的知识，但遗憾的是，许多经济体都达不到这一要求。在所有的国家，我们都需要独立的核查人员；他们能够理解银行及企业的风险，而且实际上他们自己能发放稳健的贷款，因为他们了解贷款的程序。同样，我们需要能够理解其客户业务的银行信贷主管——实际上，他们可以从客户的角度来考虑问题。信贷主管在判断贷款风险方面具有经验。缺乏一支信贷主管骨干队伍，可能会导致严重的损失，即使贷款不是在政府的引导下完成的，或者即使不需要向某关联企业群体中的成员提供支持。有经验的银行监管，并不能完全替代不完善的贷款程序，但我们认为，它能够鼓励更好的贷款行为。显然，对许多经济体而言，即便这种有经验的监管，也是缺乏的。对人员的培训以及对恰当监管体系的开发，都还需要花一定的时间去完成。

前面我曾指出过，国际间的银行同业融资，有可能成为国际金融体系的致命缺陷。债权银行希望针对其他银行（尤其是针对新兴经济体银行的求偿权）能够得到安全网的保护，因此，将这些求偿权当成了实际的主权债务。除非这些预期发生巨大的转变，否则当银行实际遭受重大损失时，政府只能在下列两种情况中做出选择：证明这些预期是正确的，或者是经历支付体系和整个金融市场的严重动荡。

可以说，对获得安全网支持的预期，提升了国际间银行同业贷款的水平，使其会高于没有补贴条件下的市场本身所支持的同业贷款数量。这意味着存在资源配置不当的问题。因此，应该针对同业市场考虑实施一些加大约束的方法。从原则上讲，此类约束既可以针对债务银行，也可以针对债权银行。比如，资本要求可以针对借款银行：所要求的资本不仅取决于银行资产的性质，而且还取决于其融资的性质。所要求的资本的增加，可以被看成是一旦银行倒闭主权担保者提供的一笔缓冲资金。也就是说，它把银行倒闭的负担更多地转移给了私人部门。另外，银行同业市场的道德风险问题可以这样来解决：针对主权担保的存在而向银行收取一笔费用，尤其是针对一些更脆弱的国家所提供的担保——在这些国家，所提供的担保很有可能被利用，而这些费用成本可以阻止某些不正常的借贷业务。比如，主权国家可以收取一笔明确的费用，或者是针对同业负债实施更严格的资本要求,让这些资本获取较低的利息(有时甚至无法获取利息)。

加大对贷款银行而不是借款银行的资本要求,也是一种有效的办法。根据巴塞尔资本协议的要求,针对任何一个国家的银行的短期债权,只有20%的风险权重。较高的风险给贷款银行带来的较高的成本,应该会转嫁给借款银行。面对这一成本差额,借款银行会降低自己的借款总额,或者是将自己的借款转向非银行资金来源;这种资金来源的转变或许可以在贷款银行的帮助下完成;如果监管当局对资本的要求超过了银行内部的要求,贷款银行可能会借助于银行短期同业贷款证券化业务。无论采用哪种做法,都会使得同业贷款的风险下降,而这种风险是系统性风险的一个重要来源。对于此类措施中的任何一种做法而言,其评估结果取决于:这种监管是否会破坏同业市场的流动性,从而使得这种破坏带来的成本超过了降低同业风险所获得的好处。

* * *

我们每天都要面对正在诞生的一种新的国际金融体系;这种体系能极大地促进财富的创造,以及人们生活水平的提高。随着我们对这种新的体系的理解不断增加,我们评估和管理风险的能力也会得到提高。然而,毫无疑问,这种新的体系有时会对我们构成威胁,给我们带来不稳定性。但是,这是社会进步必须付出的代价。在我看来,最终它将是一种值得付出的代价。

政府监管与衍生合约

格林斯潘主席

在亚特兰大联邦储备银行举办的关于金融市场研讨会上的发言

1997 年 2 月 1 日

我很高兴能再次参加亚特兰大联邦储备银行的金融市场年会。几年以前，亚特兰大联邦储备银行设计了一个非常及时的会议计划。技术变革使得最近几年各种金融工具的增长很快，整个市场的竞争越来越激烈。产品和市场的迅速深化使得许多人认为 20 世纪 20 和 30 年代所设立的许多市场监管体系已经日益过时了。有些人看到新的产品和市场不在政府监管的范围之内，于是对这种所谓的"监管空缺"将会带来的后果表示出了担忧。其他人则看到了旧的政府监管被用于新的工具和市场，因此担心不必要和滞后的监管手段可能带来意想不到的后果。

这些争议最明显地表现为人们对衍生合约政府监管的恰当措施而展开的持续讨论；在过去的 10 年内，这种讨论的激烈程度可能会有所变化，但这种讨论却从未完全停止过。最近，参议院农业委员会的成员，想把对衍生合约的监管明确纳入《商品交易法案》中，从而再一次把这些有争议的问题推到了风口浪尖。在今天的发言中，我将进行一系列的思考。我认为，在政府是否需要对金融市场进行监管的决策方面，这些思考有很重要的引导作用。然后，我将考察美国政府对衍生合约和衍生市场监管的历史，并借助于这些思考，分析这些产品和市场当前面临的监管体系。

市场监管

我认为，在评价市场监管时，首先必须弄清楚，政府监管想要达到的公共政策目标。政策制定者想要鼓励什么样的市场特征？是效率，还是公平与公开准入？我们希望抑制或消除哪些现象？是欺诈，市场操纵和其他不公平的行为，还是系统的不稳定性？如果不能明确地回答这些问题，那么政府监管就不可能有效。更有可能的情形是：事实将证明政府监管是不必要的，是沉重的负担，或许甚至是与更仔细考虑所得出的基础目标相抵触的。

一旦公共政策目标清楚地确定下来之后，第二件必须完成的任务是评估政府监管对这些目标而言是否是必需的。在做出此类评估时，非常重要的一点是要认识到，没有哪个市场是真正不受监管的。市场参与者自身的利益会带来私人市场监管。因此，真正的问题并不在于市场是否应该受到监管。相反，真正的问题在于，政府干预是强化了还是削弱了私人监管。如果私人市场监管的动机较弱，或者市场参与者没有能力去有效追求自身的利益，那么，引入政府监管的做法可能会使监管得到改进。但是，如果私人市场监管是有效的，那么最好不要有政府监管。在最坏的情况下，如果政府监管本身是无效的，或者政府监管会损害私人市场监管的动机，那么，政府监管的引入实际上会弱化监管的效果。我们必须意识到，政府监管不可避免地会涉及某些道德风险因素，即如果私人市场参与者认为政府正在保护他们的利益，那么他们保护自身利益的努力将会有所减轻。

政府监管是否需要？而且，如果需要的话，那么，哪种形式的政府监管是最优的？这个问题的答案主要取决于市场的特征。金融市场上"统一尺度的"监管方法，几乎永远是不恰当的。所需要的政府监管的程度和类型，取决于交易工具的种类、市场参与者的种类以及市场参与者之间关系的性质。在这方面，我们只需要给出其中的一个例子：旨在保护小额投资者免受经纪商欺诈或破产影响的政府监管框架如果被应用于大型机构的自主交易市场，可能就是不必要的，而且几乎可以肯定，这并不是一个最优的选择。

认识到统一尺度的监管方法总是不恰当的，这有助于交易者在以下两种情况中做出选择：在承受政府监管负担的同时，获取政府监管所带来的利益；或者是放弃这些利益，并避免这些负担，在只受私人监管的金融市场上从事交易。在这种情况下，私人监管市场实际上提供了对政府监管净利益的一种市场测试。人们从政府监管市场转向私人监管市场的行为，向政府监管者发出了一个信号：许多交易者认为，政府监管的成本超出了监管所带来的好处。当这种转变发生时，政府监管者应该仔细考虑降低监管程度或采用不同的监管办法，以在不危害公共政策目标的前提下提供一种更好的成本—收益平衡关系。

美国政府对衍生市场进行监管的历史进程

在对当前的监管制度依据上述思考进行评估之前，我们很有必要去了解这些工具及其监管的部分历史。在美国的历史上，衍生合约（远期合约与期权）一直在被人们所使用。事实上，甚至有可能会使在座的各位感到惊讶的是，在纽约证券交易所早期的交易中，有15%～25%的交易是属于跨时间的交易（即远期合约的交易）而不是现货结算交易（那时，是在当天结算），或采用通常的结算方式（次日结算）的交易。就商品交易而言，玉米、小麦及其他谷物的远期合约于1850年就已经在芝加哥被人们广泛使用——人们在芝加哥"达成"这些交易合约。美国第一个有组织的期货交易所，是芝加哥期货交易所。它是通过对所"达成"合约的条款（包括合约规模、谷物等级和交割期限），不断地进行标准化调整而发展起来的。到了1859年，此类交易就明显集中于芝加哥期货交易所；1865年，该交易所为高度标准化的合约制定了详细的交易规则，这些合约与我们今天交易的谷物期货合约十分相似。

联邦政府对衍生合约进行监管的第一项记录，是1864年通过的《反黄金期货法案》；法案禁止人们从事黄金期货的交易。当时政府很不高兴，因为政府发行的法定货币（即名声不好的绿色纸币）在与黄金的交易中，出现了严重的折扣。国会不愿意把这一结果当成政府货币政策失误的证据，它得出的结论认为，这种情况反映了私人市场监管的严重失误。结果，国会的行动导致了美元价值的又一次急剧下跌。尽管政府花了多年时间，才将货币政策恢复到了稳健状态，但是国会只花了两周时间就得出了结论：禁止黄金交易的做法带来了意想不到的后果，并随之取消了上述法案。

然而，对于农产品期货交易，从一开始人们就一直呼吁要实施政府干预。在19世纪后期以及20世纪前期，农民们经常会反对期货交易，尤其是在其农产品的价格较低或处于下降时期。他们认为，是可怕的投机者打压了其产品的价格。要求对期货交易进行政府监管的呼吁首先得到了州政府的回应。在大多数情况下，州政府针对期货的立法都只是限于禁止投机商号的业务——这些业务声称是期货交易所的经纪业务，但却只是"在投机商号从事订货交易"，实际上并不去执行其客户的交易。1874年伊利诺伊州制定的法案，反映了人们最初对市场的健全显示出的担忧。该法案把传播谣言影响商品价格以及试图进行商品市场囤积的行为，确定为刑事案件。

南北战争时期，在期货监管受到严重挫折之后，联邦政府没有进一步考虑对期货交易进行监管的问题。直到1883年，国会才出台了一项法案，禁止使用邮递方式出售期货。此后，人们在监管或禁止农产品期货和期权交易方面进行了不断努力。1920年，农业部在查阅国会记录时，发现以前人们曾经提交了164项此类议案。这些努力最终导致了1921年《期货交易法案》的通过。该法案立即被最高法院宣布为违宪，其理由是：该法案是一项监管议案，但却伪装成了一项税收议案。然而在1922年，国会改口称：1921年的这一法案的目的，是"想通过对谷物期货交易所的监管，来防止和消除各州之间谷物贸易所面临的障碍和负担"，并将该法案更名为《谷物期货法案》（1922年）。作为一项明确的监管法案，它后来获得了最高法院的支持。

《谷物期货法案》的目的，是想降低或消除期货交易所谷物价格"突然或不合理的波动"。法案制定者认为，谷物期货价格的这种突然或不合理的波动，反映了这些价格容易受到"投机、操纵或控制"带来的影响。此外，这种价格波动还会产生更广泛的后果，对本国的公共利益产生影响。生产者和销售者广泛使用谷物期货合约来对冲价格波动风险；期货价格还有广泛的应用——场外谷物交易的定价就是以期货价格为基础的。的确，考虑到当时农业部门的相对规模，期货价格的波动无疑会对整个经济产生影响。

关于期货交易会加大农产品价格的波动性这一观点，我们并不完全清楚它是否具有可靠的依据。毫无疑问，有大量的证据表明，市场参与者在不停地议论市场囤积和空头袭击。此外，合约的设计的确可能会使得此类合约容易受到操纵。不过，最近进行的一些经验研究，对衍生合约是否会加大价格波动性这一点表示了怀疑。尽管如今还有针对操纵市场的指控，但这种指控一般很难得到证实——即便并非不可能得到证实。正如我们如今所看到的，人们很容易责怪职业投机者导致了市场的波动，但这些波动实际上是反映了供给或需求的重大改变。市场出清过程是一个非常抽象的概念。有时人们很容易认为价格的变化是个人操纵行为所导致的结果。实际上，对于19世纪的一些场内交易员来说，是"某种程度的男子汉气概"导致了市场挤压或市场囤积（在这种交易中女性极少）。证据表明，这主要是一种自我陶醉的幻想。

总之，1922年的《谷物期货法案》为当今衍生市场的监管框架确立了许多关键要素。从总体上讲，该法案的目的是想将期货交易限定在有监管的期货市场。该法案规定，如果市场合约没有得到农业部的认可，那么在这种交易所进行的交易就是不合法的。只有满足了某些条件，农业部才会认可某个交易所的交易。这些条件包括：设立期货交易的登记与报告程序；在农作物收成或市场信息方面，设立防止谣言或误导性消息传播的程序；设立防止市场操纵或市场囤积行为的程序。最后，该法案认为，有必要让真实可信的衍生交易在受监管的交易所之外得到执行；法案将远期合约的谷物交割，明确排除在场内交易的要求之外。远期合约实际上被定义为用于未来交割的合约，其交易对手是农场主或农业利益集团；在这种交易中，合约的卖方在签订合约的时候，拥有用于交割的谷物（即便他不是一位农场主）。

影响期货监管的另一项重要的联邦法律是1936年通过的《商品交易法案》。与制订《谷物期货法案》一样，制订《商品交易法案》的主要目的，是对有可能加剧价格波动性的各种形式的投机进行抑制。此外，《商品交易法案》还引入了一些条款，其目的主要是为了保护商品期货市场上的一些小投资者，因为他们的交易在不断增长，而且被认为是一种有益的行为。这些条款的内容包括，要求对期货佣金商，即期货经纪商，进行注册登记；以及要求将客户资金与期货佣金商的资金分开管理。《商品交易法案》还将期货交易所交易合约的监管范围扩展到了棉花、水稻及其他一些具体列明的商品；同时，禁止期货交易所交易的商品在期权市场进行交易。

在1974年国会通过《商品期货交易委员会法案》之前，联邦政府对衍生市场的监管框架大体上没有发生过改变。在衍生市场监管目标方面，该法案没有做出任何重大调整。然而，该法案极大地扩展了《商品交易法案》的监管范围。1974年的这一项修正案，导致了商品期货交易委员会（CETC）这一独立机构的产生，并赋予该机构对商品期货和期权交易的独家管辖权；除此之外，该修正案还扩展了《商品交易法案》对"商品"的定义，使其范围超出了一系列特定的农产品，可以包括"除洋葱之外的所有商品和物品……以及所有服务、权益和利益；它们用于未来交割的合约，可以在目前或未来达成"。从某一方面看，这是全面放松监管范围的行动，因为它明确允许几乎所有的基础资产，其中包括金融工具，可以在期货交易所进行期货合约交易。只有洋葱期货不在此范围之内——由于洋葱被认为是操纵者最喜爱的目标，在1958年就被禁止了。然而，从另一方面看，这也是对监管的一种全面扩展。考虑到对商品定义的这种扩展，以及对期货合约更广泛的理解，这项调整使得大量的场外交易有可能被纳入《商品交易法案》的监管范围之内。具体而言，这可以被理解为，将场外期货交易的禁止范围进行广泛的扩展，从而包含了以前从未在交易所从事过的大量交易。

在针对1974年法案的讨论中，人们注意到了下列问题：这有可能使得更多交易的合法性遭到质疑。具体而言，财政部建议，将外汇、政府债券和其他一些金融工具的场外衍生交易，排除在新扩展的《商品交易法案》监管范围之外。这一建议得到了国会的采纳，形成了人们所熟知的财政部修正案。在提出修正案的时候，财政部主要考虑的是要保护外汇市场，使其免受它所认为的不必要的及可能有害的监管。外汇市场显然与农产品期货市场有很大的区别：各种主要货币的市场都具有一定的深度，而且正如某些中央银行从过去的教训中所了解到的，它们很难进行操控。此外，这些市场上的参与者主要是银行、其他金融机构以及一些大企业；它们似乎并不需要，而且也不会去主动寻求《商品交易法案》的保护。因此，无论是以前还是现在，我们都没有理由认为《商品交易法案》的监管框架必须应用到外汇市场才能达到该法案想要达到的公共政策目标。事实上，外汇市场的大额交易提供了一个清晰且令人信服的例子；这个例子表明，即使没有政府的帮助，私人交易者也能非常有效地进行市场监管。

场外私下达成的衍生合约在后来的急剧增长是财政部当时并没有预料到的；这些合约也不在财政部修正案的保护范围之内；它们主要包括：互换合约，远期合约，以及针对利率、汇率、商品和证券价格等要素而达成的期权合约。这些衍生工具的快速增长反映了特殊设计的个体化合约所具有的额外价值——场内普遍适用的标准化合约并不能提供此类交易。到了20世纪80年代中期，人们已经开始担心，如果这些场外合约是不合法的，那么它们将无法得到执行。商品期货交易委员会认识到互换及类似合约的发展能提供重要的公共利益，因此最终颁布了各种规则，做出了一些解释，以减轻人们对其执行状况的担忧。然而，关于《商品交易法案》的管辖范围，仍然存在着很大的法律上的不确定性。此外，有些人仍然在质疑商品期货交易委员会对《商品交易法案》做出的解读，而且也质疑该机构是否有权将期货交易排除在场内交易的要求之外。

国会试图借助于1992年的《期货交易惯例法案》中的一个条款，来使利率互换及其他受到质疑的许多交易具有法律上的确定性。该条款赋予商品期货交易委员会明确的管辖权，认为它有权将"恰当人员"的场外交易排除在《商品交易法案》大多数条款——其中包括场内交易要求——的管辖之外；"恰当人员"指的是受监管的金融中介，其他规模较大的企业，以及商品期货交易委员会所认可的其他恰当人员。商品期货交易委员会立即利用这一权限，免除了利率互换和其他大多数场外衍生合约面对的场内交易要求，以及《商品交易法案》大多数的其他条款对这些合约所拥有的管辖权。然而，在有可能被认为是期货交易的任何互换合约方面，商品期货交易委员会保留了自己的反欺诈和反操纵权限；同时还制定了一些条款，否定了通过交易所达成的互换交易或通过清算所进行结算的互换交易所具有的合法性。后来，在国会要求商品期货交易委员会在促进场内和场外期货交易公平竞争的情况下，该委员会启动了一个开创性的计划；该计划允许期货交易所开发出一组不受《商品交易法案》某些条款约束的新的场内交易市场。然而，并没有哪一家交易所去利用这一机会。

尽管有商品期货交易委员会的努力，但关于《商品交易法案》的管辖范围仍然存在不确定性，人们对《商品交易法案》监管框架的恰当性还存在着争论。法律诉讼使得人们对财政部修正案所涵盖的合约和交易对手的种类提出了质疑。由于国会禁止商品期货交易委员会从《商品交易法案》中免除对股票衍生合约的监管，某些场外股票互换合约的执行情况仍然不确定。期货交易所仍然认为，一些不必要和沉重的监管措施，正使得它们不可能与美国的场外市场以及国外的期货交易所展开竞争。

对衍生市场的恰当监管

利用我在前面针对市场监管所进行的一些重要思考，就可以找到解决这些问题的办法。关于公共政策目标，人们似乎存在高度的共识。大多数人都认为，衍生市场监管的目标，是要努力确保市场的完善，尤其是要阻止市场操纵行为，保护市场参与者，使其免受交易对手的欺诈或破产所带来的损失。存在争议的地方是，是否需要政府监管达到这些目标；以及，如果认为政府监管是恰当的，那么争议的焦点问题是：《商品交易法案》是否提供了最佳的监管框架。

就机构性的场外衍生市场而言，似乎可以很清楚地看到，私人市场监管能够以很好的效果及很高的效率达到政府监管认为要达到的公共政策目标。并没有证据让我意识到，场外合约的价格被人们所操纵。这些市场的参与者非常懂行；他们将自己的交易活动限制在那些很难被操纵的合约范围之内。绝大多数的场外合约都是采用现金结算而不是进行实物交割。现金结算通常是基于流动性很强的市场上的汇率或价格，比如，伦敦银行同业拆借利率或者是美元兑日元的即期汇率；此类市场拥有大量的甚至是无限的交割对象供给。要求实物交割的场外合约，通常将无法交割带来的损失限定在实际损害赔偿这一限度。因此，试图垄断场外市场的行为即使获得成功，也不可能导致卖方为了冲销自己的合约或购买标的资产而支付非常高昂的价格。无论怎样，场外合约的价格都不会被直接或被随意用作其他交易定价的基础，因此，任何价格扭曲都不会影响到标的资产的其他买方或卖方，肯定也不会影响到整个经济。

场外衍生市场的机构参与者还证明了他们有能力保护自己，可以防止欺诈和交易对手破产所带来的损失。这些市场参与者坚持要求交易商有足够的财力来保证信用评价达到 A 级或 A 级以上。当此类交易商从事欺诈行为时，其受害者可以通过法律途径，或者是直接通过威胁要走法律途径，来获得赔偿。法律赔偿金所带来的威胁，会激励交易商避免不当行为的产生。然而，更有力的激励在于，交易商害怕丧失良好的信誉，因为如果缺乏这种信誉，交易商将无法展开有效竞争，无论其财力或金融管理能力如何。场外市场的机构参与者同时也证明了，他们有能力通过下列做法，来非常有效地管理好信用风险：对交易对手进行细致的评估；设立内部信用限额；明智而审慎地使用对冲协议和信用担保。美国的机构交易者因为交易商违约而遭受的实际损失，几乎可以忽略不计。

因此，政府似乎不必要对发生在机构交易者之间的场外衍生交易进行监管。具体而言，《商品交易法案》是根据特征完全不同的市场而设立的；它似乎不能作为此类交易的监管框架。由于许多小额投资者没有能力对交易对手进行有效评估，政府对这些交易对手场外交易的监管是恰当的；这种监管可以保护小额投资者，使其免受欺诈或交易商破产所造成的无法挽回的损失。但是，即使对这些交易而言，我们也不清楚《商品交易法案》能否提供最优的监管框架。具体而言，在我看来，银行和经纪交易商向零售客户推销场外衍生合约的行为，更应当分别受到银行监管机构和证券交易委员会的监管。没有证据表明，适用于这些机构的现有监管框架不足以向小额交易者的场外衍生合约提供保护。有些人会认为，像《商品交易法案》这样的法案对向零售客户推销衍生合约的所有实体进行监管的做法，必然会为竞争者带来一种公平竞争的环境。然而，公平竞争的环境并不要求对所有竞争者实施相同的监管。对多家企业提供的同一类产品进行相同的监管，这种做法本身并不能带来真正的公平竞争环境。

对场内交易的政府监管框架也需要重新审视。正如我们所看到的，《商品交易法案》的核心条款是20世纪20—30年代而设立的针对包括小额投资者在内的普通公众的谷物期货交易的监管。从那以后，美国的期货交易经历了深刻的变革。现在，占交易主导地位的是金融期货，而不是农产品期货。对交易活跃的许多金融合约而言，小额投资者的参与是极少的。最后要指出的是，近几年以来，大多数金融期货的交易额都在下降，或者是增长很缓慢，而场外衍生金融交易的金额却仍然在以很快的速度增长。正如我在前面所讲的，交易活动从监管市场向非监管市场的转移，或许"部分"反映了经过特殊设计用于风险防范的合约所具有的额外价值。但是，我们也几乎可以肯定，许多市场参与者都感觉到，政府对交易监管带来的成本，超出了其所带来的利益。

具体而言，场内交易本身与场外交易有不同的特点，我们需要仔细地思考这些特点。一种观点认为，场内交易能够发挥一种以价格为基础的功能，或者说具有价格发现功能，而场外交易却没有这种功能。对于某些场内交易的农产品合约而言，这种观点或许是有道理的。然而，我并不认为，任何数量的场外交易，都是以场内金融合约的交易价格作为唯一定价基础的。以利率和汇率合约为例，具有一定的深度和流动性的现货市场能够提供另外一种信息来源；利用这种信息，市场参与者足以达到价格发现目的。

另一种观点指出，场内交易的合约可以利用清算所的功能；清算所充当了其附属交易所全部交易的对手，能够对对手风险进行集中化的管理。毫无疑问，清算所将风险统一集中起来的做法，使得对清算所的监管有助于维护系统的稳定性。但是，在此我们要再次认识到私人市场监管潜在的有效性。政府对清算所实施的任何监管，都必须经过精心的设计，以避免损害私人监管的效果。如果采用统一尺度的监管方法，就不可能做到这一点。最近针对外汇合约设立的清算所，采用了创新性的风险管理方法。不同于期货交易所所采用的方法，这些方法的目的在于维护长期以来一直都非常有效的私人市场约束。为了确保监管具有必要的灵活性，其中的一种做法是允许此类清算所在各种联邦监管制度方面做出选择。除了商品期货交易委员会之外，联邦银行监管机构或证券交易委员会都有足够的能力，对面向场内或场外交易工具的清算所进行监管。

就目前进行双边协商和双边清算的衍生交易而言，在向它们提供集中化的交易或清算设施方面，如果存在不必要的阻碍竞争的行为，那么这也是不明智的。具体而言，如果机构交易者想要获得此类服务，那么就应该允许提供此类服务的期货交易所去展开竞争。机构市场的交易和清算体系，无疑应该有别于现有的期货交易和清算体系。但是，进一步限制它们的竞争能力，似乎是不必要的。具体而言，我们并不清楚，其他条件都相同的合约，为什么不可以在面向公众、有监管的交易所与仅面向机构、无监管的附属交易所之间进行选择？机构交易者应该可以进行自由选择，以决定是否愿意接受《商品交易法案》带来的监管负担，同时获取它所带来的监管利益。

总结

总之,我们需要重新审视美国政府对衍生工具和衍生市场进行监管的必要性。将《商品期货法案》应用于机构之间的场外交易的做法,似乎是完全不必要的;私人市场的监管,似乎能以很好的效果和很高的效率来实现公共政策目标。还有一种很强烈的趋势是让目前进行双边协商和清算的金融衍生工具采用集中化的交易和清算;人们对《商品交易法案》应用的担忧,不应该阻碍这样一种演化过程。尽管有人主张,对此类市场采用有监管的清算体系,但是除了《商品交易法案》之外的其他监管方法也应该加以考虑,以避免采用统一尺度的监管方法。此外,除了少数限制条件之外,应该允许期货交易所设立附属机构,以便在提供此类服务方面展开竞争。最后我要指出的是,最近民主和共和两党向参议院递交的法案表明,它们愿意考虑在政府监管方面做出此类重大调整。

第二部分

本·伯南克：宏观审慎监管与系统性风险防范

综述

全球金融体系的不断演进与发展，使得一国金融体系的稳定性已经不再完全由一国国内监管措施完全左右。首先，经济全球化造成金融全球化以及金融机构的国际化，发生在一个国家的金融危机很容易通过各种渠道（市场、机构和产品等）传播到另一国家。其次，不少涉及风险管理的金融创新，如信用违约互换，使得风险传播更为隐蔽，不易为有关金融监管机构所察觉。最后，经济运行的顺周期性特征，使得近些年资产价格不断上涨，居民信用消费日益膨胀，金融资本的市场配置发生偏差，系统性风险的阴影越来越大。由于存在全球金融监管机构的分割和信息共享的障碍，一些国家的金融监管机构没有采取有效行动遏制过度的冒险行为，没有重视各种金融机构之间以及不同市场之间的相互联系，使得金融危机一旦爆发，就具有很强的国际破坏力。

由于意识到金融监管过分关注个体金融机构的安全而忽视了保障整个金融系统的稳定这一更为重要的目标，早在20世纪70年代末，国际清算银行（BIS）就提出了"宏观审慎"的概念，以此概括一种关注防范系统性金融风险的做法。20世纪80年代，宏观审慎监管的概念正式出现在国际清算银行的报告中，但由于微观审慎监管仍然是理论研究与政策实践中的焦点，直到21世纪初，宏观审慎监管的定义才得到较为清晰的界定。

宏观审慎监管，是为了维护金融体系的稳定，防止金融系统对整体经济的外部溢出效应而采取的一种自上而下的监管模式。宏观审慎监管涉及三个方面的目标：一是识别系统风险，即发现、监测和计量系统风险及其潜在影响；二是降低系统风险发生的概率，即通过提高监管标准和采取针对性的监管措施，来预防系统性风险的爆发；三是缓解系统性风险对金融体系和实体经济的溢出效应，即在系统风险爆发后，限制其破坏的程度和范围，尽可能降低经济损失。

宏观审慎监管真正引起广泛关注是在2008年金融危机之后。2008年金融危机之前，中央银行往往选择单一盯住通货膨胀的货币政策目标，同时辅以微观审慎监管来防范金融风险。2008年的金融危机表明，金融机构风险暴露高度相似并集中在相同的领域，会导致金融失衡加剧，系统性风险不断增加。于是，人们开始逐渐认识到，以控制通货膨胀为目标的货币政策加上以资本监管为核心的微观审慎监管，不足以维护金融市场的稳定，金融监管方向开始从货币政策为主导，转向宏观审慎。这次危机同时暴露出美国金融监管存在严重的弊端和漏洞。为了防止危机重演，2010年7月22日，时任美国总统奥巴马签署了《多德—弗兰克华尔街改革与消费者保护法》（简称《多德—弗兰克法案》）。该法案勾画了后危机时代的金融监管蓝图，使得美国的监管政策导向，从反对政府干预的"新自由主义"转向了更加重视宏观审慎监管。

在金融全球化的浪潮下，中国实施金融综合经营的压力不断加大，迫使中国金融监管体制寻求新的变革，加速了宏观审慎政策在中国的实践。目前，中国宏观审慎政策还处于探索阶段，在政策工具方面还有很大的创新和完备的空间。2017年11月，经党中央、国务院批准，国务院金融稳定发展委员会成立，作为国务院统筹协调金融稳定和改革发展重大问题的议事协调机构。2018年，国家又对金融监管体制做出了重大调整，将银监会和保监会的职责整合，组建中国银行保险监督管理委员会，并将原银监会、保监会拟定本行业重要法律法规草案和审慎监管基本制度的职责划入中国人民银行，进一步强化了中央银行的宏观审慎监管职责。

建立健全宏观审慎监管机制意义重大，但其中也面临技术和落实等多方面的挑战。2018年5月15日，全国政协在京召开了"健全系统性金融风险防范体系"专题协商会。会议强调，防控金融风险事关国家安全、发展全局、人民群众财产安全，是实现高质量发展必须跨越的重大关口，是必须打好的攻坚战。委员们建议，要牢固树立和贯彻落实新发展理念，坚持稳中求进工作总基调，坚持金融服务实体经济的根本宗旨，标本兼治、精准施策，在保持经济金融平稳运行的前提下逐步化解风险。

近十年以来，美国政府对金融监管政策做出了大力调整。作为美国的中央银行，美联储在加强宏观审慎监管以防范系统性风险方面做了大量的工作。为了了解和借鉴美国的监管经验，在本书的第二部分，我们选取了2006年到2013年，美联储前主席本·伯南克针对宏观审慎监管与系统性风险防范所做的部分演讲。演讲的内容主要包括美联储政策目标的调整、银行压力测试、系统性风险的防范手段以及宏观审慎监管政策的实施。

一、美联储政策目标的调整

1913年美国国会通过的《联邦储备法案》导致了美联储的诞生。设立美联储的目的，是想"通过提供一种手段，来阻止给美国公众带来动荡和巨大伤害的周期性恐慌的产生"。在成立后的初期，这家新的中央银行采用了许多政策工具。起初，美联储的主要政策工具包括贴现贷款的数量调整以及贴现贷款的利率水平调整。可是，在后来，为了通过获取收益来为自己的业务提供融资，美联储开始在公开市场购买政府债券——这就是后来人们熟知的公开市场业务。

大萧条是美联储面对的最困难的考验。很遗憾，美联储没有完成其维持金融稳定性的任务。具体而言，尽管1929年股市崩盘后，美联储向金融系统提供了大量的流动性，但它对后来的银行恐慌做出的反应充其量来说也是非常有限的；随后普遍出现的银行倒闭以及货币和信贷市场的崩盘，是导致经济下滑的主要根源。

大萧条的经历，对美联储的政策目标、政策框架以及对公众的责任等都产生了重大影响。对于目标而言，大萧条时期的高失业率，以及二战后人们对高失业率卷土重来的担忧，强化了宏观经济政策目标中对充分就业的追求。1946年的《就业法案》使得促进就业成为联邦政府的总体目标。1977年的《联邦储备改革法案》规定，把"充分就业"和"物价稳定"作为美联储所谓的双重任务。

二战后的头几十年内，美联储利用公开市场业务和贴现率来影响短期市场利率；这样，逐步使得联邦基金利率成为最优的操作目标。20世纪50年代和60年代初期，将通胀稳定在较低水平的目标大多得到了实现。然而，到了20世纪60年代中期，通胀开始有长期上涨的趋势。在当时的美联储主席保罗·沃克的领导下，1979年美联储对确保物价稳定的办法进行了重大调整。到了20世纪70年代末，美联储的官员们逐渐接受了通胀是一种货币现象的观点，他们更加关注于经济产出潜能方面存在的过度乐观的风险，并且再次强调了实际利率（即经过通胀调整后的利率）与名义利率之间的区别。

沃克的反通胀政策的成功，为1984—2007年所谓的"大缓和时代"提供了条件。这一时期，美联储在双重任务目标方面都取得了极大的成功。当然，金融稳定性仍然是其中的一个目标。美联储对威胁金融稳定性的因素进行了监测，并在金融体系受到某些事件（比如1987年的股市崩盘和2001年的恐怖袭击事件）的冲击时，采取了相应的对策。更经常的做法是，它与其他银行机构共同承担了监管责任。不过，在这几年的大多数时间里，金融稳定性并没有在货币政策的讨论中凸显出来。

发生在2007年的金融危机以及随后出现的大衰退，使得美联储想起了一个在某种程度上已经被遗忘的教训。这个教训来自19世纪以及大萧条时期，即金融的严重不稳定会给整体经济带来严重损害。其含义是，如果想要获得良好的宏观经济表现，中央银行就必须考虑影响金融稳定性的风险。如今，美联储将维护金融稳定性的责任看成与管理货币政策的责任同等重要；考虑到目标方面的这种改变，美联储进行了重大的制度调整，回到了预防金融恐慌的最初目标。

在抑制2008—2009年危机的过程中，美联储的诸多流动性方案发挥了重要的作用。然而，仅仅只是"灭火"是不够的；同样重要的是，培育一种金融体系，使其具有足够的适应力来承受巨大的金融冲击。为了达到这一目的，美联储与其他监管机构和金融稳定监管委员会一道，积极地监控金融业的发展，并努力强化金融机构和金融市场的地位。美联储在改革方面的努力方向是，发现和化解金融体系所面临的各种风险，不仅包括单个金融企业面临的风险，而且包括整个金融体系所面临的风险，这就是所谓的宏观审慎监管方法。

二、银行压力测试

2009年监管资本评估方案（SCAP）的诞生，标志着美国的监管机构首次对所有大型银行同时展开了监管方面的压力测试。压力测试方案的出台，是金融危机时期的一个关键转折点。压力测试具有多方面的优点：首先，压力测试可以作为标准资本比率的补充，因为它的视角是更加关注未来的，而且对所谓的尾部风险提供了更有针对性的保护；进行压力测试的初衷是确保银行即使是在十分不利的环境下，也能够有充足的资本来继续提供贷款。其次，按照美联储的做法，压力测试反映的是银行间横向比较的情况，而不是某一家银行的情况。这种比较方法促使监管标准趋于一致。通过反映重大的经济或金融冲击将对大银行整体产生怎样的影响，这种方法还能提供有价值的系统性信息。最后，通过向公众提供与银行财务状况相关、具有一致性和可比性的信息，压力测试结果的披露会促进信息透明度的提升。

自从监管资本评估方案诞生以来，美联储对方案的实施进行了多次改进。比如，美联储一直在对构成压力测试基础的假设环境进行改进。改进后的测试环境，不仅包括严重衰退所带来的典型后果，而且还包括其他一些不利的事件；比如，房价的大幅度下跌，股票和其他金融资产价值的急剧下降，或者是全球经济条件的严重恶化（这种恶化，超出了美国深度衰退通常要面临的情况）。此外，美联储还对预测银行损失、收入和不同环境下的资本状况的估算工具进行了改进。

美联储使用40多种模型来预测各种类别的银行损失和收入如何对假设环境做出反应。数据和模型的改进，提升了美联储对资产组合中各种风险的区分能力。重要的是，这些监管模型由一个特殊的模型认定小组来进行评估；小组成员由美联储内部的专家构成——他们并不参与压力测试。美联储还设立了一个由外部专家所组成的模型认定委员会，由他们来发表独立的观点和建议。这些持续不断的努力，逐渐使得美联储能够以完全独立的方式，估算出每家银行在任何特定环境下的损失、收入和资本比率。

在监管资本评估方案诞生后的几年内，美联储的压力测试方案已经借助于法规和监管法律得到了推广和强化。《多德—弗兰克法案》扩充了压力测试的范围；这一范围包括总合并资产规模在500亿美元及以上的银行控股公司，同时还包括金融稳定监管委员会认为具有系统重要性的非银行类金融企业。《多德—弗兰克法案》还要求这些公司自身每年进行两次压力测试。尽管资产低于500亿美元的金融机构都不需要进行监管压力测试，或满足综合资本分析与审查（CCAR）方案的要求，但《多德—弗兰克法案》要求资产规模在100亿到500亿美元之间的机构自身进行压力测试。

从微观角度看，CCAR方案向监管者提供了一种系统化的方法；利用这种方法，监管者不仅能够评估银行资本是否充足，而且还能了解银行是否能迅速准确地确定自己的风险——这是有效风险管理的必要条件。压力测试的普遍性有助于监管者（从结果和行为上）发现存在问题的机构，以便为今后更有针对性的评估提供基本条件。从宏观审慎监管的角度来看，同一种环境的使用，使得美联储能够了解某一种风险或某几种风险的结合，将会对整个银行体系（而不是某家机构）带来怎样的影响。

尽管综合压力测试方法具有明显的好处，但这种处于变化过程中的工具也面临着挑战。首先，压力测试的环境，不可能包含银行将要面临的所有风险。其次，随着监管模型信息披露的增加，金融企业会认为维持独立风险管理体系的好处在减少，因此会转而使用监管模型。这种做法无疑会使得它们更容易"通过"压力测试。然而，所有的模型都有自己的盲区，这种结果有可能造成"模型的单一使用"，从而有可能招致单一的共同失灵。美联储认为，监管者的压力测试结果与银行自身的模型得出的结果的不同，是一种有价值的信息；银行业的监管模型和其他风险管理工具的多元化或创新，是一种有益的现象。

总之，压力测试具有前瞻性，它关注的是不太可能发生但的确有理由存在的风险；这种风险有别于"正常的"风险。因此，压力测试可以作为更传统的资本比率和杠杆比的补充。监管当局压力测试结果的披露，加上银行自身压力测试结果的披露，使得市场参与者能更深入地了解每家银行的金融实力，及其风险管理与资本计划的好坏。事实证明，压力测试还可以作为监管者在潜在系统性风险的监督和分析方面的重要补充。

三、强化金融基础设施

提升金融体系适应力的一个有效方法，就是强化金融行业的基础设施。"金融基础设施"的内容非常广泛，不仅包括基础设施中的"硬件"部分，即供市场参与者迅速准确地进行交易的执行、清算与结算的实物系统，而且还包括相关的"软件"，即对交易双方的市场参与者的行为和责任加以约束的法规、监管政策、合约框架及商业惯例。事实证明，在经历严重压力的时期，金融基础设施的质量是非常重要的。

通过与私人部门和其他监管者合作，美联储在强化金融基础设施方面展开了积极的努力。比如，从2005年9月开始，纽约联邦储备银行一直作为牵头人在公共与私人部门之间展开合作，以改进信用违约互换和其他场外衍生合约交易的清算与结算方法。这方面的努力包括：让私人部门的参与者承诺，对清算与结算过程采用自动化和标准化的方法；鼓励对冲销与现金结算方法加以改进；支持针对信用违约互换开发出一个中央交易对手。2006年，它们又对场外股票衍生合约处理能力进行了扩充。

美联储和其他监管当局，在如何提升三方回购协议市场的适应力方面也做出了努力。在三方回购市场，初级交易商以及其他大银行与经纪交易商，能够从货币市场基金以及其他厌恶风险的短期投资者手中获得大量的担保融资。针对这一市场的风险，美联储采取了许多措施，其中包括：鼓励金融企业改进其流动性风险管理，逐步降低对担保物缺乏流动性的三方回购隔夜融资的依赖；要求金融企业拥有可靠的备用计划来对主要参与者的违约进行有序的处理；探索各种可能的方法来降低这个市场对大量日间信贷的依赖。

金融基础设施软件方面的一项重要内容，就是要有一套法规和程序来解决某一市场参与者债务违约带来的问题。在绝大多数情况下，《破产法》及交易各方所签订的协议就能在这方面发挥很好的作用。然而，在极少数情况下，当某一机构的即将倒闭或实际倒闭会带来巨大的系统性风险时，该机构清算时的标准程序就会显得不足。在贝尔斯登事件中，由于缺乏针对此类情况的明确法律框架，政府的反应受到了严重影响。因此，美联储建议国会应该考虑，针对某些特定的非银行机构设立明确的法律框架。

重要的支付与结算系统的运行效果及其在正常和压力环境下管理交易对手风险和市场风险的能力，对于维护更广泛金融体系的稳定是非常重要的。美联储对支付与结算系统的监管依赖于零碎的权限；这种权限主要来自作为银行监管者所发挥的作用，以及为了确保重要的支付与结算系统拥有必要的风险管理程序与控制措施而进行的建议和规劝。相比较而言，全球许多主要的中央银行都有明确的法律基础来对这些系统进行监管。由于强大的支付与结算系统对金融稳定性非常重要，因此，美联储建议国会赋予中央银行对具有系统重要性的支付与结算系统拥有明确的监管权。

更强大的金融基础设施，将有助于降低系统性风险。重要的是，这还有助于减轻道德风险以及解决"大而不倒"的问题，因为这会降低系统性稳定问题所导致的市场认为需要政府干预的概率。针对非银行类机构的法定清算体系，除了可以降低不确定性之外，还会限制道德风险的产生；因为这一体系使得政府能够对即将倒闭的企业进行有序清算，使得权益持有者承担全部损失，某些债权人承担部分损失——类似于商业银行破产时的情况。

四、解决"大而不倒"的问题

在发生金融危机的时候，行政当局会很积极地防止具有高度关联性的大型金融机构出现倒闭，因为这种倒闭会给金融体系及更广泛的经济带来风险。然而，如果市场参与者认为某些企业太大而不会倒闭，那么就会造成许多不利的影响。比如，这会降低市场约束，鼓励该企业的过度风险承担行为。这还会人为地刺激金融企业规模的扩大，使得这些企业想让人认为自己会因为规模太大而不会倒闭。而且，这给小企业带来了不公平的竞争环境，因为小企业不能获得政府的隐性支持。此外，正如我们从金融危机中所看到的，政府对大而不倒企业的拯救会给纳税人带来沉重的负担。实际上,在金融危机发生过程中,大而不倒的问题已经成为一个重大问题。

考虑到金融市场及全球经济的稳定,在危机发生时刻政府提供支持以防止大型金融机构倒闭的做法是必要的,因为这可以避免金融系统发生更严重的动荡。然而,面对未来,政策制定者必须通过下列行为来解决这个问题:一是更好地监管具有系统重要性的企业,以防止它们过度地承担风险;二是强化金融体系的适应力,以尽量降低大型企业不得不破产时所造成的不利后果。

美联储认为,需要采取多项行动来对大型金融机构进行有效监管。首先,政策制定者必须坚持要求自己所监管的大型金融企业有能力根据自己的情况及时地监控和管理好自己的风险。在这方面,美联储一直在仔细考察系统重要性金融机构的风险管理行为,以便确定最优的风险管理方法,以及对企业的业绩进行评估并要求企业对所发现的缺陷加以弥补。任何企业,只要其倒闭有可能带来系统性风险,就必须在其风险承担、风险管理和财务状况方面接受特别细致的监管,并且要达到很高的资本和流动性标准。考虑到许多大型金融企业全球业务的广泛性及多样性,负责对银行、证券公司和其他金融机构进行广泛性监管的国际监管机构,必须在这些努力方面加强合作。

其次,必须确保有一个强有力的监管框架(包括法律和实践方面的框架)来对控股公司这样一些具有系统重要性的金融企业实施合并监管。合并监管者必须有明确的职权来监控和纠正组织内部所有部门的安全与稳健问题,而不是仅仅只针对控股公司存在的问题。合并监管原则的广泛应用,将有助于消除监管方面存在的差距,从而使得风险承担行为不会从监管较严的行业转向监管较少的行业。

最后,从金融危机的教训来看,美国政府需要通过对方法的改进,使得具有系统重要性的金融企业能够开展有序清算,其中包括对清算时的成本分担机制加以改进。对这些企业的清算程序加以改进后,能够缓解"大而不倒"问题的严重程度,因为这会压缩通过政府干预来保持企业运行的操作空间。

五、宏观审慎监管政策的实施

2010年7月生效的《多德—弗兰克法案》要求美联储与其他监管机构采用所谓的宏观审慎方法。也就是说,在针对单个企业或市场的传统监管方法之外,还要明确地考虑到整个金融市场的稳定所面对的威胁。该法案还导致了一个新的机构——金融稳定监管委员会——的产生;该委员会的成员包括众多的联邦和政府金融监管机构,以协调政府在发现和应对系统性风险方面做出的努力。

宏观审慎监管的最终目标是尽量降低金融动荡的风险,因为这种风险严重到足以对更广泛的经济造成巨大损害。宏观审慎方法的整体导向,不同于监管方面所采取的传统的或"微观审慎的"方法。后者主要关注于单个机构、单个市场或单个金融设施的安全与稳健。

相对于传统的监管而言,实施宏观审慎监管方法会涉及更多的信息要求和更复杂的分析框架。具体而言,由于金融体系的高度关联性,宏观审慎监管必然会涉及金融行业的所有部门,包括金融机构、金融市场和金融设施;它还必须重点强调对金融机构和金融市场之间所存在的复杂联系和相互依赖性的理解,因为它们决定了不稳定性是如何在整个系统内部进行传播的。此外,更广泛地讲,宏观审慎监管者至少必须关注两类风险。一类风险涉及金融体系的结构,比如,监管覆盖范围的缺口或影子银行业务的演变,会不断地带来金融稳定性风险。另一类风险会随着金融或经济环境的变化而发生改变,比如,繁荣时期杠杆比的广泛累积,最终会以破坏性的方式得到化解。

毫无疑问,宏观审慎监管并不意味着不需要进行细致的微观审慎监管。除了提升系统稳定性之外,对单个机构的监管还有许多目的,其中包括对存款保险基金的保护，对洗钱和其他金融犯罪的制止，以及对违法性歧视或不公平信贷行为的防范等。然而，同样重要的是，微观审慎监管还为更系统化的监管方法积累了知识；如果不能清晰地了解关键企业和市场的发展状况，我们就无法理解整个系统的运行状况。没有一个强有力的微观审慎框架作为基础，宏观审慎政策就不会有效。

宏观审慎监管的首要条件是，要有一个系统来对不断变化的金融稳定风险加以监控。除了要求单个监管机构承担这一责任之外，《多德—弗兰克法案》还采取了另一个办法，即设立金融稳定监管委员会这样一个新机构。委员会的责任是监控美国的金融体系，发现威胁金融体系稳定的各种风险，并强化市场约束和其他条件，以减轻金融市场的过度冒险行为。加入委员会的多家监管机构，负责对美国金融体系中的参与者展开广泛的监管。委员会广泛吸纳会员，是为了限制监管者的下列倾向：狭隘地关注于自己所管辖的机构和市场，而忽视了整个管辖范围内各种相互依赖关系所带来的风险。委员会还促进了各个会员机构之间的协调与信息共享。委员会打破了各自为政的局面，从而有助于发现并消除监管体系内存在的短板和缺陷。

《多德—弗兰克法案》还要求在财政部之内设立金融研究局，以负责改进政策制定者能获取的金融数据的质量。金融稳定监管委员会还要求金融研究局从单个金融企业收集信息，以分析金融体系所面对的风险。这种对金融行业数据的收集与分析，将使得监管者能够更多地了解金融状况，从而能更好地确定系统性风险及其他正在出现的威胁。

除了导致金融稳定监管委员会这样的一些新的机构产生之外，《多德—弗兰克法案》还对包括美联储在内的单个机构提出了宏观审慎任务。与这项任务相伴的是对某些机构的权力和责任所进行的调整。就美联储而言，除了加入金融稳定监管委员会之外，新的责任还包括：对储蓄银行控股公司的监督；对被金融稳定监管委员会认定为具有系统重要性的非银行类金融企业，以及某些支付、清算和结算设施的监管。在与其他机构进行磋商时，美联储还要针对所有大型银行组织，以及被委员会认定为具有系统重要性的非银行类企业，设计出更为严格的审慎标准。

为了改进对金融体系的监管，以及为了协调在维护金融稳定性方面的工作，美联储还在其内部设立了一个新的部门，即金融稳定政策研究局。这一部门汇集了具有各种背景和技能的工作人员，并且与美联储的其他群体展开了密切合作。这个部门的工作包括：监控全球金融风险，并分析这些风险对金融稳定性的影响；与美联储的银行监管委员会进行合作，比如，针对压力测试合作开发出量化损失模型，并设计出其他各种测试环境；充当金融稳定监管委员会及其各种工作组的联络员；在实施宏观审慎监管方面帮助设计出其他的方法，并对这些方法进行评估。

宏观审慎金融监管方法在国际上正在得到越来越多的支持。除了努力在国内实施改革之外，美联储还在一定时间内与外国同行进行密切合作，以协调国际改革进程。国际协调的目标是非常重要的。这些目标包括：在各国之间维持公平竞争的环境；尽量降低跨国金融企业利用某些国家金融监管的薄弱或不一致所带来的机会；设立一致的和互补的监管标准；确保对国际交易活跃的金融企业和市场进行有效的监管。

一个世纪以来的美国中央银行业务：
目标、框架与责任

伯南克主席

在国民经济研究局举办的研讨会上的发言

2013 年 7 月 10 日

我要感谢国民经济研究局为纪念美联储的百年诞辰而组织了这次会议；我也很高兴有机会参加这次会议。考虑到会议的主题，我今天的发言将从历史视角来看问题。我把关于目前政策的讨论，放在今天的提问环节；当然，我也会在下周的国会听证会上，讨论这些政策。

今天，我将探讨过去 100 年内，美联储在制定政策的三个重要方面——政策目标、政策框架以及责任与沟通方面——所经历的演化过程。我认为，过去这三个领域发生的变化，能够很好地反映出美联储自 1931 年设立以来所发挥的作用，以及对目前和将来的一些教训。我将重点关注美联储历史上的几个关键事件，所有这些事件都发生在不同的背景下，其名称都附带有"（伟）大"这个形容词：设立美联储的伟大实践，大萧条，大通胀和随后的反通胀，大缓和，以及最近的大衰退。

伟大实践

罗伯特·莱瑟姆·欧文是《联邦储备法案》的制订者之一。按照他的说法，设立美联储的目的，是想"通过提供一种手段，来阻止给美国公众带来动荡和巨大伤害的周期性恐慌的产生"[1]。总之，设立美联储这一伟大实践的最初目标，是为了维护金融的稳定性[2]。当时，对恐慌的传统看法是，它们的产生是因为商业和农业对流通资金的需求（比如，农产品的季节性种植和运输所需的融资），超出了能够获得的资金供给；而这种恐慌因为银行和个人想要在此时储备流动性而进一步加剧[3]。这种新的制度是想通过提供一种"弹性"货币来减轻这种压力，也就是说，借助于贴现窗口，向单个会员银行提供所需的流动性；这样，商业银行相应地就能满足其客户的需要了。有趣的是，尽管国会的支持者是希望设立美联储的做法有助于防止未来出现恐慌，但是与英国经济学家和作家沃尔特·白芝浩所建议的不同，他们并不完全赞同下列想法：通过让美联储充当最后贷款者来终止将来恐慌的发生[4]。立法者对美联储应对恐慌时的贷款能力进行了限制，比如，不允许非会员银行利用贴现窗口；同时，对美联储能够接受的抵押担保物的种类进行了限定[5]。

最初的几年内，美联储为促进金融稳定所使用的框架，大体上反映了所谓的实质票据原理（real bills doctrine）所带来的影响；同时也反

---

[1] 参见：Owen, 1919, p. 24；在美联储诞生之前，财政部发挥了中央银行的某些作用。此外，美国以前曾经通过美国第一银行和第二银行，在中央银行业务方面进行过实践。然而，到了1913年，后一机构停止履行中央银行业务的时间已长达约75年。此外，美联储的经营方式与以前的机构有所不同，从这一方面讲，它的诞生相当于一次实践。

[2] 根据《纽约时报》对1929年出版的《华尔街与华盛顿》这本书做出的评论，从一开始，美联储的设立就必然是一项伟大的实践；在金融发展的历史进程中，必然会出现各种无法预料的新情况，设立美联储的目的，就是为了使其总体政策满足此类情况提出的要求（Noyes, 1929）。

[3] 弗里德曼和施瓦茨（Friedman and Schwartz, 1963）介绍了关于弹性货币的讨论。沃伯格（Warburg, 1914）探讨了流动性储存与恐慌之间的动态关系；美联储的设立，正是为了防止这种联系的产生。

[4] 参见：Willis, 1923, p. 1407；Carlson and Wheelock, 2012, and Bordo and Wheelock（2013）；下列经典理论来自Bagehot（1873, 1897）：金融恐慌应该由中央银行来对付，其做法是以极高的利率慷慨地发放贷款。

[5] 1980年的《货币控制法案》让所有存款机构都有权来利用贴现窗口；得到贴现窗口认可的抵押担保物的范围已经在随后进行了极大的扩展。具体而言，20世纪30年代初期的各项银行法案，使美联储可以向会员银行提供贷款，只要美联储提供的这种贷款能够得到"满意的担保"。

映了美国采用的是金本位制这个事实。在实质票据原理这一框架下，美联储将自己的作用看成是满足企业流动性的需要——这也与提供弹性货币的想法是一致的，其最终目的是支持金融或经济的稳定性[1]。当企业的业务活动增加时，美联储通过向银行提供流动性来满足企业的信贷需求；当企业的业务活动收缩，需要的贷款下降时，美联储会降低银行系统的流动性。

我已经讲过，美联储是在金本位制背景下采用这种政策方法的。美联储发行的钞票，可以随时兑换成黄金；美联储的黄金储备占所发行的钞票的比重必须达到40%。然而，与理想化的金本位制的原理不同，美联储经常会采取行动，以防止黄金的流入和流出被完全转化为对国内货币供给的影响[2]。这种做法，再加上美国经济所拥有的规模，共同使得美联储在货币政策方面具有很大的自主性；具体来讲，这种情况使得美联储能比较自由地依据实质票据原理来制定政策。

后来，人们对美联储最初几年的政策框架提出了许多批评。尽管在美联储设立后的初期，金本位制似乎没有对美国的货币政策造成巨大约束，但后来的研究突出反映了国际金本位对20世纪20年代后期和30年代前期的全球经济所带来的不稳定性[3]。同样，经济史学家们指出，根据实质票据原理，美联储增加货币供给的做法，正好发生在企业的业务活动和物价上涨的压力最为强劲的时候；也就是说，货币政策助长了经济的周期性波动。因此，美联储的行动倾向于提升而不是降低经济活动和价格的波动性[4]。

---

[1] 这种理解来自《联邦储备委员会第10份年度报告》（Board of Governors，1924）中的讨论。在美联储成立之后不久，其任务就转向了为战争提供支持，随后又设法解除了这种支持。因此，1923年是美联储第一次遇到了和平时期的正常金融环境；于是，它利用这个机会，表达了自己在此种环境下应有的政策行动。

[2] 美联储可以通过公开市场业务，来消除黄金流入对本国货币供给造成的影响；后面将探讨这一问题。

[3] 比如，参见：Eichengreen（1992）.

[4] 参见：Friedman and Schwartz（1963），Humphrey（1982），and Meltzer（2003）.

在成立后的初期，这家新的中央银行的确增加了许多政策工具。起初，美联储的主要政策工具是贴现贷款的数量调整以及贴现贷款的利率水平调整。可是，在后来，为了通过获取收益来为自己的业务提供融资，美联储开始在公开市场购买政府债券——这就是后来人们熟知的公开市场业务。20 世纪 20 年代早期，美联储的官员们发现，这些业务会影响到银行准备金的供给和成本，因此会影响到银行向其客户提供贷款的条件。当然，后来公开市场业务成为一种主要的货币政策工具；它使得美联储能与更广泛的金融市场发生联系，而不仅仅只是与银行发生联系[1]。

我介绍了美联储最初的任务，及其早期的政策框架。那么，它对公众负有哪些责任呢？在座的各位都知道，美联储成立之初，关于它究竟应该是一个私人机构还是一个公共机构，人们存在激烈的争论。妥协方案导致了一种混合联邦储备体系的产生。该体系由政府指派的一个委员会负责，最初该委员会包括了财政部长和货币监理署的负责人。但是，12 家地区联邦储备银行要接受公共和私人部门的混合监管，其中包括来自私人部门的委员会成员的监管；而且这 12 家银行在制定本辖区的政策方面拥有很大的权限。比如，联邦储备银行可以根据联邦储备委员会确定的最低利率，确定自己的贴现率。

尽管美联储的创始人是想通过这个新的机构来向金融因而也向经济领域提供稳定性，但事实证明，美联储的政策框架和制度结构并不足以应对很快就将出现的挑战。

大萧条

大萧条是美联储面对的最困难的考验。很遗憾，美联储没有完成其维持金融稳定性的任务。具体而言，尽管 1929 年股市崩盘后，美联储

---

[1] 参见：Strong（1926）.

向金融系统提供了大量的流动性，但它对后来的银行恐慌做出的反应充其量来说也是非常有限的；随后普遍出现的银行倒闭以及货币和信贷市场的崩盘，是导致经济下滑的主要根源①。白芝浩提出的原则——面对恐慌时以极高的利率慷慨放贷——在当时的美联储内部似乎没有支持者②。

经济学家还发现，从 20 世纪 20 年代后期到 30 年代前期，在面对严重的经济紧缩和金融动荡时，美联储的官员们却有几次采用了紧缩货币的政策，或者是未采取任何行动。有些历史学家将这一政策失误，归结为 1928 年纽约联邦储备银行行长本杰明·斯特朗的过早离世——他的离世使得集中化程度放松后的联邦储备体系失去了一个强有力的领导③。不管有没有道理，这个假设提出了一个有趣的问题：当时，一个强有力的领导要利用什么样的知识体系，才能够开发出一种更为积极的货币政策，并证明这种政策是合理的？关于金本位制对 20 世纪 30 年代前期美国货币政策实际带来的约束程度有多大，人们存在着争议；但是，金本位制的理念显然并不鼓励当时所需要的那种高度扩张的政策④。对实质票据原理而言，存在着同样的情况：该原理显然使得政策制定者得出的结论是：根据较低的名义利率和从美联储借款的较低数额，可以认为当时的货币政策提供了恰当的支持，而进一步采取行动是不会有效果的⑤。历史学家还指出了当时流行的另外一种适得其反的学说，即所谓的清算派观点（liquidationist view），该观点认为，经济萧条

---

① 参见：Friedman and Schwartz（1963）.
② Meltzer（2003, pp. 282, 729-30）指出，联邦储备委员会的成员讨论了白芝浩的想法，但是却并没有将这些想法完全纳入自己的政策工具中去。
③ 参见：Friedman and Schwartz（1963, chapter 7）.
④ Wicker（1965），Temin（1989），and Eichengreen（1992）等人认为，美国的政策制定者感觉受到了金本位制的约束。相反，Hsieh and Romer（2006）以及 Bordo, Choudhri, and Schwartz（2002）等人以 1932 年的短时期货币扩张为例，认为金本位制并没有对美联储形成重大约束。
⑤ 参见：Meltzer（2003）and Romer and Romer（2013）.

发挥了一种必要的净化功能①。或许，在 20 世纪 30 年代，美联储的损失不是来自领导权的缺乏，而是来自一种知识体系的缺乏——这种知识体系有助于理解当时所发生的情况，以及当时所需要采取的行动。

在经济失败的压力下，在新的思想和政治发展的影响下，美联储不恰当的政策框架最终垮塌了。20 世纪 30 年代，国际金本位制被人们抛弃了。经历了 20 世纪 30 年代的灾难之后，实质票据原理同样失去了影响力；比如，1935 年的《银行法案》要求美联储根据"本国一般的信贷状况"来使用公开市场业务，而不是仅仅狭隘地关注于短期流动性需要②。国会还扩展了美联储利用贴现窗口来提供贷款的能力，允许其向更多的交易对手提供贷款，同时放宽了抵押担保物的种类③。

大萧条的经历，对本人在此探讨的美联储的所有三个方面的内容——目标、政策框架以及对公众的责任——都产生了重大影响。对于目标而言，大萧条时期的高失业率，以及二战后人们对高失业率卷土重来的担忧，强化了宏观经济政策目标中对充分就业的追求。1946 年的《就业法案》使得促进就业成了联邦政府的总体目标。1977 年的《联邦储备改革法案》规定，把"充分就业"和"物价稳定"作为美联储所谓的双重任务；尽管在此之前，美联储没有正式的就业目标，但以前的立法已经在推动这家中央银行朝着该方向发展④。比如，立法者把 1935 年《银行法案》的目标归结为："提升银行体系在促进就业和商业活动稳定性方面的能力，因为只有在货币政策行动和信贷管理的范围内，才

---

① 比如，参见：DeLong（1990）.
② 这种说法对《联邦储备法案》中的 12A（c）条款进行了修正。
③ 比如，条款 10B 提升了美联储向会员银行提供贷款的能力；条款 13（3）和 13（13）使得美联储可以在特殊环境下，向更广泛的潜在借款人提供短期贷款。
④ 更准确地讲，1977 年《联邦储备改革法案》所确定的三个法定的货币政策目标是：充分就业、物价稳定和适中的长期利率水平。双重任务指的是头两个目标，长期利率目标被认为是为了达到就业与物价稳定目标而有可能出现的宏观经济环境（Mishkin，2007）。因此，《联邦储备改革法案》的利率目标，可以被看成是包含在双重任务之内。

有可能达到这个目标。"①

支持这种新方法的政策框架，反映了宏观经济理论的发展，其中包括克努特·维克塞尔、欧文·费雪、拉尔福·霍特里、丹尼斯·罗伯特森和约翰·梅纳德·凯恩斯等人所做出的努力；在理解货币政策如何影响实际经济活动和就业，以及如何有助于降低经济的周期性波动等方面，他们的研究为我们打下了基础。与此同时，美联储对于最初维护金融稳定性的任务已不太关注。这或许是因为，20世纪30年代联邦存款保险公司和证券交易委员会的诞生，再加上为了促进金融更加稳定所采取的其他改革措施，所有这一切使得美联储认为，当初的任务现在已被他人取代了。

在公众监督与公共责任方面，政策制定者也认识到，有必要通过改革来改进美联储的结构和决策程序。1935年的《银行法案》促进了美联储法律上的独立性，其规定要求强化联邦储备委员会的集中管理权限。具体而言，该法案导致了现代联邦公开市场委员会（FOMC）框架的产生，使联邦储备委员会在联邦公共市场委员会拥有大多数的投票权，同时将财政部长和货币监理署的负责人排除在联邦储备委员会之外。然而，在实践中，财政部仍然在1933年之后对货币政策有着重大影响，从而使得一位经济史学家评论说：美联储处在"退居二线"的位置②。二战期间，美联储利用政策工具支持了战争融资。然而，即使在战争结束后，美联储的政策仍然要受到财政部的极大影响。直到1951年与财政部达成协议之后，美联储才恢复了在确定货币政策方面真正具有的独立性。

---

① 参见：U.S. Congress（1935）.
② 参见：Meltzer（2003）.

大通胀与反通胀

美联储在重新获得了自己政策的独立性之后，就将政策目标集中于1946年《就业法案》所规定的物价稳定与充分就业目标。战后的头几十年内，美联储利用公开市场业务和贴现率影响短期市场利率；这样，逐步使得联邦基金利率成为最优的操作目标。20世纪50年代和60年代初期，将通胀稳定在较低水平的目标大多得到了实现。然而，到了20世纪60年代中期，通胀开始了一种长期上涨的趋势，其部分原因在于，政策制定者过分乐观地认为，经济有能力在不引发通胀的前提下保持快速增长[1]。

有两种机制原本可以减轻这种错误的乐观主义所造成的损害。首先，针对通胀的一种更强有力的政策反应——比如在20世纪50年代所看到的那种政策——无疑能起到作用[2]。其次，联邦政策制定者本来可以通过对经济的生产潜能作出更现实的估价，来对持续高涨的通胀预期做出反应[3]。政策制定者不仅没有这样去做，相反，却强调把所谓的成本推动和结构性因素作为通胀的来源，并且认为，工资和价格的调整已经对经济萧条不敏感了[4]。这种观点与密尔顿·弗里德曼的理论"通胀始终都是一种货币现象"完全相抵触，从而使得美联储采取了控制工资和物价之类的措施，而不是采用货币政策方案来解决通货膨胀[5]。另一种阻碍来自许多经济学家的观点：他们认为，从低通胀中获得的好

---

[1] 比如，参见：Orphanides（2003）and Meltzer（2009a）.
[2] 参见：Romer and Romer（2002b）.
[3] 参见：Lars Svensson's remarks in Stokey（2002, p. 63）.
[4] 比如，参见：Poole（1979），Romer and Romer（2002a, 2013），Bernanke（2004），and Nelson（2005）.
[5] 据估算，20世纪70年代，联邦基金利率对通胀的反应一般都只是很微弱的。参见：Judd and Rudebusch（1998）；Taylor（1999a）；and Clarida, Galí, and Gertler（2000）；引述的内容参见：Friedman（1963, p. 17）.

处，并不能证明控制通胀所付出的代价是值得的①。

20世纪70年代货币政策框架带来的后果是，出现了两次两位数的通货膨胀。此外，到了70年代末，控制通胀的决心的缺乏，显然使得通胀预期已经变得"失去了参照物"；人们对高通胀趋势的估计，在长期利率水平中得到了反映。

正如大家所知道的，在美联储主席保罗·沃克的领导下，1979年美联储对确保物价稳定的办法进行了重大调整。到了20世纪70年代末，美联储的官员们逐渐接受了通胀是一种货币现象的观点，至少对中长期而言是如此；他们更加关注于经济产出潜能方面存在的过度乐观的风险；并且再次强调了实际利率（即经过通胀调整后的利率）与名义利率之间的区别②。政策框架的调整，最初只限于操作方法的改变，即更加关注于银行准备金的增长；但是，在美联储继续采用以联邦基金利率作为政策工具的传统方法之后，关键性的调整（即愿意对通胀做出更积极的反应）仍然在持续进行③。新的制度还反映了对下列行为重要性的进一步理解：利用人们对中央银行的信任，来为私人部门的通胀预期提供一个稳固的参照标准④。最后，这种新的制度使得美联储对双重任务的看法发生了改变，从而使得政策制定者认为，物价稳定任务的实现，有助于为持续的充分就业提供必要的条件⑤。

---

① 20世纪70年代对通胀代价的探讨，参见：DeLong（1997）和 Taylor（1997）．
② 对这些观点的探讨，参见：Meltzer（2009b）．
③ 比如，参见：Axilrod（1982）．
④ 中央银行对预期管理的强调，部分反映了20世纪70年代理性预期理论给出的教训。后来的研究进一步弄清楚了理性预期理论的货币政策含义。比如，在研究主要的反通胀措施时，Sargent（1982）发现，通胀预期极大地依赖于货币政策体系；而扩展后的理性预期模型包含了粘性价格（参见：Fischer，1977；Taylor，1980；Rotemberg，1982；Calvo，1983）和利率规则（参见：Sargent and Wallace，1975；McCallum，1981；Taylor，1993，1999b；Woodford，2003）．
⑤ 参见：Lindsey，Orphanides 和 Rasche（2005）．

大缓和

沃克的反通胀政策的成功，为 1984—2007 年所谓的大缓和时代（Great Moderation）提供了条件。这一时期，美联储在双重任务目标方面都取得了极大的成功。当然，金融稳定性仍然是其中的一个目标。美联储对威胁金融稳定性的因素进行了监测，并在金融体系受到某些事件（比如 1987 年的股市崩盘和 2001 年的恐怖袭击事件）的冲击时，采取了相应的对策。更经常的做法是，它与其他银行机构共同承担了监管责任。不过，在这几年的大多数时间里，金融稳定性并没有在货币政策的讨论中凸显出来。回过头来看，显然宏观经济学家（包括中央银行内部和外部的宏观经济学家）在这一时期过分依赖于各种形态的所谓莫迪利亚尼—米勒定理；该定理的含义是，当我们分析更广泛的经济行为时，可以忽略金融制度结构的细节。

大缓和时代的一个重要进步，是全世界的中央银行越来越强调沟通与信息透明度的重要性，因为经济学家和政策制定者达成的共识是，沟通有助于实现货币政策目标[1]。与其他中央银行的官员一样，美联储的官员一直对自己的公开发言表示了高度的谨慎。比如，他们认为，市场出其不意的能力，对于影响金融状况而言，是非常重要的[2]。因此，尽管美联储的政策制定者在 20 世纪 80 年代和 90 年代初，对政策目标和策略已经更加公开了，但是，在货币政策的决定和操作方面，并没有达到同等的透明度[3]。所以，联邦公开市场委员会在会后发布报告的做法，是一个重要的分水岭（该做法始于 1994 年）。后来所发布的报告，

---

[1] 参见：Woodford（2005）。这些原理中的许多都包含在新出现的通胀目标理论中；其他国家的中央银行极大地促进了这种实践。最突出的一个例子是，1990 年新西兰引入了通胀目标。

[2] 比如，参见：Goodfriend（1986），Cukierman and Meltzer（1986）。

[3] 关于 20 世纪 80 和 90 年代，美联储为增加政策目标的透明度而采取的行动的讨论，参见：Orphanides（2006）。

扩展到了包括政策决定的理由和风险状况提示等更为详细的信息①。

除了改进货币政策的有效性之外，在沟通方面的这些进展还提升了美联储的公共责任。当然，对民主制度下政策的独立性而言，责任是非常重要的。这一时期，经济学家发现，有大量证据表明，拥有政策独立性的中央银行在追求自己应完成的目标方面，能取得更好的经济效果②。

如今人们在回顾大缓和时代时，必然会提出这样一个问题：这一时期经济的持续稳定，是否在某种程度上助长了后来的过度冒险行为？有人认为，这么长的一段平稳时期，使得投资者、金融类企业和金融监管者都放松了对风险累积的足够关注；这种看法是有一定道理的。然而，我认为我们得出的结论并不是我们因此不应该努力去达到经济的稳定。相反，正确的结论是，即使在（或者说，尤其是在）经济稳定和繁荣时期，货币政策制定者和金融监管者也应该把维护金融稳定，看成是与维护宏观经济稳定同等的重要（事实上，前者是后者的必要条件）。

宏观经济学家和历史学家，将会继续探讨大缓和时代经济表现出色的原因③。我自己的观点是，货币政策框架和货币政策沟通方法的改进，当然，还包括对通胀及稳定通胀预期所进行的更好的管理，这些都是经济有强劲表现的重要原因。然而，最近几年我了解到，尽管管理恰当的货币政策是保持经济稳定的必要条件，但它并不是保持经济稳定的充分条件。

金融危机、大萧条以及如今的情况

自从金融危机的迹象首先在美国出现以来，已经过去了 6 年时间；

---

① 参见：Lindsey（2003）.
② 参见：Alesina, Summers（1993）; Debelle, Fischer（1994）.
③ 关于这方面讨论的例子，参见：Stock and Watson（2003）; Ahmed, Levin and Wilson（2004）; Dynan, Elmendorf and Sichel（2006）; Davis and Kahn（2008）.

现在，我们仍然在努力采取行动，想从危机的影响中得到全面恢复。从这一经历中，尤其是在美联储拥有一个世纪历史的背景下，我们获得了哪些可供未来吸取的教训？

这次金融危机以及随后出现的大衰退，使我们想起了一个在某种程度上已经被遗忘的教训。这个教训来自 19 世纪以及大萧条时期，即金融的严重不稳定会给整体经济带来严重损害。其含义是，如果想要获得良好的宏观经济表现，中央银行就必须考虑影响金融稳定性的风险。如今，美联储将维护金融稳定性的责任看成与管理货币政策的责任同等重要；考虑到目标方面的这种改变，我们已经进行了重大的制度调整。从某种意义上讲，我们完成了整个循环，回到了美联储预防金融恐慌的最初目标[①]。

中央银行如何促进金融的稳定性？其中的一种办法就是，充当最后贷款者。这是 140 年以前白芝浩提出的观点。根据这一观点，在恐慌时期或恐慌刚开始出现的时候，中央银行可利用自己的权力来提供流动性，以缓解市场的紧张状况。在抑制 2008—2009 年危机的过程中，美联储的诸多流动性方案发挥了重要的作用。然而，仅仅只是灭火是不够的；同样重要的是，要培育一种金融体系，使其具有足够的适应力来承受巨大的金融冲击。为了达到这一目的，美联储与其他监管机构和金融稳定监管委员会一道，正在积极地监控金融的发展，并努力强化金融机构和金融市场。"新政"时期监管改革的成功告诉我们，必须依赖于更强有力的监管；但是，目前在改革方面的努力甚至走得更远：努力去发现和化解所面临的各种风险，不仅包括单个金融企业面临的风险，而且还包括整个金融体系所面临的风险，这就是所谓的宏观审慎监管方法。

金融稳定性还与货币政策相关，尽管这些关系还没有被人们充分理

---

① 参见：Bernanke（2011）.

解。在此，美联储在经过改进后的策略里，把监督和监管作为防范系统性风险的第一道防线。然而，当存在风险的时候，联邦公开市场委员会将努力把这些风险纳入所有货币政策行动的成本与收益分析中去①。

货币政策框架是怎样的呢？总体而言，美联储的政策框架继承了大缓和时代所使用的许多做法。这些做法包括，强调美联储在反通胀方面的可信度（这对稳定人们的通胀预期非常重要），以及以一种平衡的方式来实现美联储在中期内的双重任务。我们还继续提升了货币政策的透明度。比如，在公开市场委员会的信息沟通框架中，现在包含了对长期目标和长期货币政策的说明②。在这份说明中，委员会认为，2%的通胀率（按每年消费物价指数的变动来衡量），最符合联邦公开市场委员会对长期的双重任务的要求。联邦公开市场委员会的参与者，还经常提供对长期失业率的估计结果；目前这些估算结果大多在 5.2% 到 6.0% 之间。通过稳定人们对长期通胀的预期，这种增加信息透明度的做法使得美联储在应对短期变化方面具有更大的灵活性。这种框架将短期政策的灵活性与所公布的目标提供的约束相结合，被人们称为约束条件下的自主决策③。信息沟通方面的其他创新，包括尽早公布联邦公开市场委员会的会议记录，以及由公开市场委员会的主席在每个季度的会后举行新闻发布。

货币政策的实施框架，在最近几年又进行了进一步的调整；这种调整既反映了经济思想的进步，又反映了政策环境的改变。最明显的调整是，根据拉尔斯·斯文森以及其他人的一些想法，联邦公开市场委员会转向了一种更加直接的将政策制定与经济前景结合起来的做法，即所谓

---

① 参见：Bernanke（2002）.
② 这种说明可以从下列网站查到：www.federalreserve.gov/newsevents/press/monetary/20120125c.htm。
③ 参见：Bernanke，Mishkin（1997）.

的以预测为基础的方法①。具体而言，联邦公开市场委员会在会后将公布更为详细的报告，报告中涉及到根据未来经济发展状况做出的政策前景展望；同时，该委员会还定期汇总了委员会参与者个人对经济做出的预测（包括对联邦基金目标利率的预测）。在政策方案方面提供额外的信息，这有助于美联储的政策制定者应对实际范围较窄的短期利率所造成的约束；具体而言，通过在政策如何应对经济发展方面提供指导，委员会可以增加政策的适应性，即使是在短期利率接近于零而不能被进一步降低的情况下②。另外，委员会还试图进一步影响收益曲线上的利率水平（主要是通过证券回购的方法）。其他发达经济体的中央银行，也面临着实际较窄的短期利率空间（它们也采用了类似的措施）。

总之，最近发生的危机使我们认识到，必须在强化我们的货币政策和金融稳定性框架的同时，更好地将两者统一起来。在两方面，我们都取得了一些进展，但是还有更多的事情要去完成。具体而言，正在凸显的事情是，监管政策（包括审慎监管政策）、最后贷款者政策和传统货币政策之间需要相互补充。既需要通过研究也需要借助于经验，来帮助美联储和其他中央银行开发出包括所有这些因素在内的综合性框架。更广泛的结论是从美联储的历史中获取的重大教训：中央银行业务的理论和实践从来都不是静止的。我们以及全世界其他的中央银行，都将继续努力去适应经济和金融环境中所发生的事件、所产生的新思想以及所出现的变革。

---

① 使用以预测为基础的方法时，货币政策制定者会向公众告知自己的中期目标——比如，对通胀率的具体估值；并且试图根据今后要达到的目标来调整政策工具。相反，使用以工具为基础的方法时，需要向公众提供货币政策委员会根据经济状况准备调整其政策工具的信息——通常情况下，这种工具是类似于联邦基金利率这样的短期利率。参见：Svensson（2003）。

② 关于这一点的详细分析，参见：Yellen（2012）。

参考文献①

[1] AHMED, SHAGHIL, LEVIN ANDREW et al. Recent U.S. Macroeconomic Stability: Good Policies, Good Practices, or Good Luck? [J]. Review of Economics and Statistics, 2004, 86 (8): 824-32.

[2] ALESINA, ALBERTO, and LAWRENCE H. SUMMERS. Central Bank Independence and Macroeconomic Performance: Some Comparative Evidence [J]. Journal of Money, Credit and Banking, vol. 25 (May), 1993: 151-62.

[3] AXILROD, STEPHEN H. Monetary Policy, Money Supply, and the Federal Reserve's Operating Procedures [R]. Central Bank Views on Monetary Targeting. New York: Federal Reserve Bank of New York, 2009: 32-41.

[4] BAGEHOT, WALTER. Lombard Street: A Description of the Money Market [M]. New York: Charles Scribner's Sons, 1873.

[5] BERNANKE, BEN S. Asset-Price "Bubbles" and Monetary Policy [R]. speech delivered at the New York Chapter of the National Association for Business Economics, New York, October 15, 2002.

[6] BERNANKE, BEN S. The Great Moderation [R]. speech delivered at the meetings of the Eastern Economic Association, Washington, February 20, 2004.

[7] BERNANKE, BEN S. The Effects of the Great Recession on Central Bank Doctrine and Practice [R]. speech delivered at the Federal Reserve Bank of Boston 56th Economic Conference, Boston, October 18, 2011.

[8] BERNANKE, BEN S., and FREDERIC S. Mishkin. Inflation

---

① 此处参考文献为原稿内容，译者及出版者为确保准确性未做格式上的处理。

Targeting: A New Framework for Monetary Policy? [J]. Journal of Economic Perspectives, vol. 11 (Spring), 1997: 97-116.

[9] Board of Governors of the Federal Reserve System. Tenth Annual Report of the Federal Reserve Board, Covering Operations for the Year 1923 [R]. Washington: Government Printing Office, 1923.

[10] BORDO, MICHAEL D., and DAVID C. Wheelock. The Promise and Performance of the Federal Reserve as Lender of Last Resort 1914-1933 [A]. in Michael D. Bordo and William Roberds, eds., A Return to Jekylll Island: The Origins, History, and Future of the Federal Reserve [C]. New York: Cambridge University Press, 2013: 5998.

[11] BORDO, MICHAEL D., EHSAN U. Choudhri, and Anna J. Schwartz. Was Expansionary Monetary Policy Feasible during the Great Contraction? An Examination of the Gold Standard Constraint, [J]. Explorations in Economic History, vol. 39 (January), 2002: 1-28.

[12] CALVO, GUILLERMO A. Staggered Prices in a Utility-Maximizing Framework [J]. Journal of Monetary Economics, vol. 12 (September), 1983: 383-98.

[13] CARLSON, MARK A., and DAVID C. Wheelock. The Lender of Last Resort: Lessons from the Fed's First 100 Years [J]. Working Paper Series 2012-056B. St. Louis, Mo.: Federal Reserve Bank of St. Louis, November, 2012.

[14] CLARIDA, RICHARD, JORDI GALÍ, and MARK GERTLER. Monetary Policy Rules and Macroeconomic Stability: Evidence and Some Theory [J]. Quarterly Journal of Economics, vol. 115 (February), 2002: 147-80.

[15] CUKIERMAN, ALEX, and ALLAN H. MELTZER. A Theory of Ambiguity, Credibility, and Inflation under Discretion and Asymmetric

Information [J]. Econometrica, vol. 54 (September), 1986: 1099-128.

[16] DAVIS, STEVEN J., and JAMES A. Kahn. Interpreting the Great Moderation: Changes in the Volatility of Economic Activity at the Macro and Micro Levels [J]. Journal of Economic Perspectives, vol. 22 (Fall), 2008: 155-80.

[17] DEBELLE, GUY, and STANLEY FISCHER. How Independent Should a Central Bank Be? [A]. in Jeffrey C. Fuhrer, ed., Goals, Guidelines, and Constraints Facing Monetary Policymakers, Proceedings of the Goals, Guidelines, and Constraints Facing Monetary Policymakers conference held in North Falmouth, Mass., June [R]. Boston: Federal Reserve Bank of Boston, 1994: 195-221.

[18] DELONG, J. BRADFORD. "Liquidation" Cycles: Old-Fashioned Real Business Cycle Theory and the Great Depression [R]. NBER Working Paper Series 3546 [C]. Cambridge, Mass.: National Bureau of Economic Research, 1990, December.

[19] DELONG, J. America's Peacetime Inflation: The 1970s [A]. in Christina D. Romer and David H. Romer, eds., Reducing Inflation: Motivation and Strategy [M]. Chicago: University of Chicago Press, 1997: 247-276.

[20] DYNAN, KAREN E., DOUGLAS W. Elmendorf, and Daniel E. Sichel. Can Financial Innovation Help to Explain the Reduced Volatility of Economic Activity? [J]. Journal of Monetary Economics, vol. 53 (January), 2006: 123-150.

[21] EICHENGREEN, BARRY. GOLDEN FETTERS: The Gold Standard and the Great Depression, 1919-1939 [M]. New York: Oxford University Press, 1992.

［22］FISCHER, STANLEY. Long-Term Contracts, Rational Expectations, and the Optimal Money Supply Rule［J］. Journal of Political Economy, vol. 85 (February), 1977, 191205.

［23］FRIEDMAN, MILTON. Inflation: Causes and Consequences［M］. New York: Asia Publishing House, 1963.

［24］FRIEDMAN, MILTON, and ANNA J. Schwartz. A Monetary History of the United States, 1867-1960［M］. Princeton, N.J.: Princeton University Press, 1963.

［25］GOODFRIEND, MARVIN. Monetary Mystique: Secrecy and Central Banking［J］. Journal of Monetary Economics, vol. 17 (January), 1986: 63-92.

［26］HSIEH, CHANG-TAI, and CHRISTINA D. Romer. Was the Federal Reserve Constrained by the Gold Standard during the Great Depression? Evidence from the 1932 Open Market Purchase Program［J］. Journal of Economic History, vol. 66 (March), 2006: 140-76.

［27］HUMPHREY, THOMAS M. The Real Bills Doctrine［J］. Federal Reserve Bank of Richmond, Economic Review, vol. 19 (September/October), 1982: 3-13.

［28］JUDD, JOHN P., and GLENN D. Rudebusch. Taylor's Rule and the Fed: 1970-1997［J］. Federal Reserve Bank of San Francisco Economic Review, vol. 3, 1998: 3-16.

［29］LINDSEY, DAVID E. A Modern History of FOMC Communication: 1975-2002［R］. Board of Governors of the Federal Reserve System, Division of Monetary Affairs, June, 2003.

［30］LINDSEY, DAVID E., ATHANASIOS ORPHANIDES, and ROBERT H. RASCHE. The Reform of October 1979: How It Happened and

Why [J]. Federal Reserve Bank of St. Louis, Review, vol. 87 (March/April), 2005: 187-236.

[31] MCCALLUM, BENNETT T. Price Level Determinacy with an Interest Rate Policy Rule and Rational Expectations [J]. Journal of Monetary Economics, vol. 8 (November), 1991: 319-29.

[32] MELTZER, ALLAN H. A History of the Federal Reserve, Volume 1: 1913-1951 [M]. Chicago: University of Chicago Press, 2003.

[33] MELTZER, ALLAN H. A History of the Federal Reserve, Volume 2, Book 1: 19511969 [M]. Chicago: University of Chicago Press, 2003.

[34] MELTZER, ALLAN H. A History of the Federal Reserve, Volume 2, Book 2: 19701986 [M]. Chicago: University of Chicago Press, 2003.

[35] MISHKIN, FREDERIC S. Monetary Policy and the Dual Mandate [R]. speech delivered at Bridgewater College, Bridgewater, Va., April 10, 2007.

[36] NELSON, EDWARD. The Great Inflation of the Seventies: What Really Happened? [J]. Advances in Macroeconomics, vol. 5 (1), 2005: 1-48.

[37] NOYES, ALEXANDER D. Wall Street's Controversy with the Reserve Board: Professor Lawrence Takes the Side of the Stock Market in the Quarrel of the Past Year [N]. a review of Wall Street and Washington, by Joseph Stagg Lawrence, New York Times, Book Review, August, 25, 1929.

[38] ORPHANIDES, ATHANASIOS. The Quest for Prosperity without Inflation [J]. Journal of Monetary Economics, vol. 50 (April), 2003: 633-663.

[39] ORPHANIDES, ATHANASIOS. The Road to Price Stability [J]. American Economic Review, vol. 96 (May, Papers and Proceedings),

2006: 178-81.

[40] OWEN, ROBERT L. The Federal Reserve Act: Its Origin and Principles [M]. New York: Century Company, 1950.

[41] POOLE, WILLIAM. Burnsian Monetary Policy: Eight Years of Progress [J]. Journal of Finance, vol. 34 (May), 1979: 473-484.

[42] ROMER, CHRISTINA D., and DAVID H. Romer. The Evolution of Economic Understanding and Postwar Stabilization Policy [C]. in proceedings of Rethinking Stabilization Policy, a symposium sponsored by the Federal Reserve Bank of Kansas City. Kansas City, Mo.: Federal Reserve Bank of Kansas City, 2002, 11-78.

[43] ROMER, CHRISTINA D., and DAVID H. Romer. A Rehabilitation of Monetary Policy in the 1950s [J]. American Economic Review, vol. 92 (May, Papers and Proceedings), 2002: 121-27.

[44] ROMER, CHRISTINA D., and DAVID H. Romer. The Most Dangerous Idea in Federal Reserve History: Monetary Policy Doesn't Matter [J]. American Economic Review, vol. 103 (May, Papers and Proceedings), 2013: 55-60.

[45] ROTEMBERG, JULIO J. Sticky Prices in the United States [J]. Journal of Political Economy, vol. 90 (December), 1982: 1187-1211.

[46] SARGENT, THOMAS J. The Ends of Four Big Inflations [A]. in Robert E. Hall, ed., Inflation: Causes and Consequences [M]. Chicago: University of Chicago Press, 1982: 41-97.

[47] SARGENT, THOMAS J., and Neil A. Wallace. "Rational" Expectations, the Optimal Monetary Instrument, and the Optimal Money Supply Rule [J]. Journal of Political Economy, vol. 83 (April), 1975: 241-254.

[48] STOCK, JAMES H., and MARK W. Watson. Has the Business

Cycle Changed? Evidence and Explanations [C]. in proceedings of Monetary Policy and Uncertainty: Adapting to a Changing Economy, a symposium sponsored by the Federal Reserve Bank of Kansas City. Kansas City, Mo.: Federal Reserve Bank of Kansas City, 2003: 9-56.

[49] STOKEY, NANCY L. "Rules vs. Discretion" after Twenty-Five Years [A]. in Mark Gertler and Kenneth Rogoff, eds., NBER Macroeconomics Annual [M]. vol. 17, 2002: 62-64.

[50] STRONG, BENJAMIN. Open Market Operations [A]. in hearing before the U.S. House of Representatives Committee on Banking and Currency, April. Reprinted in W. Randolph Burgess, ed. Interpretations of Federal Reserve Policy in the Speeches and Writings of Benjamin Strong [M]. New York: Harper and Brothers, 1930.

[51] SVENSSON, LARS E. O. What Is Wrong with Taylor Rules? Using Judgment in Monetary Policy through Targeting Rules [J]. Journal of Economic Literature, vol. 41 (June), 2003, 426-77.

[52] TAYLOR, JOHN B. Aggregate Dynamics and Staggered Contracts [J]. Journal of Political Economy, vol. 88 (February), 1980: 1-23.

[53] TAYLOR, JOHN B. Discretion versus Policy Rules in Practice [J]. Carnegie-Rochester Conference Series on Public Policy, vol. 39 (December), 1993: 195-214.

[54] TAYLOR, JOHN B. Comment on "America's Peacetime Inflation: The 1970s" [A]. in Christina D. Romer and David H. Romer, eds., Reducing Inflation: Motivation and Strategy [M]. Chicago: University of Chicago Press, 1997: 276-280.

[55] TAYLOR, JOHN B. A Historical Analysis of Monetary Policy Rules [A]. in John B. Taylor, ed., Monetary Policy Rules [M]. Chicago:

University of Chicago Press, 1999, 319-341.

［56］TAYLOR, JOHN B. Monetary Policy Rules ［M］. Chicago: University of Chicago Press, 1999.

［57］TEMIN, PETER. Lessons from the Great Depression ［M］. Cambridge, Mass.: MIT Press, 1989.

［58］U.S. Congress, House Committee on Banking and Currency. Banking Act of 1935, Report No. 742 to Accompany H.R. 7617 ［R］. Washington: Government Printing Office, 1935.

［59］WARBURG, PAUL M. A United Reserve Bank of the United States ［C］. Proceedings of the Academy of Political Science in the City of New York, vol. 4 (July), 1914: 75-115.

［60］WICKER, ELMUS R. Federal Reserve Monetary Policy, 1922-33: A Reinterpretation ［J］. Journal of Political Economy, vol. 73 (August), 1965: 325-343.

［61］WILLIS, H. Parker. The Federal Reserve System: Legislation, Organization, and Operation ［M］. New York: Ronald Press Company, 1923.

［62］WOODFORD, MICHAEL. Interest and Prices: Foundations of a Theory of Monetary Policy ［M］. Princeton: Princeton University Press, 2003.

［63］WOODFORD, MICHAEL. Central Bank Communication and Policy Effectiveness ［C］. in proceedings of The Greenspan Era: Lessons for the Future, a symposium sponsored by the Federal Reserve Bank of Kansas City. Kansas City, Mo.: Federal Reserve Bank of Kansas City, 2005: 399-474.

［64］YELLEN, JANET. Revolution and Evolution in Central Bank Communications ［R］. speech delivered at the Haas School of Business, University of California, Berkeley, November, 13, 2012.

银行压力测试：我们从中得到了什么？

伯南克主席

在亚特兰大联邦储备银行举办的关于金融市场研讨会上的发言

2013 年 4 月 8 日

首先，我要感谢洛克哈特总裁以及这次金融市场研讨会的组织者；今年，他们再次邀请我在此发言。我一直定期参加这个会议，而且总是发现，这一会议能激发人们的兴趣。

四年以前，就是在这个会议的发言中，我介绍了 2009 年的监管资本评估方案（Supervisory Capital Assessment Program，SCAP），即人们通常所称的银行压力测试[1]。SCAP 方案的出台标志着美国的监管机构首次对所有大型银行同时展开了监管方面的压力测试[2]。在 2009 年我发言的时候，我们刚刚公布了 SCAP 方案的评估结果，且还正在对其影响进行分析。回过头来看，我认为 SCAP 方案是这场金融危机时期的一个关键转折点。它向焦虑不安的投资者们提供了他们渴望的东西：关于银行未来损失的可靠信息。监管者向公众披露压力测试结果的做法，有助于恢复人们对银行体系的信心，且使得银行能再次成功地进行资本化。从那时起，美国银行体系的适应力得到了极大的提升，这种提升，在某种程度上应归功于监管压力测试方法的更广泛使用；同时，该方法也不断地在变得更为先进，监管者也更加强调银行自身的资本计划程序的有

---

[1] 参见：Ben S. Bernanke. The Supervisory Capital Assessment Program [R]. speech delivered at "Financial Innovation and Crises," a financial markets conference sponsored by the Federal Reserve Bank of Atlanta, held in Jekyll Island, Ga., May, 2009, 11-13.

[2] 有关 SCAP 方案操作的更多信息，参见联邦储备委员会的下列网站：www.federalreserve.gov/bankinforeg/scap.htm.

效性。

今天，我首先要简要介绍美国银行业的状况。然后，我将转向这样一个话题：自从SCAP方案诞生以来的4年时间内，我们从压力测试中得到了什么？我想集中探讨压力测试在美国的银行监管中所扮演的越来越重要的角色。重要的一点在于，正如我将详细分析的，通过帮助我们评估大银行的总体资本状况以及这些银行的单个资本水平，压力测试这种方法给我们增加了一种宏观审慎监管的手段。

有点遗憾的是，与其他所有的官僚机构一样，美联储有一种使用缩略词的趋势；因此，在展开讨论之前，让我对压力测试方面除了SCAP之外的缩略词做出解释。现在，SCAP已经成为过去；目前，我们拥有两种不同但却相关的监管方案；它们都依赖于压力测试。第一种是《多德—弗兰克法案》所要求的压力测试，其缩略词是DFAST（the Dodd-Frank Act stress tests），为《多德—弗兰克法案》压力测试的简称。DFAST的目的是定量分析银行资本水平在经济和金融处于压力状态下的表现是怎样的。第二个方案叫综合资本分析与评估方案（Comprehensive Capital Analysis and Review，CCAR）；它将压力测试的定量分析结果，与对银行所使用的资本计划程序的定性分析结果结合起来考虑。比如，在CCAR方案下，监管者评估的是银行模拟各类贷款和证券损失的能力，以及银行估算不同状态下的利润和资本要求的能力。最近，我们完成了第一轮的DFAST压力测试，并公布了其结果；一周后，我们又公布了CCAR方案的评估结果，其中包括我们对银行资本计划的定性分析[①]。

[①] 参见：Board of Governors of the Federal Reserve System. "Federal Reserve Releases Summary Results of Bank Stress Tests [N]. press release, 2013, March, 7; and Board of Governors of the Federal Reserve System. Federal Reserve Announces Results of Comprehensive Capital Analysis and Review (CCAR) [N]. press release, 2013, March 14.

银行体系的过去和现状

在介绍银行体系自从 2009 年初引入 SCAP 之后的发展背景时，我们需要简要回顾当时的经济状况。当时的经济处于严重衰退，失业率上升了 4 个百分点，从 5% 上升到 9%。房地产和股票价格暴跌，利差——比如抵押贷款利率与国债利率之差——扩大到了空前的水平，证券化市场完全停止了交易。各项减记与亏损使银行的资本持续下降，给投资者和交易对手带来了恐慌，并使得许多机构面临的严重融资压力进一步恶化。面对这种不稳定性，政策制定者于 2008 年和 2009 年采取了一系列非常规的措施：美联储向银行和其他金融机构提供流动性，从而有助于抑制恐慌，并使得信贷资金重新流向家庭和企业；财政部向货币市场基金提供了担保，并且根据问题资产救助计划向银行注入资本；国会扩大了联邦存款保险公司（FDIC）的存款保险范围；联邦存款保险公司对银行发放的长期贷款提供了担保。而且，正如我所提到的，SCAP 有助于增进人们对银行体系的信心，并且有助于银行重新进入私人资本市场。在经过 SCAP 评估的 19 家银行控股公司中，有 10 家需要增加股本——总共要增加 750 亿美元。

如今的经济比 4 年前要更加强劲了，尽管其状况显然离我们期望的结果还相差很远。银行向家庭和企业提供贷款是经济持续扩张的关键因素，而现在的银行也明显比前几年更有实力，因此，这有利于经济的复苏。比如，银行信用违约互换的溢价比 2009 年的水平下降了一半以上；银行的其他风险指标也大幅下降了。为稳定银行体系所注入的公共资本中，有 90% 以上都已经被偿还了；联邦储备银行的非常规流动性计划，以及联邦存在保险公司为未担保的企业存款和债券所提供的临时性担保大多没有再被使用。

最近所进行的大多数压力测试的结果和资本计划评估结果，都反映了银行的状况在持续改善。比如，这一年最大压力状态（所谓的严重不利状态）下的总贷款损失预测值，比去年同样情况下的数据下降了7%；其部分原因在于，银行资产组合的风险在继续下降。将如今的银行资本水平与SCAP方案诞生时的情况相比，可以看到十分惊人的变化。接受最近测试的18家金融企业在过去4年内整体的第一档普通股比率几乎增加了一倍，从2008年年底占风险加权资产的5.6%，上升为2012年年底的11.3%；按绝对标准来衡量，第一档普通股净增了近4 000亿美元，在2012年年底几乎达到了8 000亿美元。实际上，即使在最近所做的严重不利状态的压力测试中，这些企业经受压力测试后的第一档普通股比率的估值，也比2008年年底时的实际资本水平高出2个百分点[1]。更多的资本，使得这些企业在经济发展过程中继续发挥其重要作用时，能更好地吸收未来出现的亏损。此外，18家参与CCAR评估的企业中，其绝大多数都已经能达到新的国际资本标准（《巴塞尔协议（Ⅲ）》所建议的资本要求）；其他企业也正在逐步满足这些要求。

尽管压力测试集中于大型银行，但自从采用SCAP评估方案以来，除了参与CCAR评估的18家企业之外的中小型银行也使得自己的总资本状况得到了极大的改善。就这类银行而言，2012年第4季度它们的总体第一档普通股占风险加权资产的比重为12.4%，比2008年年底高出4个百分点。

考虑到这一时期许多金融机构所经历的强大融资压力，我们从这次危机中得出的另一个重要教训是：维持充裕的流动性是很重要的。也就是说，要拥有充裕的库存现金以及能方便地兑换成现金且能自由支配的高等级流动性资产。在这一方面，我们得到的大多是一些正面消息，因

---

[1] 以每一家企业为基础，并考虑到了资本计划行为——即资本的增加或分配——这一年参加评估的18家企业中，只有一家企业压力测试后的资本比率没有达到最低监管要求。

为，从更广泛的银行体系（包括大型银行和小型银行在内）来看，整体流动性状况相对于危机前的水平有了改进。比如，自2007年年底以来，银行持有的现金和高等级流动性证券已经增加了一倍多，现在的总额超出了2.5万亿美元。然而，在流动性和融资方面，还有某些需要进一步改善的地方。最突出的是，监管者将继续要求银行进一步降低对批发融资的依赖，因为事实证明，在危机时期，这种融资是非常不可靠的。而且，与需要拥有有效的资本计划一样，各种规模的银行都需要进一步强化其识别、量化和管理流动性风险的能力。

压力测试的演进过程

现在，我们来看压力测试这种监管工具的演进过程。自从SCAP于2009年实施以来，用于监管的压力测试所具有的主要优点并没有发生太大改变。首先，压力测试可以作为标准资本比率的补充，因为它是一种更加关注未来的视角，而且对所谓的尾部风险提供了更有针对性的保护；进行压力测试的初衷是确保银行即使是在十分不利的环境下，也能够有充足的资本来继续提供贷款。其次，按照美联储的做法，压力测试反映的是银行间的横向比较，而不是只反映某一家银行的情况。这种比较方法促进了监管标准一致性的提升。通过反映重大的经济或金融冲击对大银行整体和个体可能产生怎样的影响，这种方法还能提供有价值的系统性信息。最后，通过向公众提供与银行财务状况相关同时具有一致性和可比性的信息，压力测试结果的披露会促进信息透明度的提升。

自从SCAP方案诞生以来，压力测试的基本方法也没有发生实质性的改变。我们仍然采用一种综合的方法，广泛利用各类工作人员的专业知识。测试过程开始时，我们的经济学家会创造出一种假设的宏观经济环境；这种环境假设经济和金融状况急剧恶化。监管者估算每家银行预期的损失和收入；我们利用这些估值来预测那种假设环境下压力产生之后的资本水平和资本比率。然后，我们将资本比率的估值与监管标准进行比较。我们针对所有银行使用同一种环境；对于交易活动很大的银行而言，我们会以一种市场冲击环境来对这种基本环境加以补充；这种市场冲击环境类似于2008年下半年市场所受到的严重冲击。

尽管自从SCAP方案诞生以来压力测试的基本目标和方法大体上没有发生改变，但我们每年都在对方案的实施加以改进。比如，我们一直在对构成压力测试基础的假设环境进行改进。正如在秋季发布的报告中所解释的，严重不利的环境至少要反映二战后美国严重衰退时的经济和金融状况[①]。在设计衰退环境时，我们会使用与制定货币政策相同的宏观经济模拟工具。当然，并非银行面临的所有重大风险都与商业周期相关联。因此，我们现在假设的环境，不仅包括严重衰退所带来的典型后果，而且还包括其他一些不利的事件；比如，房价的大幅度下跌，股票和其他金融资产价值的急剧下降，或者是全球经济条件的严重恶化（这种恶化，超出了美国深度衰退通常要面临的情况）。

重要的是，在确定严重不利的环境时，我们力求避免金融体系的顺周期性倾向。换句话讲，在使用压力测试时，我们不想随意地确定一个在正常时期（此时，银行应该为将来有可能出现的艰难时期做准备）比较容易达到，而在困难时期（此时，银行必须能利用所积累起来的资本来支持贷款业务）则难以达到的标准。因此，我们要确保压力环境处于绝对严重的状态——即使在经济强劲且短期风险预测较为适中的情况下。

我们还对预测银行损失、收入和不同环境下的资本状况估算工具进行了改进。最初的SCAP方案，是监管者想对美国大型银行的金融状况同时进行综合估算而展开的首次尝试，所需要的数据和分析方法，都是

[①] 参见：Policy Statement on the Scenario Design Framework for Stress Testing [N]. the Board of Governors of the Federal Reserve System, Nov. 15, 2012.

在时间很紧迫的情况下获得的。在不同的SCAP环境下预测亏损和收入时，监管者必须以银行自身的估值作为出发点。尽管我们对银行的估值进行了仔细考察并提出过疑问，而且还根据我们自己的分析，对这些估值做出了重大调整；但在第一轮的压力测试中，我们不可能获得完全独立的估值。

然而，过去的4年内，在数据收集以及独立监管模型的开发方面，已经取得了巨大进步。在最近的大多数监管压力测试中，我们从今年接受评估的18家银行预计持有的4.2万亿美元的应计贷款和租赁交易中，收集和分析了其中三分之二以上的贷款和账户数据。这些详细的数据中包括了国内3.5亿笔零售贷款的借款人身份、借款的数量和抵押物等信息，其中包括信用卡贷款、住房抵押贷款和超过20万笔的商业贷款。目前，美联储使用40多种模型，来预测各种类别的银行损失和收入如何对假设环境做出反应。数据和模型的改进，提升了我们对资产组合中各种风险的区分能力。重要的是，这些监管模型由一个特别模型认定小组来进行评估；小组成员由美联储内部的专家构成——他们并不参与压力测试。我们还设立了一个由外部专家所组成的模型认定委员会，由他们来发表独立的观点和建议①。这些持续不断的努力，逐渐使得我们能够以完全独立的方式，估算出每家银行在任何特定环境下的损失、收入和资本比率。

SCAP方案诞生之后的另一项创新是，监管者增强了对银行的内部资本计划行为的关注——该行为是CCAR方案要审核的一部分内容。我们认为，一个重大的进步是，要求资产规模在500亿美元及以上的银

---

① 参见：Board of Governors of the Federal Reserve System [R]. Dodd-Frank Act Stress Test 2013: Supervisory Stress Test Methodology and Results [R]. Appendix B: Models to Project Net Income and Stressed Capital (Washington: Board of Governors, 2013, March), pp. 37 - 47; and Board of Governors of the Federal Reserve System [R]. Federal Reserve Announces the Formation of the Model Validation Council [N]. press release, 2012, April 20.

行，向美联储呈报年度资本计划①。尽管监管当局对资本水平提出了最低要求，但银行及其董事会成员要负责估算出自己在满足最低要求之外的资本需求。我们的监管者要对他们的行为进行核查，并评估他们在完成这一任务方面具有的能力。具体而言，我们要求银行构想出能反映自己所面对的各种风险状况的环境，并在监管环境和自己的内部环境下，对 9 个季度内的潜在损失和收入进行评估。在 CCAR 方案下，我们同时考虑到银行资本计划的定性分析结果，以及监管者压力测试和银行内部压力测试的定量分析结果。

美联储仍然在提升压力测试程序、测试结果和银行资本计划评估等方面的透明度。最初的 SCAP 方案在逐一披露每家银行各类风险的压力损失方面，制定了一套新的监管透明度标准。正如我前面所指出的，这种抛弃传统上对监管信息加以保密的做法，其目的是想通过向公众提供迫切需要的有关银行潜在损失和资本需求的信息，来恢复他们的信心。在上个月的结果中，我们不仅公布了对损失和收入的预测，而且还首次披露了我们是否反对每家银行的资本计划的信息②。同时，我们还首次要求银行披露自己的压力测试对亏损和收入的估值。银行的信息披露使得投资者和分析师可以从另一个角度观察测试结果；而且还有助于他们判断银行的风险偏好和风险管理行为，尤其是银行对经济严重下滑时的亏损估计能力。即使在危机以外的时期，压力测试结果和相关分析的披露也能向市场参与者和公众提供有价值的信息，有助于透明度的提升，且能够促进市场约束。

在 SCAP 方案诞生后的 4 年内，美联储的压力测试方案已经借助于

---

① 资本计划反映了企业的资本计划战略，以及企业衡量预期环境和压力环境下潜在资本需求的程序；这一程序可以确保企业持有足够的资本以在压力环境下也能继续经营下去。参见：Board of Governors of the Federal Reserve System. "Capital Plans," final rule [J]. Federal Register, vol. 76, 2011, December, pp. 74631-48.

② 参见：Board of Governors. Federal Reserve Announces Results of CCAR [R]. in note 3.

法规和监管法律得到了推广和强化。《多德—弗兰克法案》扩充了压力测试的范围；目前这一范围包括总合并资产规模在500亿美元及以上的银行控股公司（在最初的SCAP方案参与者中，又大约增加了11家公司），同时还包括金融稳定监管委员会认为具有系统重要性的非银行类金融企业——因此，这些企业要接受美联储的统一监管。《多德—弗兰克法案》还要求这些公司自身每年进行两次压力测试。10月份，联邦储备委员会采纳了关于实施这些要求的规则①。另外11家资产规模不低于500亿美元的公司，将在明年首次接受DFAST和CCAR方案的测试。

尽管资产低于500亿美元的金融机构都不需要进行监管压力测试，或满足CCAR方案的要求，但《多德—弗兰克法案》的确要求资产规模在100亿到500亿美元之间的机构自身进行压力测试②。这些企业的首次测试将从今年开始，并于明年3月份完成。虽然我们相信压力测试有助于中等规模的机构更好地理解自身所面对的风险，但是我们根据规模、复杂性和业务模式的不同，对面向这些机构的规则进行了具体调整。我们并不要求总资产不超过100亿美元的社区银行进行压力测试，因为这些机构并不能像大型银行那样，具有压力测试所需的资源③。

压力测试带来的好处与面临的挑战

我们已经讲过，作为一种工具，压力测试能够带来一些重要的好

---

① 参见：Board of Governors of the Federal Reserve System [J]. Supervisory and Company-Run Stress Test Requirements for Covered Companies [J]. Federal Register, vol. 77, 2012, October, 12, pp. 62377-96.

② 参见：See Board of Governors of the Federal Reserve System. Annual Company-Run Stress Test Requirements for Banking Organizations with Total Consolidated Assets over $10 Billion Other Than Covered Companies [J]. Federal Register, vol. 77, 2012, October, 12, pp. 62396-409.

③ 参见：Board of Governors of the Federal Reserve System, Federal Deposit Insurance Corporation, and Office of the Comptroller of the Currency. Agencies Clarify Supervisory Expectations for Stress Testing by Community Banks [N]. press release, 2012, May, 14.

处。从微观角度看，CCAR方案向监管者提供了一种系统化的方法；利用这种方法，监管者不仅能够评估银行资本是否充足，而且还能了解银行是否能迅速准确地确定自己的风险——这是有效风险管理的必要条件。压力测试的普遍性有助于监管者（从结果和行为上）发现存在问题的机构，以便为今后更有针对性的评估提供基本条件。

从宏观审慎监管的角度来看，同一种环境的使用，使得我们能够了解某一种风险或某几种风险的结合，将会对整个银行体系（而不是某家机构）带来怎样的影响。如果我们想努力改善对潜在系统性风险的监管和评估，那么使用压力测试的确是非常重要的。比如，在我们的宏观审慎监管工作中，与压力测试一样，我们倾向于依赖横向审核以及比较研究，而不是使用一对一的分析方法；我们使用跨学科的专业团队作为对现场核查工作的补充；我们利用来自不同机构和不同时间的数据，增加了对模拟和定量分析方法的使用。所有这些特点，都可以从大型金融机构监管协调委员会的工作中体现出来——该委员会对系统重要性企业进行协调监管。我们还将系统性压力测试的结果，用于对除了资本以外的其他因素的分析。比如，我们最近完成了对某些大型CCAR企业的流动性状况及流动性风险管理行为的横向评估。与CCAR方案对资本计划的评估一样，这种评估也是使用定量分析信息（在这种情况下，要使用有关企业流动性状况的详细数据），以及有关流动性风险管理行为的定性分析信息的一种跨学科的努力。

尽管综合压力测试方法具有明显的好处，但这种处于变化过程中的工具也面临着挑战。比如，尽管我们仍然在探讨一些方法，想提升用于估算银行预期收入和损失的模型所具有的透明度，但我们并不准备公开这些模型的全部细节。结果，我们听到了来自银行家们的一些批评；他们称我们的模型是"黑匣子"，挫伤了他们为预知我们的监管结果所做出的努力。我们承认，银行应该从总体上理解监管模型是如何发挥作用的，但更重要的是，它们需要对我们的模型充满信心——事实证明，这些模型是合理可靠的。我曾经讲过在模型合理性方面我们内部所做的一些努力，这些努力提升了模型的质量和准确性。我们还开始举办有关压力模拟测试的年度研讨会，这为监管者、银行家、学者和其他人士分享自己的观点提供了交流场所。随着时间的推移，我希望银行能够更好地理解监管模型的基本要素，从而使得这些模型至少不再显得那么模糊。

与此同时，我们有理由担心，随着监管模型信息披露的增加，企业会认为维持独立风险管理体系的好处在减少，因此会转而使用监管模型。这种做法无疑会使得它们更容易"通过"压力测试。然而，所有的模型都有自己的盲区，这种结果有可能造成"模型的单一使用"，从而有可能招致单一的共同失灵。监管者的压力测试结果与银行自身的模型得出的结果的差异是一种有价值的信息；银行业的监管模型和其他风险管理工具的多元化或创新，是一种有益的现象，我们并不想在无意间消除这种现象。

另一项挑战在于，我们压力测试的环境，不可能包含银行将要面临的所有风险。比如，尽管某些营运损失（如抵押贷款房产收回时的费用支出）包含在我们的压力测试估值中，但银行会面临与自身特点相关且难以估算的营运风险、法律风险和其他风险。重要的一点在于，银行要把有可能来自其他风险的损失尽可能地作为系统性风险看待；监管者也要尽最大努力去考虑这些风险。当然，不可预见的事件必然会出现，这就是必须维持充足资本水平的原因。

总结

正如我今天所介绍的，自从 4 年以前 SCAP 方案实施以来，银行体系已经变得更加稳固；而这反过来又促进了整体经济的改善。监管当局压力测试的使用——现在这已经成为一项法律实践——给我们带来了这些利益。从方法上讲，压力测试具有前瞻性，它关注的是不太可能发生但的确存在的风险；这种风险有别于"正常的"风险。因此，压力测试可以作为更传统的资本比率和杠杆比的补充。监管当局压力测试结果的披露，再加上银行自身压力测试结果的披露，都使得市场参与者能更深入地了解每家银行的金融实力以及其风险管理与资本计划的好坏。事实证明，压力测试还可以作为监管者在潜在系统性风险的监督和分析方面的重要补充。我们将根据经验，对压力测试的实施过程和CCAR方案的程序进一步加以完善。

正如我所讲过的，定期的压力测试最重要的地方在于，它迫使银行（以及银行监管者）有能力迅速且准确地评估金融机构所面临的各种风险，并在日常利用这些信息来确保金融机构持有充裕的资本和流动性。这种风险管理能力本身的开发和不断完善，对于保护单个银行和银行体系都非常重要，这也是我们经济健康发展的基础。

促进金融的稳定性

伯南克主席

在亚特兰大联邦储备银行举办的关于金融市场研讨会上的发言

2012年4月9日

我建议这次会议的组织者，在会议主题之外加上一个恰当的副标题："关键在细节"。对美联储和其他金融监管者来说，当我们在实施《多德—弗兰克华尔街改革与消费者保护法案》（简称《多德—弗兰克法案》），并努力去承担更广泛的金融稳定性责任的时候，正确把握细节是非常重要的。最黑暗的金融危机时期已经过去了大约三年半的时间，但我们的经济仍然没有从其影响中完全恢复过来。危机带来的沉重的人力和经济成本，反映了下列行为的重要性：要采用所有必要的办法，来避免几年前的危机重演。

今晚，我将探讨危机发生以来，美联储对自己的金融监管行为所做的一些调整，即从主要监管一组特定的金融机构，转向了更广泛地关注于金融的系统性稳定。我将突出介绍美联储及其他机构，为提升具有系统重要性的金融企业的适应力，以及为减轻系统性风险（包括那些与所谓的影子银行体系相关的风险），而采取的一些办法。我还将探讨，我们在监督金融稳定性方面主要做出的一些方法调整。我们正在不断努力，而且我们一边努力一边学习。我希望传达一种信息，即美联储有很强的决心来培育一个更加稳定和更有适应力的金融体系。

系统重要性金融企业

银行机构

自从危机爆发以来，美联储在对单个银行组织的传统和微观审慎监管方面，取得了重大进步。促进单个金融企业的安全稳健是一项非常重要的责任。然而，从更大程度上讲，我们已经将自己的监管行为，融入更广泛的宏观审慎框架中；这种框架不仅关注于单个银行的状况，而且还关注于整个金融体系的稳健。

即使在《多德—弗兰克法案》实施之前，我们就已经在彻底改革自己的监管方法，以便更好地达到微观审慎和宏观审慎目标。2009年，我们设立了大型机构——监管协调委员会，这是一个高层次的综合工作组，可以利用整个联邦储备系统的技能和经验。同时，我们赋予该委员会对最具系统重要性的金融企业进行监管的责任。借助于这个协调委员会，我们利用通常使用的横向或全面评估方法来监控行业行为、普通交易、融资策略、资产负债状况、相互关联性以及其他影响系统性风险的因素，从而为传统的一对一的监管方法提供了补充。借助于经济学家和金融市场专家的努力，该协调委员会还越来越多地使用经过改进的定量分析方法来评估被监管企业的状况，以及它们有可能给更广泛的金融体系带来的风险。

强化全面监管的一个重要例子，就是最近我们完成的第二个年度的综合资本分析与评估（CCAR）[1]。利用CCAR，美联储对19家最大银行控股公司的内部资本计划程序进行了分析，并且对所假设的最严重压力

---

[1] 关于更多的信息，参见：Board of Governors of the Federal Reserve System. Federal Reserve Releases Paper Describing Methodology Used in 2012 Comprehensive Capital Analysis and Review Stress Test [N]. press release, 2012, March, 12; and Board of Governors of the Federal Reserve System. Federal Reserve Announces Summary Results of Latest Round of Bank Stress Tests [N]. press release, 2012, March, 13.

环境下的资本充足率进行了评估——这种环境包括13%的高失业率，股价下跌50%，以及住房价格进一步下降21%。从传统的安全与稳健视角出发，在考虑每家企业压力状态下的资本分配建议之后，我们分析了这些企业是否有足够的资本来维持金融稳定。与此同时，以普通方法对本国大型银行进行的评估，也能帮助我们更好地分析整个银行体系的适应力，其中包括经济表现很差时，银行系统继续向家庭和企业提供贷款的能力。由于压力测试将是一种长久使用的监管工具，因此，我们对最近的评估行为进行了细致的分析，以确定哪些领域做得很好，哪些领域的执行和沟通环节还有待改进。

现在，我们还经常使用宏观审慎方法，来分析重大经济事件有可能给我们所监管的单个银行及整个金融体系造成的影响。一个很好的例子就是我们对2010年春季出现的欧洲主权债务问题做出的反应。自从这些问题出现以后，我们一直在监控美国的银行直接和间接面对的欧洲风险，并且对银行的风险管理进行了跟踪。我们还分析了欧洲主权债务的进展有可能导致更广泛混乱的情况，比如，投资者风险厌恶情绪的急剧上升对资产价格造成的不利影响。这项工作不仅有助于我们理解银行个体的风险状况，而且还有助于我们更好地评估欧洲金融动荡有可能给美国的信贷流量和经济活动造成的影响。

对宏观审慎的考虑已经被纳入新制定的法规和监管程序中。比如，在（2012年）12月，美联储提出了一揽子规则建议，要求执行《多德—弗兰克法案》中的第165条和第166条。这些规则确立了对大型银行控股公司，以及具有系统重要性的非银行类金融企业的审慎监管标准；这些企业的系统性影响越大，所对应的标准就越严格。我们还在和联邦存款保险公司（FDIC）及国外金融当局展开合作，以使得FDIC对系统重要性企业拥有新的裁决权。具体而言，上一年的秋季，我们与FDIC联合发布了一个规则，要求这些企业中的每一家企业，针对破产时的有序清算，拿出可信的方案——即人们所称的"生前遗嘱"（living will）。

在国际舞台上，我们大力支持巴塞尔委员会于 2009 年夏季针对交易活动和证券化风险所采纳的更严格的资本监管标准。我们还与国际伙伴密切合作，协助建立了《巴塞尔协议（Ⅲ）》的监管框架。该框架要求在全球积极开展业务的银行，持有更多的高等级资本和更多的流动性缓冲资金；而且该框架现在的条款规定，要根据企业在全球的系统重要性来实施资本附加要求。这些资本附加，是为了降低系统重要性企业的破产风险，同时也是为了迫使这些企业在决定自己的业务规模和复杂性的时候，把这些决定有可能给更广泛的经济和金融体系带来的损失考虑进去。所采取的每一个步骤，都是为了改进对系统重要性企业的传统审慎监管，同时也是为了提升整个银行体系的稳定性和适应力。

非银行类金融企业

监管体系上的差别使得某些具有系统重要性的非银行类金融企业能够回避强有力的综合监管，这是导致危机发生的一个重要因素。美联储正在与金融稳定监管委员会（FSOC）（该委员会根据《多德—弗兰克法案》而设立）的其他会员机构一道，努力消除监管方面存在的差别。在确认非银行类系统重要性金融企业时所使用的标准和程序方面，金融稳定监管委员会于（2012 年）4 月 3 日发布了一个最终的规则和解读指南①。一旦被确认为具有系统重要性，这些企业就要接受美联储的统一监管，并且必须满足美联储根据《多德—弗兰克法案》第一章所提出的更高审慎监管标准。金融稳定监管委员会的规则，详细介绍了该委

---

① 参见：Financial Stability Oversight Council. Authority to Require Supervision and Regulation of Certain Nonbank Financial Companies ［DB］. 2012, April, 3, www.treasury.gov/initiatives/fsoc/Pages/final-rules.aspx；forthcoming in the Federal Register, vol. 77.

员会在分析某一企业对美国金融稳定性的潜在威胁时准备使用的框架。这一分析将会考虑到企业的规模、关联性、杠杆比、所提供的重要产品或服务、对短期融资的依赖性以及该委员会现有的监管安排。

金融稳定监管委员会发布这一规则的做法是一个重大进步；它可以确保非银行类系统重要性金融企业被纳入强有力的统一监管之下。不过，还有更多的工作需要去做。比如，尽管确认系统重要性企业的基本程序已经制定出来了，但确认的标准还需要进一步完善；而且，对于那些最终被确认的企业来说，美联储应该针对每家企业的业务模式和风险状况设计出恰当的监管框架。随着金融稳定监管委员会在这一过程中获得更多的经验，它将会对其规则和程序做出适当的调整。

对影子银行业务的监管

我一直在讨论在宏观审慎监管背景下对系统重要性金融机构的监管。然而，来自金融危机的一个重要教训在于所谓的"影子银行业务"的增长；这种业务使得冲击效果向金融体系和经济领域的传播有了一个额外的渠道。影子银行业务指的是借助于各种机构、工具和市场来完成的信用中介业务，而在这些机构、工具和市场中，至少有一部分业务是处在传统银行体系之外的。

为了说明影子银行的工作原理，我们来看一笔汽车贷款是如何借助于银行体系之外的融资来完成的。这笔贷款可以由某金融公司来发放；而该金融公司则将这笔贷款与其他贷款集中起来后，发行一种证券化的工具。某家投资银行会将各个档次的证券化资产出售给投资者。风险档次较低的资产，可以借助于资产支持商业票据（ABCP）这种发行渠道所获取的资金来购买；反过来，这一渠道的融资本身，则来自向货币市场基金发售的商业票据。与此同时，风险档次较低的贷款证券化资产，还可以出售给证券交易商；证券交易商的融资则来自回购协议下的抵押借款；提供这笔借款的债权人，是货币市场基金和机构投资者。

尽管影子银行体系整体上发挥了传统银行的作用，其中包括信贷中介作用和期限转换作用，但与银行不同的是，该体系不能借助于存款保险提供的保护以及联邦储备系统提供的贴现窗口业务来确保自己具有稳定性；相反，影子银行依赖于其他一系列的合约和监管保护手段，比如，在短期贷款交易中提供抵押物，它还依赖于针对一些重要实体实施的某些监管限制，比如货币市场基金面临着大量的资产组合限制——这些限制来自证券交易委员会的2a-7规则所提出的要求，其目的是想确保流动性的充裕，避免信贷损失。然而，在金融危机期间，这些措施并没有阻止传统的、具有自我强化倾向的恐慌对部分影子银行业务的影响，并使得这种恐慌最终在更广泛的金融体系扩散开来。

影子银行的一个重要特征是，自从诞生以来它一直与商业银行和清算银行——即更"传统的"银行机构——相关联。比如，商业银行向证券化业务和资产支持商业票据提供了支持；到目前为止，这种业务安排使得这些商业银行能够通过将基础资产排除在资产负债表之外，来提升自己的杠杆比。清算银行处在三方回购协议的中间位置，对资金与证券的交换进行管理，同时向交易双方提供保护和流动性。此外，为了减少业务摩擦，清算银行每天都向借款人和贷款人提供巨额的临时性日间信贷。这种临时性的日间信贷——平均每日的额度大约为1.4万亿美元——使得证券交易商能够在交易时段内获得自己想要的证券（比如，前面讲过的各种档次的贷款证券化资产）。

由于这些以及其他各种联系的存在，影子银行体系内的恐慌和其他压力，会波及传统的银行体系。事实上，我刚才提到的市场和机构——回购市场、资产支持商业票据市场和货币市场基金——在金融危机期间都遭受了不同程度的恐慌。结果，许多传统的金融机构，都丧失了为自己的资产进行融资的重要渠道；此外，出于声誉上的考虑和合约方面的考虑，许多银行向自己的关联资金和关联资产渠道提供了支持，从而导致了自身流动性压力的增加。

影子银行改革的状况

考虑到这种巨大的利害关系，我欣喜地看到，监管者和私人部门都在开始采取行动，以防止影子银行体系在未来遭遇恐慌和其他动荡。然而，在许多关键领域，这种努力仍然处于起步阶段。

第一套改革措施，涉及如何处理传统银行所资助的影子银行实体的会计和监管资本。2009年财务会计准则委员会最终制定的规则，要求证券化和其他结构化金融工具在某些情况下，被纳入资助银行的资产负债表中。在监管资本要求的背景下，《巴塞尔协议（2.5）》和《巴塞尔协议（Ⅲ）》在对待经常与影子银行业务相关的关联性和其他系统性风险来源时，所采取的办法是提升来自不受监管的金融机构（比如资产管理者、对冲基金、信贷担保人）的风险资本要求，以及强化对表外业务流动性的资本要求。《巴塞尔协议（Ⅲ）》还包括了定量流动性规则，以反映银行资助表外工具所带来的合约风险和其他风险。

第二个正在进行改革的领域，是货币市场基金。作为促进稳定性的一项重大步骤，证券交易委员会于2010年对其监管法规进行了修改，其中包括要求货币市场基金保持更多的流动性资产缓冲，以重塑投资者信心，降低挤兑发生的可能性。尽管出台了这些新的法规，但是，由固定的净资产价值、投资者对风险的极度厌恶以及缺乏明确的损失吸纳能力而共同造成的挤兑风险仍然存在，尤其是危机期间政策制定者用于阻止挤兑发生的一些工具已不再发挥作用的时候。证券交易委员会主席玛丽·夏皮罗建议采用更多的措施，降低货币市场基金遭受挤兑的可能性，其中有可能采用的办法包括要求基金公司保留用于吸纳损失的资本缓冲，以及要求基金公司按标的资产的市值，而不是按一美元的固定价格来赎回基金股价。人们还提出了一些其他确保基金稳定性的方法。通过进一步采取措施来提升货币市场基金的适应力，对整个金融体系的稳定是非常重要的，而且值得人们去认真考虑。

正在出台的第三套改革方案针对的是回购市场；这是美联储在积极加以改进的一个领域。最初的努力所关注的是，清算银行在三方回购市场中提供巨额的日间信贷所导致的市场脆弱性。日间信贷尽管在正常时期能提供极大的便利，但这也会在证券交易商与清算银行之间带来巨大的共同风险，从而会使得系统性风险增加。在市场遭受压力的时候，某个交易商对日间信贷的违约，可能足以对清算银行的稳定性构成威胁，而清算机构是与金融体系中的其他机构紧密关联的。可是，如果清算银行不愿意向某个交易商提供日间信贷，那么，该交易商正常的业务能力就会受到严重威胁，从而有可能给其客户和交易对手（包括许多其他的金融机构）带来困难。因此，在市场遭受压力时期，清算银行的行为有可能威胁到证券交易商的稳定性；同时，也存在相反的情况。

一个行业特别工作组于2010年认识到了这种共同脆弱性，并建议在三方回购市场中"实际取消"日间信贷。尽管取得了某些进展，但证券交易商和清算银行都还没有完全实施这一建议。然而，借助于监管和其他手段，我们仍然在推动该行业朝着这个重要目标迈进。在这方面，我们正在与其他机构展开合作，尤其是与证券交易委员会的合作（证券交易委员会对货币市场基金和证券交易商负有监管责任）；而且，也在与在三方回购市场积极从事交易的机构展开合作。与此同时，我们仍然在督促市场参与者改进其风险管理行为，尤其是督促它们，确保手中拥有可以使用的工具，以应对回购市场某一家大型企业违约有可能带来的风险。

国际监管群体也在关注于影子银行的金融稳定性风险。二十国集团领导人要求金融稳定委员会（FSB，其成员包括来自全球的主要监管机构，比如美联储）提出政策建议，以强化对影子银行体系的监管。目前，该委员会正在开展5项重要计划，以促进人们对影子银行业务的理解，并针对影子银行业务提出政策建议。正在研究的领域，包括货币市场基金、证券化市场、证券贷款和回购市场、银行与影子银行的关系以及"其他"影子银行实体。考虑到不同国家影子银行体系的巨大差异，金融稳定委员会的工作需要付出极大的努力。但是，考虑到影子银行业务有可能带来的稳定性风险，以及影子银行实体很容易开展一系列的跨国中介业务，这种努力是非常重要的。

对金融稳定性的监控

我简要介绍了美国国内和国际社会正在开展的一些努力；（可以说）这些努力是为了将影子银行体系置于阳光之下，同时也是为了针对系统重要性金融企业实施更严格的标准。然而，即使我们在已知的脆弱性方面做出了改进，我们还必须意识到我们的金融体系是在不断发生改变的，因此，将来会出现未曾预料的稳定性风险。事实上，新的监管法规必然会带来一个负面影响：金融体系的适应性调整，将使得风险承担行为从监管更多的领域转向监管较少的领域，从而使得我们有必要对整个金融体系实施更细致的监管。

就美联储而言，我们近几年加快了在监管方面所做出的巨大努力，其中的大部分工作是由最近设立的金融稳定政策研究局来完成的。我们积极开展了研究与数据收集计划；这些工作经常是与美国以及外国的监管机构，其中包括金融稳定委员会的会员共同完成的。此外，通过利用整个联邦储备系统的资源，我们正在针对系统性风险的监管，开发出监管框架和监管设施。我们的目标是，有能力跟踪金融体系内所有部门的进展情况，其中包括数据难以获取的金融部门，以及新近发展起来的、人们不太理解的金融部门。前面讲过，我们正在努力从宏观审慎角度，对系统重要性银行机构进行监管。目前的工作是对这种努力的补充，而且与这种努力密切相关。比如，利用公共数据，我们针对系统重要性概念开发出一些指标，并对这些指标进行了监控。这些系统重要性指标反映了企业的相互关联程度，以及它们所提供的重要服务。

遗憾的是，由于其性质的原因，影子银行部门的数据更难以获取。因此，我们必须更加努力地对这一重要领域的风险加以监控。我们将关注于金融体系内更广泛的风险指标，比如风险溢价、资产估价和市场运行状况。我们力求通过分析（表内和表外的）杠杆比指标，以及通过跟踪短期批发融资市场的状况，来评价挤兑风险，尤其是关注于资产和负债不匹配的证据。我们还在开发新的信息来源，以改进对杠杆比的监控。比如，2010年，我们开始了针对交易商融资状况的季度调查（"高级信贷主管交易商融资条件意见调查"）。这项调查收集到的杠杆比信息，反映了交易商向回购市场和场外衍生市场参与者提供的杠杆交易情况①。此外，我们还在与其他机构合作，以获得有关对冲基金和私募股权企业的综合监管数据。

更大范围内的经济发展也会给金融稳定带来风险。为了评估这些风险，我们会定期监控一些计量指标，比如非金融部门的杠杆比。此外，我们利用资金流动账户来评估有多少非金融贷款最终是通过短期债务来融资的②。这种评估是非常重要的，因为一个过度杠杆化的非金融部门会使得冲击被放大，而这对金融部门和更广泛的经济的正常运行是不利的。关于金融部门如何影响经济活动，我们的判断既反映了债权人的信息（主要是交易标准、风险偏好和资产负债表的规模），也反映了宏观

---

① 高级信贷主管交易商融资条件意见调查的内容，可以从美联储的下列网站获得：www.federalreserve.gov/econresdata/releases/scoos.htm.

② 美联储公布的统计数据中，有"美国的资金流动账户"这一栏。从这一栏信息中可以详细了解金融中介交易的状况，其中包括家庭、企业、政府部门和金融机构的一整套财务报表。资金流动账户按季度公布，可以从下列网站获得：www.federalreserve.gov/releases/z1.

经济对金融风险的脆弱性。与此同时，美联储和其他机构正在进行努力，以分析和开发出新的宏观审慎工具和早期预警指标，从而有助于发现系统性风险，防止系统性风险在未来出现的累积。

在金融危机爆发之前的几十年内，金融稳定政策一般没有货币政策那么重要。人们认为，中央银行的主要作用是制定货币政策。然而，危机过去之后，金融稳定政策的重要性已经得到了提升。现在，人们通常认为货币政策和金融稳定政策同等重要，都是中央银行的主要责任。在执行货币政策方面，我们花了几十年的时间，建立和完善政策体系。尽管我们在短时期内做了许多工作，改进了我们对系统性风险的理解，将宏观审慎视角纳入监管之中，但我们实施金融稳定的政策框架还没有达到与实施货币政策相同的水平。继续开发出一套有效的宏观审慎政策指标和工具，同时进行重要的金融体系改革，对于维护金融稳定性、支持美国的经济发展而言都是至关重要的。

宏观审慎监管的实施

伯南克主席

在芝加哥联邦储备银行举办的关于银行结构与竞争的第 47 届年会上的发言

2011 年 5 月 5 日

最近发生的金融危机，暴露了美国金融体系和金融监管框架所存在的短板和缺陷。去年，针对许多问题的解决，国会及行政部门以《多德—弗兰克华尔街改革与消费者保护法案》（简称《多德—弗兰克法案》）的形式，提出了路线图；这也是今年这次会议要讨论的话题。

任何复杂领域的立法改革，总是要针对过去的事件所带来的风险，同时也是对过去发生的危机做出的反应，但却没有对哪些方面有可能出现新的问题表现出足够的关注。值得称赞的是，《多德—弗兰克法案》的起草者试图通过一些特殊方法，来促进我们的金融监管逐步适应金融环境的改变，从而降低金融风险。这项法案最突出的核心要素是要求美联储与其他监管机构采用所谓的宏观审慎方法；也就是说，在针对单个企业或市场的传统监管方法之外，还要明确地考虑到对整个金融市场稳定所面对的威胁。该法案还导致了一个新的机构——金融稳定监管委员会——的产生；该委员会的成员包括众多的联邦和政府金融监管机构，以协调政府在发现和应对系统性风险方面做出的努力。

将宏观审慎考虑明确地纳入国家金融监管的框架之中去，这种做法代表了我们在金融监管思考方面的一项重大创新，也是美国和其他国家都在考虑的做法。我认为，这种新的发展方向是有积极作用的，也是必要的；但是，在其实施过程中，我们也会在理念上和具体操作上面临巨大的挑战。在今天的发言中，我将简要探讨实施宏观审慎监管的理由，介绍美国新的宏观审慎监管体系，并解释我们美联储的工作人员会采取怎样的行动，来将宏观审慎方法应用于金融监管。

宏观审慎监管

宏观审慎监管的最终目标是要尽量降低金融动荡的风险，因为这种风险足以严重到对更广泛的经济造成巨大损害。宏观审慎方法的整体导向不同于监管方面所采取的传统的或"微观审慎的"方法；后者主要关注于单个机构、单个市场或单个金融设施的安全与稳健。

相对于传统的监管而言，实施宏观审慎监管方法，会涉及更多的信息要求和更复杂的分析框架。具体而言，由于金融体系的高度关联性，宏观审慎监管必然会涉及金融行业的所有部门，包括金融机构、金融市场和金融设施；它还必须重点强调对金融机构和金融市场之间所存在的复杂联系和相互依赖性的理解，因为，这些联系决定了不稳定性是如何在整个系统内部进行传播的。此外，更广泛地讲，宏观审慎监管者至少必须关注于两类风险。第一类风险涉及金融体系的结构，比如监管覆盖范围的缺口或影子银行业务的演变，会不断地带来金融稳定性风险。另一类风险会随着金融或经济环境的变化而发生改变，比如繁荣时期杠杆比的广泛累积，最终会以破坏性的方式得到化解。

毫无疑问，宏观审慎监管并不意味着不需要进行细致的微观审慎监管。除了提升系统稳定性之外，对单个机构的监管还有许多目的，其中包括对存款保险基金的保护，对洗钱和其他金融犯罪的制止，以及对不合法的歧视或不公平信贷行为的防范等。然而，同样重要的是，微观审慎监管还为更系统化的监管方法积累了知识；如果不能清晰地了解关键企业和市场的发展状况，我们就无法理解整个系统的运行状况。没有一个强有力的微观审慎框架作为基础，宏观审慎政策就不会有效。

因此，危机带来的一个关键教训在于：只关注于单个企业或市场的纯粹微观审慎方法，有可能无法识别出重要的系统性风险或全局性风险。比如，传统的微观审慎核查方法可能会发现某家金融机构严重依赖于短期批发融资——这有可能带来监管方面的反应，也有可能不会带来监管方面的反应。然而，如果不了解该企业外部正在发生的情况，就无法确定上述发现会对更广泛的金融体系的稳定性产生怎样的影响。其他类似的金融企业也是高度依赖于短期融资吗？如果答案是肯定的，那么，短期资金的来源是否高度集中？在极端不确定时期，短期资金市场是有可能仍然处于稳定，还是有可能遭遇挤兑？如果短期融资突然无法得到满足，借款企业将如何做出反应——比如，它们会被迫甩卖资产（这本身会带来不稳定），还是会停止向其他金融参与者提供资金或重要的服务？最后的问题是，这些情况会对更广泛的经济产生怎样的影响？宏观审慎监管的主要特征是从系统角度，而不仅仅只是从单个企业的角度来分析所面对的风险。与直接要求几家企业去修正自己的融资模式相比，来自宏观审慎分析的措施会带来更广泛、更系统化的效果。

美国宏观审慎方法的实施

我将以美国监管体系的演变为背景，更为具体地介绍宏观审慎方法的实施。

宏观审慎监管的第一个必要条件是：要有一个系统来对不断变化的金融稳定风险加以监控。除了要求单个监管机构承担这一责任之外，《多德—弗兰克法案》还采取了另一个办法，即设立金融稳定监管委员会这样一个新的机构（前面介绍过）。委员会的责任是监控美国的金融体系，发现威胁金融体系稳定的各种风险，并强化市场约束和其他条件，以减轻金融市场的过度冒险行为。委员会由具有投票权的10个会员组成（其中包括美联储）；有5个会员不具有投票权，它们以顾问身份加入委员会①。

加入委员会的多家监管机构，负责对美国金融体系中的参与者展开广泛的监管。委员会广泛吸纳会员，是为了限制监管者的下列倾向：狭隘地关注于自己所管辖的机构和市场，而忽视了整个管辖范围内各种相互依赖所带来的风险。委员会还促进了各个会员机构之间的协调与信息共享。委员会打破了各自为政的局面（过去的这种局面，有时会限制监管机构去承担自己特定责任之外的任务），从而有助于发现并消除监管体系内存在的短板和缺陷。

《多德—弗兰克法案》还要求在财政部之内设立金融研究局，以负责改进政策制定者能获取的金融数据的质量。监管委员会还要求金融研究局从单个金融企业收集信息，以分析金融体系所面对的风险。这种对金融行业数据的收集与分析，将使得监管者能够更多地了解金融状况，从而能更好地确定系统性风险及其他正在出现的威胁。

从这个话题说开去，值得注意的是，最近通过设立一种新的制度体系来实施宏观审慎政策的国家并非只有美国。最突出的例子是，欧盟（EU）设立了欧洲系统性风险委员会，负责对欧盟金融体系进行宏观审慎监管。该委员会将收集和分析欧盟金融体系内的信息，确认重点系统性风险之所在，并向欧盟各国以及欧盟当局提供警示和建议。委员会还将与三个新设的欧洲监管机构展开密切合作——这三个机构负责协调欧盟成员国在银行、保险和证券方面所展开的审慎监管②。英国政府的计划是，将微观审慎监管权归还给英格兰银行，同时设立一个新的金融政策委员会来实施宏观审慎政策（联邦储备委员会前副主席唐纳德·科

---

① 财政部部长是金融稳定监管委员会的主席。其他具有投票权的成员包括货币监理署、证券交易委员会、联邦存款保险公司、商品期货交易委员会、联邦房地产金融局、国家信贷联盟管理局、消费者金融保护局以及由总统任命的一位独立的保险专家。最后的两个席位尚处于空缺状态。

② 这三个行政管理机构是：欧洲证券市场管理局、欧洲银行管理局以及欧洲保险和职业养老金管理局。

恩被邀请加入金融政策委员会，这使得他成为同时供职于两个不同国家最高金融监管部门的少数人之一）。英国的委员会将确认并监控系统性风险，同时采取行动来消除和降低这些风险。而且，它还要为即将倒闭的金融企业提供新的清算方案。

美国的金融监管委员会已经展开监控方面的努力。来自会员机构的工作人员已经成立了一些工作组，由它们来负责特定行业或金融体系某个方面的监管；这些工作组也定期向委员会汇报。这项工作还可以从下列情况中得到反映：委员会要求工作人员向国会提供有关金融稳定情况的报告——这份报告预计在夏季对外公布。

当然，确认金融稳定所面临的威胁之后，接下来就必须采用恰当的纠正措施。委员会本身在这方面的权限是相对有限的，至少在大多数情况下是如此。或许，委员会最重要的责任是确认某些非银行类金融企业以及金融市场设施具有系统重要性，从而使得它们要额外接受美联储和其他会员机构（包括商品期货交易委员会和证券交易委员会）的监管。想要进行这些确认，委员会就需要决定一些标准，以发现哪些企业的财务危机会给金融稳定带来最大的风险。当然，这项任务要求在理解系统性风险及其来源方面，对分析框架进行不断地开发。

尽管委员会自身的权力在一定程度上受到了限制，但我们并不能低估它在促进美国监管机构合作方面有可能带来的好处。仅举一个例子，货币市场共同基金所遭遇到的严重挤兑加剧了金融危机高峰时期融资状况的恶化；这个市场的稳定性显然是一个系统性问题，而不仅仅是一个行业问题。证券交易委员会已经发布规则，要求提升货币市场共同基金的稳定性；该委员会采取了恰当的做法，带头调查是否需要进一步采取行动。然而，在金融稳定监管委员会的支持下，证券交易委员会与包括美联储在内的其他机构进行了磋商；这些机构提供了自己的分析和观点。具体而言，机构间的磋商有利于弄清楚货币市场共同基金行业有可能带来的系统性不稳定。本月的后期，美联储将与其他机构共同讨论证券交易委员会所提出的对货币市场基金进行监管的措施。

可以理解，考虑到这次危机所带来的损害，委员会及其会员将继续关注于如何消除有可能存在的金融不稳定性原因，这既包括结构性问题，也包括今后的经济或金融发展所带来的风险。然而，实施无效的或沉重的规则，将会使得成本过度增加，或使得信贷供给受到不必要的限制，而这样对任何人都是不利的。恰当的时候，在金融稳定监管委员会的支持下，监管者之间协调与合作的增加，不仅有助于改善我们的系统性风险管理，而且还可以减少重复性的、不一致的或无效的规则制定行为。更一般地讲，在对缓解系统性风险的其他方法进行评估时，监管者必须避免这些方法对金融市场上合理的风险承担行为和创新活动产生抑制作用，因为这些因素在促进更广泛的生产率提升以及促进经济增长和就业方面发挥着重要的作用。

美联储的宏观审慎政策

正如我所讲过的，除了导致金融稳定监管委员会这样的一些新的机构产生之外，《多德—弗兰克法案》还对包括美联储在内的单个机构提出了宏观审慎任务。在某些情况下，与这项任务相伴的是，对某些机构的权力和责任所进行的调整。就美联储而言，除了加入金融稳定监管委员会之外，我们新的责任还包括：对储蓄银行控股公司的监督；对被金融稳定监管委员会认定为具有系统重要性的非银行类金融企业，以及某些支付、清算和结算设施的监管。在与其他机构进行磋商时，我们还要针对所有大型银行组织，以及被委员会认定为具有系统重要性的非银行类企业，设计出更为严格的审慎标准。这些标准包括：更严格的资本和流动性要求；清算方案的设计（所谓的"生前遗嘱"）；美联储和企业自身所规定的压力测试；新的交易对手信用限额以及更严格的风险管理要求。

美联储已经做出努力,并将继续做出努力,来进行重大的组织调整,以更好地履行我们的责任。即使在《多德—弗兰克法案》实施之前,我们就已经开始彻底改革对复杂的大型金融机构的监管。在这方面的一个重要里程碑就是2009年春季由美联储牵头的监管资本评估方案(即人们通常熟知的银行压力测试),对美国大型银行机构的稳健状况进行了综合评估。从这项工作中,我们获得了宝贵的东西,其中包括对几家大型机构同时进行考察,并关注于业绩比较所获得的更多见解。压力测试的另外一个收获,就是认识到了多学科监管方法所具有的价值——这种方法将经济学家、金融专家、支付系统分析师和其他专家的技能与监管者、审查者的技能结合在一起。

利用这些经验,我们在美联储内部设立了一个高层次的综合工作组,以负责对大型金融机构的监管。在大型机构监管协调委员会(LISCC)的领导下,美联储的监管者现在借助于经济学家和其他专家的支持,经常性地使用横向或全面评估,来对下列情况进行监控:行业行为;共同投资或融资策略;金融业的相互联系在程度或形态上的变化以及其他会影响到系统性风险的事件。作为其单项和横向评估的补充,大型机构监管协调委员会还更多地利用改进后的定量分析方法来评估被监管企业的稳健状况和业绩,以及它们有可能给更广泛的金融体系所带来的风险。美联储内部正在构建一个结构类似的委员会,以帮助我们实现对系统重要性金融市场设施进行监管的责任。

为了改进我们对金融体系的监管,以及为了协调在维护金融稳定性方面的工作,我们还在美联储内部设立了一个新的部门,即金融稳定政策研究局。这一部门汇集了具有各种背景和技能的工作人员,并且与美联储的其他群体展开了密切合作。这个部门的工作包括:监控全球金融风险并分析这些风险对金融稳定性的影响;与我们的银行监管委员会进行合作，比如针对压力测试合作开发出量化损失模型，并设计出其他各种测试环境；充当金融稳定监管委员会及其各种工作组的联络员；在实施宏观审慎监管方面帮助设计出其他的方法，并对这些方法进行评估。

最近的综合资本分析与评估方案，就是利用宏观审慎方法进行横向评估的一个例子。利用这个方案，美联储对19家最大银行控股公司的内部资本计划程序以及股东分布要求进行了评估。这场危机过去之后，银行的资本支出一直保持在最低水平。然而，随着银行的利润和资本状况在2010年继续得到改善，某些企业想增加股息派发或重启股票回购计划。对资本支出要求同时展开的分析，使得美联储借助于大型机构监管协调委员会的工作，不仅可以评估单个银行的资本状况，而且可以评估资本支出有可能对总体信贷业务和经济的持续复苏造成的影响。因此，这一方案既能达到微观审慎目标，又能达到宏观审慎目标。从传统的安全稳健角度来看，我们希望每家金融企业都能证明自己拥有强大的风险管理系统以及恰当的资本计划来管理紧张状态下有可能出现的损失；同时，又很容易逐步满足《巴塞尔协议（Ⅲ）》提出的要求。在宏观经济分析师和资本市场分析师的帮助下，我们还考虑到了对整个银行体系的资本要所带来的影响，以确保即使在经济表现大大低于预期结果的情况下，银行也仍然能向家庭和企业提供信贷。

现在，我们还经常使用宏观审慎方法来分析国内外的重大经济事件的进展情况。欧洲的主权债务问题就是其中的一个例子。随着2010年春季欧洲主权债务和银行债务收益率的上涨，美联储的监管者开始评估美国的银行在欧洲银行和主权债务中所承担的风险。除了评估直接风险之外，我们还分析了主权债务问题导致更广泛的金融波动时的情况。我们关注的是金融动荡有可能给欧洲和美国的信贷流量和经济活动造成的影响。在工作中，我们与欧洲银行的监管者进行了广泛的沟通；比如，我们探讨过欧洲银行获取美元融资的潜在风险，以及欧洲银行的美元需求对美国货币市场的影响。这项工作表明，针对欧洲金融机构的美元需求提供支持的做法，能够缓解欧洲主权债务问题对美国产生的波及效应。根据这种分析，2010年5月，联邦公开市场委员会宣布：出于预防目的，它已经批准与其他中央银行达成美元流动性互换业务，以防止流动性状况的进一步恶化。

对于美联储的规则制定，尤其是关于《多德—弗兰克法案》实施过程中的规则制定而言，宏观审慎考虑也是很重要的。比如，与其他监管者一道，我们最近提出的规则是：对不利用中央交易对手进行清算的场外衍生合约确定了保证金要求。所提出的规则不仅反映了对安全稳健的担心，而且还反映了宏观审慎目标的要求；具体而言，这些规则是想通过降低互换市场参与者之间传染的可能性来提升整个金融体系的适应力。根据所提出的规则，最严格的保证金要求所针对的是互换交易商之间或互换市场其他主要参与者之间达成的衍生合约，因为此类协议有可能面临"连锁性违约"的风险，即某家主要企业的危机会在互换市场连续传播开来。

我在前面已经讲过，宏观审慎金融监管方法在国际上正在得到越来越多的支持。除了努力在国内实施改革之外，美联储还在一定时间内与外国同行进行密切合作，以协调国际改革进程。国际协调的目标是非常重要的。这些目标包括：在各国之间维持公平竞争的环境；尽量降低跨国企业利用某些国家金融监管的薄弱或不一致所带来的机会；设立一致的和互补的监管标准；确保对国际交易活跃的企业和市场进行有效的监管。在过去几年召开的会议中，二十国集团对金融行业的政策表示了极大的关注。金融稳定委员会、巴塞尔银行监管委员会以及其他国际群体，也在跨国宏观审慎政策协调方面开展了大量的工作。

美联储的许多国际努力都涉及与其他监管机构和中央银行的合作，以便针对积极从事交易的银行设计并实施新的审慎监管要求。通过这项工作，针对交易活动和证券化风险的更严格监管资本要求，于 2009 年夏季得到了采纳；同时，新的《巴塞尔协议（Ⅲ）》针对积极从事国际业务的银行提出的主要监管框架也于去年秋季获得了通过。根据宏观审慎方法，《巴塞尔协议（Ⅲ）》的框架要求积极从事跨国业务的大型银行持有更多和更高等级的资本，这说明了金融危机时期，大型机构所面临的系统性风险更大。

总结

金融危机清楚地表明，监管行为必须在考虑单个企业的安全与稳健的同时，还要求考虑整个金融体系的稳定性。《多德—弗兰克法案》要求监管者缓解金融压力的过度累积，降低金融体系的脆弱性；同时，它还设立了一个跨机构的委员会以监控金融市场，确认正在出现的威胁，并制定政策来抑制这些风险。就美联储而言，我们已经调整了内部业务，以促进宏观审慎监管以及对系统性风险的监控。我们将与金融监管委员会和其他机构进行密切合作，以促进金融的稳定性。在法案通过后不到一年的时间里，我们已经取得了重大成就；但是，我们还需要完成大量的工作，以便更好地理解系统性风险的来源，开发出更好的监管工具，并且对旨在降低宏观审慎风险的政策工具加以评估和采纳。这些都是难以应对的挑战，但是，如果我们想要避免危机及其经济后果的重演，那么就必须去面对这些挑战。

借助于金融改革纠正系统性风险

伯南克主席

在首都华盛顿召开的对外关系研讨会上的发言

2009 年 3 月 19 日

全球正在经历自 20 世纪 30 年代以来最严重的金融危机。这场危机导致了全球经济的急剧下滑。危机产生的根本原因还没有定论。然而，在我看来，不了解 20 世纪 90 年代后半期以来全球贸易和资本流动的不平衡就不可能理解这次危机。最直观地看，这些不平衡反映了长期以来美国和其他工业化国家储蓄相对于投资的不足，以及许多新兴市场国家储蓄相对于投资的大幅度增加。反过来，新兴市场储蓄的过快增长则来自以下几方面的影响：储蓄较高的东亚经济体的经济快速增长，以及这些经济体（中国除外）投资率的下降；少数新兴市场外汇储备的大量积累；石油及其他商品出口国所获收入的大幅度增加。类似于水的流动，储蓄资金从过剩地区流向了短缺地区，从而使得美国及其他一些发达国家在过去 10 多年内经历了大规模的资本流入——即使在实际长期利率水平仍然较低的情况下。

美国及其贸易伙伴国对全球失衡共同负有责任；尽管人们在每年的国际会议上都会讨论这一话题，但总体而言，我们在消除这种失衡方面所做出的努力太少。然而，有效地利用所流入的资本的责任主要落在了资本流入国，尤其是美国的身上。详细情况是很复杂的，但是，总体上讲，美国和其他工业化国家私人部门和政府对金融行业的监管，未能确保所涌入的资本用于谨慎的投资；这一失误造成了投资者情绪的巨大反转，以及信贷市场的急剧收缩。从某些方面来看，我们的经历类似于一些新兴市场国家在20世纪90年代所遇到的情况：这些国家的金融行业和监管体系同样无法将从国外大规模流入的储蓄资金有效地用于投资。当这些失误越来越明显的时候，投资者就失去了信心，危机便接踵而至。然而，从后果上看，一个十分明显的区别是，20世纪90年代的危机是区域性的，而目前的危机则是全球性的[①]。

从短期来看，全球各国的政府必须继续采取强有力的行动，必要情况下还必须采取协调行动，来恢复金融市场的功能，以及信贷资金的流动。我曾经数次讲过，美国政府尤其是美联储，在这方面正在采取一些行动[②]。如果金融体系不稳定，持续的经济复苏就将无法企及。具体而言，在这种努力方面，最重要的是要使得系统重要性金融机构能继续保持活力。就这一点而言，美联储、其他监管当局和财政部均已经表示，它们将采取任何必要和恰当的措施，确保即使在严重经济下滑的情况下银行机构也有必要的资本和流动性来发挥正常作用。此外，我们再次强调，美国政府决心确保系统重要性金融机构能够继续履行自己的承诺。

在我们正在面对眼前挑战的同时，政策制定者应尽快考虑对金融体系进行广泛的改革，以防止未来再次发生此类危机。我们必须采取对金融体系进行整体监管的策略，采用全盘而不是仅仅针对个体的做法。具体来讲，对银行机构进行强有力的监管，虽然是降低系统性风险所必需的做法，但这种做法本身并不足以达到这个目标。

今天，我想谈论这种策略中的4个关键因素。首先，我们必须解决金融机构中存在的大而不倒（或者说，由于与其他机构联系太多而不会倒闭）的问题。其次，我们必须强化我所说的金融基础设施（制度、

---

① 另一个重要的区别在于，与亚洲金融危机不同，投资者并没有逃离美国市场。不过，他们逃离了许多的私人信贷市场。

② 比如，参见：Ben S. Bernanke. Federal Reserve Policies to Ease Credit and Their Implications for the Fed's Balance Sheet［C］. speech delivered at the National Press Club Luncheon, National Press Club, Washington, D. C., 2009, February, 18.

规则以及对金融市场上的交易、支付、清算和结算加以规范的各种惯例），以确保其在遭遇压力的情况下能正常运行。再次，我们要对监管政策和会计规则加以分析，以确保它们不会导致过度的顺周期性问题——即，不会明显地放大金融体系和经济的波动。最后，我们应该考虑，专门设立一个监控和解决系统性风险的管理机构是否能够防止目前所经历的金融危机不会在金融体系内再次发生。我今天的探讨将关注于引导监管改革的原则，而不会去考虑下列重要问题：如何调整目前的监管体系，以降低分化散监管和监管重叠造成的影响，促进监管的有效性。我也不会过多地谈论这个问题的国际性，而是自然而然地认为，考虑到金融机构和金融市场的全球性，金融监管改革应该尽最大地可能去展开国际协调。

大而不倒

在发生危机的时候，行政当局会很积极地防止具有高度关联性的大型金融机构出现倒闭，因为这种倒闭会给金融体系及更广泛的经济带来风险。然而，如果市场参与者认为某些企业太大而不会倒闭，那么，这就会造成许多不利的影响。比如，这会降低市场约束，鼓励该企业的过度风险承担行为。这还会人为地刺激企业规模的扩大，使得这些企业想让人感觉到自己会因为规模太大而不会倒闭。而且，这给小企业带来了不公平的竞争环境，因为小企业不能获得政府的隐性支持。此外，正如我们最近所看到的，政府对大而不倒企业的拯救会给纳税人带来沉重的负担。实际上，在目前的危机中，大而不倒问题已经成为一个重大问题。

在这次危机发生的过程中，考虑到金融市场及全球经济的高度脆弱性，政府提供支持以防止大型金融机构倒闭的做法是必要的，因为这可以避免金融系统发生更严重的动荡；而且，我们一直都有坚强的决心避免此类倒闭的发生。然而,展望未来,政策制定者必须通过下列行为来解决这个问题:一是更好地监管系统重要性企业,以防止它们过度地承担风险;二是强化金融体系的适应力,以尽量降低大型企业不得不破产时所造成的不利后果。

需要采取几项行动来对大型金融机构进行有效监管。首先,针对这次危机反映出来的主要金融机构在资本充足率、流动性管理和风险管理方面存在的缺陷,监管当局必须积极努力地去加以纠正(我们已经这么去做了)。具体而言,政策制定者必须坚持要求自己所监管的大型金融企业有能力根据自己的情况及时地监控和管理好自己的风险。在这方面,美联储一直在仔细考察系统重要性金融机构的风险管理行为,以便确定最优的风险管理方法并对企业的业绩进行评估,同时要求企业对所发现的缺陷加以改进①。任何企业,只要其倒闭有可能带来系统性风险,就必须在其风险承担、风险管理和财务状况方面接受特别细致的监管,并且要达到很高的资本和流动性标准②。考虑到许多大型金融企业全球业务的广泛性及多样性,负责对银行、证券公司和其他金融机构进行广泛性监管的国际监管机构,必须在这些努力方面加强合作。

其次,我们必须确保有一个强有力的监管框架(包括法律和实践方面的框架),来对控股公司这样的一些系统重要性金融企业实施合并监管。合并监管者必须有明确的职权来监控和纠正企业组织内部所有部门的安全与稳健问题,而不是仅仅只针对控股公司存在的问题。合并监管原则的广泛应用将有助于消除监管方面存在的差距,从而使得风险承担行为不会从监管较严的行业,转向监管较少的行业。

---

① 美联储发布了改进后的银行和金融控股公司统一监管指南。参见:Board of Governors of the Federal Reserve System. Federal Reserve Issues Guidance for Consolidated Supervision of Bank Holding Companies and Combined U.S. Operations of Foreign Banking Organizations [N]. press release, 2008, October, 16.

② 这种方法还有利于打消金融企业大而不倒的念头。

最后，从这次危机的教训来看，美国政府还需要通过对方法的改进，来使得系统重要性金融企业能够开展有序清算，其中包括对清算时的成本分担机制加以改进。在大多数情况下，联邦破产法为非银行类金融机构的清算提供了适当的框架。然而，当倒闭可能带来巨大的系统性风险时，这一框架并不能保证对非存款类金融机构进行有序清算，因此，也不足以保护公众的巨大利益。对这些企业的清算程序加以改进后能够缓解大而不倒的问题，因为这会压缩通过政府干预来保持企业运行的操作空间。

针对潜在的系统重要性企业（包括银行控股公司）来设计出恰当的清算程序是一项复杂且有挑战性的任务。然而，这方面的确存在一些可以考虑的模式，其中包括目前根据《联邦存款保险公司法案》（FDIA）采取的程序——该程序用于解决即将倒闭的被保险存款机构，以及根据2008年的《房地产与经济复苏法案》为房利美和房地美设计出的框架。两种模式都允许政府机构控制即将倒闭的金融机构的业务与管理，充当该金融机构的监护人或接管者，并设立一个"过渡"机构促进企业资产的有序出售和清理。通过接管把即将破产的机构"过渡"到一个新的实体的做法，既能降低市场动荡的可能性，又能限制道德风险，减轻政府干预对市场约束造成的不利影响。

新的清算方法需要经过精心的设计。比如，在确定哪些企业应该采用其他方法和程序的时候，应该有清晰的指导原则，这类似于《联邦存款保险法案》针对系统性风险所规定的例外程序。此外，考虑到许多复杂的大型金融企业在全球开展业务，其经营要面对复杂的监管体系，任何新的方法都必须尽可能地与国内或国外的其他破产方法（这些方法适用于合并机构的一个或多个分支机构）展开无缝对接。

强化金融基础设施

我所提出的改革方案中的第一项内容，涉及单个系统重要性金融机构。第二项内容关注于金融企业之间相互联系时所使用的媒介，即我所说的金融基础设施或金融"传送设备"：在交易、支付、清算和结算等方面提供支持的机构。就这方面的目标而言，我们不仅要使得金融体系整体上能够更好地经受住未来的冲击，而且还要通过减少政府出于系统稳定性担忧而进行干预的机会，以缓解道德风险以及大而不倒的问题。我将在下面给出几个例子。

2005年9月以来，纽约联邦储备银行一直引领着由公共和私人部门发起的一项主要联合行动，以改进在信用违约互换（CDS）和其他场外（OTC）衍生合约方面所进行的清算与结算安排。其结果使得交易信息的准确度和及时性得到了极大的改善。然而，与更为成熟的工具相比，管理这些衍生合约的基础设施仍然缺乏效率和缺乏透明度。纽约联邦储备银行将与国内外其他的监管者一道继续努力，以针对这些市场参与者设立更为严格的目标与业绩标准。为了减轻对交易对手信用风险的担忧，监管者还在鼓励针对场外交易对手开发出监管完善和审慎管理的中央清算系统[①]。就在上一个星期，我们批准了ICE信托提出的要求加入联邦储备体系的申请——该信托公司准备为信用违约互换交易对手设立一个中央交易对手和清算中心。

美联储以及其他管理机构还在考虑如何提升三方回购协议市场的适应力——在这个市场上，一级交易商以及其他大型银行和经纪交易商，从货币市场共同基金及其他风险厌恶型短期资金来源中获得了巨额的担

---

① 针对中央交易对手的国际准则已经设计出来了，各国监管当局应该努力确保所涉及的全部金融实体都坚守这些准则。参见：Committee on Payment and Settlement Systems and Technical Committee of the International Organization of Securities Commissions, Bank for International Settlements, Recommendations for Central Counterparties, 2004, November. 关于中央交易对手的成本与收益的讨论，参见：Assessing the Potential for Instability in Financial Markets [C]. a speech delivered by Randall S. Kroszner at the Risk Minds Conference, International Center for Business Information, Geneva, Switzerland, December, 8.

保融资①。一段时间以来，市场参与者一直在开展工作，以设计出一个备用方案，来解决负责三方回购协议结算的两家清算银行中某一家可能让人丧失信心的问题。最近的经历证明，需要有额外的措施来提升这些市场的适应力，尤其是在大额借款者经历严重压力的情况下。在贝尔斯登倒闭之后，美联储启动了一级交易商信贷设施；雷曼兄弟破产之后，美联储对该设施进行了扩展。这一做法使得这个重要的市场得以稳定，并使得市场信心得以维持。然而，这一方案使用的是一项紧急权力，所针对的是异常和紧急环境。因此，需要有更持久的改革措施。比如，考虑到这个市场所带来的风险，以及这个市场的交易商和投资者具有重要作用，我们应该分析为这一市场建立中央清算体系所涉及的成本与收益。

更广泛地讲，重要的支付与结算系统的运行效果及其在正常和压力环境下管理交易对手风险和市场风险的能力，对于维护更广泛金融体系的稳定是非常重要的。目前，美联储依赖于零碎的权限；这种权限主要来自作为银行监管者所发挥的作用，以及为了确保重要的支付与结算系统拥有必要风险管理程序与控制措施而进行的道义规劝。相比较而言，全球许多主要的中央银行都有明确的法律基础来对这些系统进行监管。由于强大的支付与结算系统对金融稳定性非常重要，因此，一个较好的建议是，赋予美联储对具有系统重要性的支付与结算系统拥有明确的监管权。

另一个需要关注的问题，是货币市场共同基金行业的潜在脆弱性。去年秋季，由于雷曼兄弟公司的商业票据所带来的损失，一家著名的货币市场共同基金"缺钱了"——即无力维持每股一美元的净资产价值。在随后的几天内，遭遇恐慌的投资者从一级货币市场共同基金提取了

---

① 一级交易商是指与纽约联邦储备银行进行政府债券交易的经纪交易商。纽约联邦储备银行的公开市场部代表联邦储备系统进行交易，从而使得货币政策得以实施。

2 500多亿美元的资金，直到财政部宣布对货币市场共同基金投资者提供担保，以及美联储设立了一项新的贷款方案以支持资产担保商业票据市场流动性的情况下，这些大规模的取款行为才开始减少。

考虑到货币市场共同基金的重要性，尤其是考虑到它们在商业票据市场（这是许多企业重要的融资来源）所发挥的关键作用，政策制定者应该考虑如何提升这些容易遭受挤兑的基金所具有的适应力。其中一种方法就是，对货币市场基金的投资工具实施更严格的限制，并且可以要求这些投资工具具有更短的期限和更大的流动性。第二种方法是，针对想要维持稳定净资产价值的货币市场共同基金，设计出一个有限的保险体系。重要的是，无论采用哪一种方法，都应该考虑对货币市场共同基金行业本身带来的影响，以及对整个金融体系的流动性与风险分布造成的影响。

监管体系的顺周期性倾向

显然，监管政策本身不应该给金融机构带来不合理的压力，或者是在经济下滑时期不恰当地抑制贷款业务。然而，有些证据表明，资本标准、会计准则和其他监管措施使得金融行业具有顺周期性倾向；也就是说，它们使得金融机构在经济繁荣时期会过度放松信贷，在经济下滑时期会过度紧缩信贷（这里的过度，是相对于借款人的资信变化状况来讲的），并因此加剧经济的周期性波动。

比如，资本监管要求银行的资本比率达到或超出某一固定的标准之后，监管者才认为银行具有安全稳健性[①]。而银行通常会发现，在经济下滑或金融遭遇压力时期难以筹集到资本，因此在困难时期，它们提升监管资本比率的最优办法就是降低新的贷款业务，其降低的程度或许会

---

① 除了确保银行组织遵守最低监管资本要求之外，监管者还必须确保银行组织有能力评估自己的总体资本需求，并持有与自身的风险状况相匹配的资本。

超出信贷环境的要求。我们应该要求资本监管法规确保自己具有恰当前瞻性,同时要确保资本起到应有的缓冲作用:按照安全稳健的原则,在繁荣时期积累资本,在困难时期提取资本①。在审慎监管领域,我们还要确保银行核查者在评估银行的政策时,要权衡谨慎行事与维持正常信贷所获利益之间的关系。

在确定会计准则方面,不断要求强化信息披露和提升信息透明度的行为应该得到充分的支持。然而,针对缺乏流动性的资产或特殊资产采取恰当的估值方法在一定程度上讲是一项很难的工作。同样,对波动周期内恰当贷款损失准备的要求也具有很大的不确定性。因此,应该对用于资产估值和损失备抵的会计准则进行进一步的分析,并且在此基础上,对会计准则进行适当的修正,以便在不影响信息披露和透明度目标的前提下,降低这些准则对周期性波动的放大效应。事实上,这些问题正在通过金融稳定论坛得到解决;事实证明,这项工作的结果,将有利于美国的政策制定者②。

强化周期性波动的另一个潜在来源,是融资存款保险制度。考虑到这个事实,还有经济前景的不太看好,以及银行和金融系统目前所面临的压力,联邦存款保险公司最近宣布了自己的方案,将存款保险基金达到最低要求水平的时间,从5年扩展到了7年。在资本和贷款已经遭受压力的情况下,这个方案的实施将有助于降低银行的成本。政策制定者还应该考虑以额外的措施来降低存款保险成本有可能带来的周期性强化效应,同时要保证风险较大的银行比更为安全的银行支付更高的保险费。一种可能的做法是,在较好经济环境下提升法定准备率的水平,从而可以在经济状况恶化、保险损失较大时,这些机构有更多的缓冲资本

---

① 从国际上看,金融稳定论坛和巴塞尔委员会已经开始了此类评估。

② 参见:Financial Stability Forum. Report of the Financial Stability Forum on Enhancing Market and Institutional Resilience: Follow-Up on Implementation [R]. October, 2008, 10.

可以被提取。

系统性风险的监管机构

我所讨论的政策行动将有助于抑制金融体系内的风险累积，并且可以改善金融体系应对不利冲击的适应力。然而，更明确地采用宏观审慎监管方法能进一步提升美国的金融稳定性。宏观审慎政策关注于整个金融体系的风险。此类风险可能范围较广，会影响到许多企业和市场，但也可能集中于少数重要的领域。目前的监管体系主要关注于单个机构和单个市场的安全稳健；宏观审慎方法以目前的监管体系为基础，可以作为目前监管体系的补充。

如何将宏观审慎政策更好地纳入监管体系之中去？其中一种做法就是，由国会指示和授权一个政府机构来监控、评估系统性风险，以及在必要的情况下，纠正金融体系内有可能存在的系统性风险。这个监管机构的任务可以包括：①监控整个企业和整个市场（比如次级抵押贷款市场）所面临的巨大风险或迅速增加的风险，而不是仅仅只监控单个企业或部门的风险水平；②对不断演变的风险管理行为有可能带来的缺陷，财务杠杆比的广泛增加及金融市场或金融产品调整所带来的系统性风险的提升等情况进行评估；③对金融企业之间以及金融企业与金融市场之间有可能产生的波及效应，比如高度关联的企业所面临的共同风险，进行分析；④确认有可能给整个金融系统带来风险的监管缺口，包括在消费者和投资者保护方面存在的缺口。系统性风险监管机构自然要关注的两个领域是：具有系统重要性的金融机构的稳定以及前面我谈到的金融基础设施与系统性风险的关系。

将宏观审慎方法引入监管领域要面临几项重大的挑战。最根本的挑战是，综合的系统性风险管理方案的实施需要监管机构在下列各方面做出巨大的努力：获取有关金融市场和金融机构的信息；对分析工具不断地加以改进；有能力处理大量不同的信息；拥有监管方面的专业知识。

其他的挑战包括，明确界定系统性风险管理机构为完成自己的使命应具有的权限范围，然后再将这种权限纳入美国现行的分散化的金融监管体系中。一方面，任何新的系统性风险监管机构，显然都要尽可能地依赖于现有金融监管者所提供的信息、评估结果和监管方案。这种做法能降低私人和公共部门的成本，同时也使得系统性风险监管机构能有效地利用其他监管者提供的专业知识和相关信息。另一方面，由于任何系统性风险监管机构的目标，都将具有更广泛的金融体系视角，因此，纯粹依赖于现有体系的做法是不够的。

比如，负责系统性风险监管的机构，需要广泛地获取信息（借助于数据收集和各种报告，必要时会借助于核查）；这些信息既来自银行和重要的金融市场参与者，也来自目前尚不需要定期向监管部门提供报告的非银行类金融机构。同样，系统性风险监管机构还需要有恰当的能力来采取措施，解决被发现的系统性风险（尽可能地与其他监管者一道来解决问题，或者在必要情况下，去独立解决问题）。系统性风险监管机构在确定金融部门的资本、流动性和风险管理行为的标准时应发挥的作用也需加以探讨，因为这些标准既有微观影响，也有宏观影响。

总之，关于我们希望从宏观审慎监管中得到什么，以及关于我们的期望、责任与监管机构之间怎样才能最好的达成一致等问题，都需要进行大量的探讨。如何将系统性风险监管功能纳入政府体系之中是必须做出的重要决定。现有的几个机构，拥有完成这项任务的数据和专业知识，因此，我们拥有多种组织方面的选择权。不过，在任何体系中，为了确保责任心，都必须明确规定监管机构的权限和职责范围。

有些评论者建议由美联储来发挥系统性风险监管机构的作用；其他人则担心，这会过分加大中央银行的这种责任。这种新的责任是否能很好地适合于美联储，在很大程度上取决于国会将如何准确地界定监管机构的作用与责任，以及其是否拥有必要的资源和专业知识；能否在美联储完成自己的长期核心任务时，向其提供很好的补充。

我认为，在这些问题上，我们应该采取开放的态度。我们在美联储内部已经对此进行了大量的讨论，但这些问题的重要性，要求立法者和其他政策制定者对此进行细致的考虑。然而，从实际情况来看，要想有效地确认并纠正系统性风险，就必须在一定程度上要求美联储的参与，即使不需要美联储发挥领导作用。作为美国的中央银行，在政府应对金融危机的过程中，美联储长久以来一直都发挥了突出的作用。事实上，1913年国会设立美联储，主要也是为了解决重复出现的金融恐慌问题。美联储之所以在某些情况下能发挥关键作用，是因为它能充当最后的流动性供给者；事实证明，在历史上发生金融危机的过程中，这项权力是非常重要的。此外，美联储拥有广泛的专业知识；这些知识来自一系列的业务活动，包括它作为银行和金融控股公司的综合监管者所发挥的作用，以及它为了达到自己的货币政策和金融稳定目标对金融市场进行的积极监管。

总结

当正在发生的金融危机接近尾声之时，政府部门迅速地拟订了众多的方案，以支持金融市场的正常运行，促进信贷资金流向企业和家庭。然而，在采用这些必要的短期措施的时候，还必须采用新的政策，来降低系统性风险发生的概率及其所带来的影响。在今天的发言中，我着重分析了解决金融企业大而不倒问题的必要性，努力强化金融基础设施建设的重要性，降低资本监管和会计准则的顺经济周期性效应，以及对金融企业采用更为宏观审慎的监管方法有可能带来的好处。我所提出的某些政策，可以在现有的监管机构内加以设计和实施。事实上，我们正在做这件事。在其他情况下，国会必须采取行动来设立必要的监管机构，确定必要的监管责任。

正如几百年以来全球所实际发生的情况那样，金融危机将会继续发生。即使有我今天在此介绍过的各种行动，我们仍然不能不切实际地希望金融危机能够被完全消除，尤其是在维持一种动态和创新的金融体系的情况下。然而，这些措施将有助于减少危机发生的频率，降低危机带来的危害，从而有利于美国及全球经济更好地运行。

金融危机对银行业监管的教训

伯南克主席

在芝加哥联邦储备银行举办的关于银行结构与竞争的研讨会上的发言

2009 年 5 月 7 日

在金融危机过去一年半之后,银行家和政策制定者必定会在下列两个问题上展开讨论:我们从这一特殊事件中得到了什么教训?我们如何将这些教训用来强化我们的银行体系,以避免未来危机的发生,或减轻未来危机带来的影响?正确回答这些问题,对于我们未来的金融和经济的稳健而言是非常重要的[①]。

美联储一直在深入细致地分析来自危机的教训,包括给美联储所监管的公司带来的教训,以及给美联储自己的政策和监管程序带来的教训;同时,我们也正在积极地将所获得的教训纳入日常的监管行动中。提升监管的有效性是我们的首要任务。在今天的发言中,我将简要介绍危机发生之后,美联储已经采取的一些措施;这些措施既是为了强化银行部门的资本、流动性和风险管理状况,也是为了使得监管程序本身得到改进。我还将谈及我们所了解的关于有效合并监管的重要性,以及采用更加宏观审慎的金融监管定位有可能带来的好处。

[①] 在去年的发言中,我提出了这些问题,并提供了一些初步的答案。参见:Ben S. Bernanke. Risk Management in Financial Institutions [R]. speech delivered at the Federal Reserve Bank of Chicago's Annual Conference on Bank Structure and Competition, Chicago, 2008, May, 15; and Ben S. Bernanke. Addressing Weaknesses in the Global Financial Markets: The Report of the President's Working Group on Financial Markets [R]. speech delivered at the World Affairs Council of Greater Richmond's Virginia Global Ambassador Award Luncheon, Richmond, Va., 2008, April, 10.

美联储在银行监管方面的作用

首先,我们有必要简要介绍美联储的银行监管责任,以及这些责任与美联储其他使命的关系。美联储的监管范围涉及银行控股公司(包括金融控股公司),选择加入联邦储备系统的州执业银行(州会员银行),在美国经营的外国银行组织,以及某些从事国际银行业务的美国实体机构[①]。为了履行这些责任,我们与其他联邦监管当局和州监管当局进行合作,以促进银行业的安全稳健,维护更广泛的金融体系的稳定,确保消费者在其金融交易中得到公平的对待。联邦储备银行负责对银行的现场核查程度,同时会进行密集的地区性走访,从而使得我们能更深入地了解局部经济状况。

除了与负责对金融体系内的银行和其他业务进行监管的另外一些美国监管机构展开合作之外,我们还要与外国监管者进行紧密的协调。这些关系的建立,来自通过与巴塞尔银行监管委员会和金融稳定委员会等机构定期进行的接触。借助于这些组织,我们开发出了国际银行准则。比如,我们在巴塞尔委员会中牵头开发出了经过修订的《流动性风险管理原则》;该原则于去年发布,目前正在被纳入美国的监管指南[②]。事实证明,在处理危机带来的挑战时,我们与主要的外国监管者、中央银行和其他监管当局的密切合作,是非常有帮助的。

美联储在银行监管方面的作用与它的其他责任,尤其是美联储在管理金融危机方面的责任,是相互补充的——我在其他场合指出过这一

---

① 《边缘法案与协议》公司,通常是银行附属机构。它们在美国之外从事业务活动。法案允许国外的银行但不允许美国国内银行开展这些业务。

② 参见:Basel Committee on Banking Supervision. Principles for Sound Liquidity Risk Management and Supervision [R]. Basel, Switzerland: Bank for International Settlements, 2008, September.

点[①]。其作用的补充性是很明显的,比如,"9·11"事件发生之后,美联储负责监管的工作人员,向政策制定者提供了重要的支持:在迅速变化的混乱环境下帮助政策制定者评估金融行业的状况。目前危机中的事实多次证明,监管方面的专业知识和信息具有宝贵的价值,可以帮助我们解决来自特定金融机构和金融市场的潜在系统性风险,同时也可以帮助我们有效地履行最后贷款者应发挥的作用。我们的监管者对银行同业贷款市场以及银行其他融资来源的了解,还导致了为解决金融压力的新工具的开发,比如我们的定期拍卖设施。反过来,美联储的审慎监管得益于我们在执行其他任务时所获得的专业知识——比如,我们在货币政策制定过程中了解到的金融和经济状况,以及我们的消费者保护责任所带来的对零售金融市场的深入了解。

来自金融危机的教训

危机爆发以来,美联储与美国的其他监管者(许多情况下,还与其他国家的监管者)一道,一直在努力寻找引发危机的原因及危机所带来的教训。我们的研究成果发布在各种报告中,其中包括由下列机构所发布的报告:金融稳定委员会、金融市场总统工作组、高级监管者集团(包括七个工业化国家的代表)[②]。持续进行的国际合作在危机爆发以前就开始了;这项合作使得美国监管者能够学到一些国际经验,同时也使得我们能够把美国单个金融机构的业绩,与全球金融企业的整体业

---

① 比如,参见:Ben S. Bernanke. Central Banking and Bank Supervision in the United States [C]. speech delivered at the Allied Social Science Association Annual Meeting, Chicago, Ill., 2008, January, 5.

② 参见:Senior Supervisors Group. Observations on Risk Management Practices during the Recent Market Turbulence [R]. Basel, Switzerland:Bank for International Settlements, 2008, March, 6; President's Working Group on Financial Markets. Policy Statement on Financial Market Developments [R]. policy statement, Washington:U.S. Department of the Treasury, 2008, March, 13; Financial Stability Forum [R]. Report of the Financial Stability Forum on Enhancing Market and Institutional Resilience [R]. Basel, Switzerland:FSF, 2008, April, 7.

绩加以比较。

美联储还正在对自己各个方面的监管行为进行综合分析。自去年以来，美联储副主席科恩作为牵头人，与美联储的委员、联邦储备银行的总裁以及来自联邦储备系统的工作人员一道，正在努力寻求各种建议，以改进我们的审慎监管和消费者保护行为。为了改进我们自身的监管行为，我们采纳了政府审计署、国会、财政部及其他部门的反馈意见。我们的分析再次表明，除了其他方面的条件之外，资本充足率、有效的流动性计划以及强有力的风险管理手段，是保证银行安全稳健的必要条件；这次危机反映了某些金融机构在某一个或某几个方面所存在的严重缺陷。危机同样表明，监管者必须提高警觉性，强化监管力度，以确保这些标准能得到满足。

强化资本、流动性与风险管理

由于资本可以作为重要堡垒来抵御潜在的非预期损失，因此，自从危机爆发以来，美国的监管者一直对它表示了非常密切的关注。我们一直在密切监控企业的资本水平相对于其风险的状况，并且在与企业的高层管理者讨论我们的评估结果。我们还一直在反思自己的资本政策；比如，今年的早些时候，我们针对银行控股公司的股息、资本回购、资本赎回等问题发表了监管指南；在此过程中，我们再次强调，控股公司必须充当其附属银行的实力来源。

大家都知道，美联储正在作为牵头人，领导着一个跨机构的监管资本评估方案。该方案的目的是要确保美国具有系统重要性的大型银行组织，拥有足够的资本缓冲来保持充裕的资本，并积极发放信贷，即使在宏观经济状况比目前的预期还要更糟糕的情况下。来自美联储、货币监理署和联邦存款保险公司的150多位核查员、监管者和经济学家，正在对19家大型机构的预期损失和盈利同时展开分析和评估。这些机构总体上持有美国银行体系中大约三分之二的资产。监管机构之间的这项工作具有综合性、严密性、前瞻性和高度合作的特点。毫无疑问，我们可以利用这项工作中的各个方面来改进未来的监管程序。

尽管资本仍然是维护一个强大银行体系的关键堡垒，但这次危机同时也证明了有效流动性管理的重要性。与美国其他的银行业监管机构的同事们一道，我们正在监控大型银行每日的流动性状况，并且正在与银行的高级管理者探讨流动性策略、重要的市场进展及流动性风险等问题。在过去的一年半中，我们得到的教训是，恰当的流动性管理要求银行持有的流动性资产应当比正常情况下更多；银行必须考虑到，在市场遭受压力的情况下，自己的流动性状况如何。我们还要求银行考虑表外头寸融资需求所带来的风险。

除了资本和流动性之外，保持银行业安全稳健的第三个关键要素是有效的风险管理。这次危机暴露了许多金融机构风险管理体系的不恰当。我们正在加快努力，与银行展开合作，以改进其风险识别办法。比如，我们向银行强调了压力测试的重要性。这种测试有助于发现通常的统计模型无法识别出的风险，比如异常的市场剧烈变动、流动性的蒸发、长期的市场危机以及市场的结构性变化。

正如我在上个月的演讲中所指出的，金融创新对消费者、金融体系及更广泛的经济体系等都是有利的；但金融创新也会带来风险，我们必须正确理解这些风险[①]。事实上，正如大家所知道的，金融创新，比如在结构化信贷产品和抵押贷款市场等领域进行的创新，在某种程度上促成了这次危机的爆发。因此，我们正在要求银行更加全面地评估新的金融工具有可能带来的意想不到的后果，以及在市场遭受压力的情况下，这些工具将有怎样的表现。

---

① 参见：Ben S. Bernanke. Financial Innovation and Consumer Protection [C]. speech delivered at the Federal Reserve System's Sixth Biennial Community Affairs Research Conference, Washington, 2009, April, 17.

交易对手风险是美联储在一段时间内一直在加以监管的另一个领域；而且，随着危机的发展，我们强化了对银行如何管理这类风险的监控。我们要求金融机构进一步增强对整个金融体系内的重要联系和风险状况的理解。我们还要求银行去分析：在遭受压力期间，自身的防御行动有可能给主要的交易对手带来怎样的压力，尤其是当其他的市场参与者有可能采取类似行动的时候。

风险管理中的一个关键因素是要理解激励手段，比如薪酬制度的设计实施与风险承担行为之间的关系。奖励和其他报酬应该激励各个层次的员工，使其行为能够促进金融机构的长期健康发展。美联储一直在国际论坛中讨论与薪酬和激励措施有关的问题；这些努力带来的一项成果，就是金融稳定委员会在上个月公布了有关稳健薪酬行为的新准则[①]。毫无疑问，这次危机带来的一个重要教训就是，我们认识到了薪酬体系及其对风险承担行为的激励作用是一个安全稳健方面的问题。

在这个领域及其他相关的领域，银行家获得的一个关键教训就是：必须在风险方面进行及时有效的内部沟通。我们正在重点强调的是，要确保银行的管理层和董事会成员全面了解自己的机构所面临的各种风险，并积极地参与这些风险的管理。

当我们帮助金融机构强化其监管与风险管理时，我们也意识到了这样的问题：这次危机表明，我们自身的监管程序和内部沟通也需要加以改进。在美联储内部监管信息的发布、确定重点监管领域、跟踪正在发生的问题以及在及时发布监管指南等方面，我们已经更新和强化了自己的工作程序。在消费者保护领域，美联储最近修订了自己的合规审核方案，以确保该方案与市场发展和市场行为保持同步。我们引入了持续消费合规监管的概念，以确保对大型州执业会员银行的持续和全面的

---

① 参见：Financial Stability Forum. FSF Principles for Sound Compensation Practices [R]. Basel, Switzerland：FSF, 2009, April, 2.

监控。

利用来自危机的重要教训，我们的监管者正在向金融机构强调：在繁荣时期保持强有力风险管理的行为至少与困难时期的这种行为是同等重要的。正是在这些繁荣时期，当风险看起来较低，金融前景似乎很明朗的时候，金融市场参与者会表现出过度乐观，并犯下严重的错误。监管者的部分工作，就是要防止这种倾向的出现。在这种情况下，我们必须确保自己的监管沟通是得力的、清晰的，而且是面向高管和董事会成员的；这样，正在出现的问题才能引起适当的关注，并得到满意解决。

合并监管

在分析这次危机的教训时，另一个值得关注的问题是合并监管所发挥的作用。危机表明，对大型金融机构而言，真正在整个企业范围内实现有效与及时的风险监管是极为重要的。为了确保这一做法，所有系统重要性金融企业（不仅仅只是那些拥有附属银行的企业），都应该拥有一个强有力的合并监管框架。

尽管美联储并不是美国大多数商业银行资产的主要监管者，但根据1999年的《格雷姆—里奇—比利雷法案》（即《金融服务现代化法案》——译者），美联储是所有银行控股公司（包括金融控股公司在内）的合并监管者。对待这一角色，我们是非常认真的。在这次危机发生之前，我们就已经开始在这项法案所设立的框架内，强化我们对银行控股公司的合并监管。这些努力导致了针对合并监管的综合监管指南在去年出台。这一指南要求我们的核查人员，在对拥有多个法人实体的大型复杂企业进行监管时，关注于一些重要的领域。比如，指南要求工作人员重点关注某些活动，比如重要金融市场上的清算与结算业务；因为这些业务不仅有可能影响到相关机构，而且还有可能对更广泛的金融体系产生影响。

在监管人员评估银行组织对整个企业的风险进行计量和管理的能力

方面，美联储的合并监管指南还提供了更明确的方向。比如，我们对整个企业信用风险管理的评估过程，起始于合并层次下这种管理的整体设计；然后，我们会进一步探究单项业务，比如零售贷款或抵押贷款，以确保这些业务的管理方式与公司的总体框架一致。指南还重申，核查者必须评估控股公司的非银行类附属机构的财务状况与风险特征，以便理解它们有可能给附属银行或整个机构带来的不利影响。

合并监管还使得我们能更好地评估企业是否有能力去满足相关的法律、法规和监管措施提出的要求。美联储在去年发布了针对合规风险的监管指南，强调监管者和银行家都必须理解不同的业务种类、法人实体内部及之间存在的风险。消费者保护法规方面的合规情况受到了严格审核，负责消费合规监管的专业人士，参与了对风险评估、监管方案以及监管者寄送给复杂的大型银行的年度信函的分析。去年，美联储的工作人员还开创性地启动了一个跨机构的方案，以便对次级抵押贷款者（包括对银行控股公司的两家非银行类附属机构）进行核查。这个开创性的方案，在贷款者的行为方面，尤其是在贷款者对经纪商关系的监管方面，提供了重要的见解。

《金融服务现代化法案》中的一些条款，对美联储的能力进行了限制：限制美联储以合并监管者的身份对由其他机构负责监管的附属机构在进行审核、索取报告或采取行动等方面所拥有的能力。按照这些条款的要求，我们尽可能地与其他监管者展开合作，希望对它们提供的信息进行更好地利用和分析。在这一过程中，我们与其他监管者建立了良好的合作关系；我们希望这种关系能够持续下去，并得到加强。此外，我们的统一监管指南明确规定了依赖于其他监管者的情况，以及确定了在哪些情况下，我们需要作为合并监管者发挥更积极的作用。

然而，目前的法律仍然有可能给及时、有效的合并监管带来挑战，因为存在许多差异，诸如监管模型方面的差异（比如，银行监管者主张使用的模型，不同于保险和证券附属机构监管者），以及在监管时间、监管资源和监管重点等方面存在的差异。我们希望国会在分析美国的金融体系时，能考虑对《金融服务现代化法案》中的条款进行修正，以确保合并监管者拥有必要的手段和权限来监控和纠正不同机构的各个部门所存在的安全稳健问题。

金融的稳定性

我已经对确保单个金融机构稳定性的监管政策进行了探讨。然而，美联储还有更广泛的目标，即提升整个金融体系的稳定性。对单个机构的监管与促进更广泛的稳定性也是相互补充的关系；某个领域获得的信息和专业知识，通常对另一个领域是非常有用的。利用来自这次危机的教训，我们的努力范围得到了扩展，不仅要改善对单个机构的监管，还要努力提升整个金融体系应对冲击的能力。

我们在强化金融基础设施方面的努力，就很好地说明了这些新的做法。在危机爆发之前，我们就一直在与提供交易、支付、清算和结算系统的机构展开合作。比如，通过与其他监管者和市场参与者展开合作，纽约联邦储备银行帮助改进了信用违约互换和其他场外衍生合约的清算方法。结果，交易信息的准确性和及时性得到了极大的改善。但是，与更为成熟的交易工具所使用的基础设施相比，处理这些衍生合约的基础设施仍然缺乏效率或透明度。因此，我们正在与其他机构共同努力，以便为市场参与者制定出更加严格的目标和业绩标准。

对消费者的保护也有助于金融的稳定。可以说，许多金融消费产品复杂性的增加，以及一些金融机构将此类产品出售给更多公众的做法，是导致这次危机的一个原因。在过去一年左右的时间内，联邦储备委员会针对众多的金融产品（主要是针对信用卡）新增了许多信息披露要求；目前，我们正在对抵押贷款的信息披露进行重大改革。因为即使是最好的信息披露也总是会显得不足，所以我们还对抵押贷款和信用卡的监管法规进行了全面改革，以禁止某些行为的出现。

我们促进金融稳定性的能力依赖于一支拥有广泛的知识、专长和技能的工作队伍。美联储正在使用跨学科的方法来解决问题；而且，这种视角经常会使得我们能够更准确地了解金融业务及其潜在的风险。在这次危机期间，我们的监管者、经济学家、会计师、律师和消费问题专家展开了非常密切的合作。我们必须保证继续提升自己的专业知识，以便更好地应对我们在银行监管和一直以来的金融稳定性任务方面将要出现的问题与挑战。

展望未来，我相信，一种更加宏观审慎的监管方法（这种方法是为了解决整个金融体系的风险，而在单个机构监管方法的基础上提供的一种补充方法），将有助于提升整个金融体系的稳定性。我们的监管体系必须有能力去监控、评估，并在必要的时候去纠正金融体系内的潜在系统性风险。宏观审慎方法的要素包括：

· 监控所有企业和市场（比如次级抵押贷款市场）面对的巨额风险或快速增长的风险，而不是仅仅只监控某些企业或某些行业的风险水平；

· 评估风险管理行为的改变、金融杠杆比的整体上升以及金融市场或金融产品的变化有可能带来的系统性风险；

· 分析金融企业之间，以及企业与市场之间有可能存在的波及效应，比如高度关联的企业之间共同面对的风险；

· 确保每一个系统重要性企业所得到的监管力度，与该企业倒闭给金融体系带来的风险是相适应的；

· 为系统重要性机构的倒闭提供一种可靠的清算机制；

· 确保重要的金融基础设施，包括提供交易、支付、清算和结算的机构，是安全稳健的；

· 缓解资本监管以及其他规则和标准的顺周期性波动效应；

・识别有可能引发整个系统性风险的监管缺口，包括在消费者和投资者保护方面存在的缺口。

究竟应该怎样更好地实施宏观审慎方案，这仍然是一个需要讨论的问题。在这些重要的职能中，有一些可以被纳入现有的监管行动中；或者说，部分职能可以被指派给一个宏观审慎监管机构。无论怎样去做，来自这次危机的一个主要教训是，狭隘地关注于单个机构监管方法，难以发现金融体系内不断积累起来的更广泛的问题。

总结

过去两年内所发生的事件，同时反映了金融体系内私人部门的风险管理和公共部门的监管所存在的缺陷。我们必须利用这种经历所带来的教训来强化我们的监管体系，既包括总体监管体系，也包括日常监管行动。事实上，尽管改革现行的体系是必要的，但许多改革都可以在现有框架内完成。美联储一直在深刻反省并分析危机带来的教训；同时正在将所获得的经验认真地贯彻到实践中去。两年以来的事实使得每个人都深切地感受到，开发出一个更加稳定和健全的金融体系，才是我们的首要任务。

监管资本评估方案

伯南克主席

在亚特兰大联邦储备银行举办的有关金融市场研讨会上的发言

2009 年 5 月 11 日

我今晚的发言,将关注于监管资本评估方案,即人们通常所称的银行压力测试。联邦银行监管机构于 2 月底开始进行评估,且就在上个星期四结束了评估,并公布了结果。这是一场史无前例的行动;它需要对美国的 19 家大型银行控股公司同时展开监管评估。评估的目的是确保这些机构有足够的金融实力来吸纳损失,并维持强有力的资本状况——即使当经济环境比目前预期的结果更为严重时。一个资本充裕的银行体系是信贷资金流动复苏的必要条件,而信贷资金流动则是经济持续复苏的基础。

监管资本评估方案的目标

大家都知道,2007 年信贷繁荣景象的突然终止,对经济和金融领域产生了广泛的影响;其中包括全球经济发展的急剧减缓,以及银行和其他金融机构都遭受到了重大损失。经济与金融的疲软是相互影响的;经济的下滑会加剧信贷损失,而这种损失给银行和其他金融机构带来的压力又会限制人们可以获取的新的贷款。

为了恢复人们对美国金融机构的信心,政府采取了一系列的重要措施,其中包括:联邦存款保险公司(FDIC)极大地扩充了对银行负债的担保;财政部向许多大大小小的金融机构注入了资本;美联储向金融机构提供了流动性,以支持主要信贷市场的正常化。这些努力,化解了全球金融体系在去年秋季面临的严重威胁,并使得主要信贷市场的状况逐步得到改善,尽管许多市场仍然面临着压力。

然而,这些措施并不能完全解决人们对市场的担忧:人们担心资产减记和针对潜在损失的拨备的增加,会造成银行资本的枯竭。这次危机事件开始的时候,银行损失集中在少数几类资产上,比如次级抵押贷款和某些复杂的信用产品。如今,随着全球经济从上一年秋季以来的严重疲软,人们的担忧转向了更传统的信用风险,包括优质抵押贷款和次级抵押贷款违约率的上升,信用卡和汽车贷款还款的逾期,商用不动产市场状况的恶化,以及公司破产率的上升。

我们看到,人们对之所以对某些银行机构丧失了信心,这不仅是因为市场参与者预计许多银行资产未来的损失率会很高,而且还因为他们同时感觉到预期损失的不确定性范围还很大。资本评估方案是想通过对大型银行机构的预期损失进行严格的前瞻性评估,来降低这种不确定性。评估的目标是想搞清楚,当未来的经济比预期结果更差时,19家企业中的每家企业面对的脆弱性有多大;同时,还要弄清楚,在更加不利的经济条件下,每家企业现在需要有多少额外的资本缓冲来承受潜在的损失。

为了进行这项评估,我们首先要给出一种假设的不利经济环境;在这种环境下,经济增长率、失业率和房地产价格,都比私人部门预测者给出的一致结果更加不利。利用这种假设的不利环境,核查者要估算出一些重要的大型银行在随后的2—3年内有可能出现的损失幅度,以及这些银行可以用于弥补这些损失的资源(比如利润和准备金)有多少。需要强调的是,这并非是一种清偿力测试。将财政部以前提供的资本考虑进去之后,所有这些银行拥有的资本都大大超过了监管者提出的最低资本要求。相反,这项评估的目的,是想了解每家银行应该保留多少资本,才能够在经济环境比预期结果更差的情况下,仍然拥有充裕的资本且仍然能够发放贷款。

借助于这一评估程序我们现在了解到,如果经济按照更不利的情况发展下去,19 家企业 2009 至 2010 年的损失总额将增加大约 6 000 亿美元。把有可能吸纳这些损失的资源(包括预期收入、准备金和现有的资本缓冲)考虑在内,我们得出的结论是,19 家机构中,将有 10 家机构一共需要 1 850 亿美元的普通股权或或有普通股权,才能确保拥有充足的资本缓冲。这笔资金中,已经有 1 100 亿美元筹集到了或者说通过合约而安排到位了,这比监管者最初估算的第一个季度的备抵前的盈利要低一些。因此,必须筹集到的剩余普通股权为 750 亿美元。确定需要增加资本缓冲的企业,要在 30 天内制定被监管者认可的资本计划,并在 6 个月内实施该计划。我们强烈支持需要额外资本的金融机构通过私人手段,比如新股发行、证券转换、换股要约以及出售企业或其他资产等方式,来获得这些资本。然而,为了确保所有这些企业能够积累所需的资本缓冲,财政部已经坚定承诺以强制可转换优先股的形式来提供或有普通股权,以作为未来获取私人资本的过渡手段。银行也可以选择用已有的优先股(在财政部以前的资本回购计划下发行的优先股),来交换新的或有普通股权。财政部表示,它希望这种交换将在新的资本筹集或私人资本证券转换成普通股的过程中,或在该过程结束之后进行。

评估程序与方法

为了更好地理解资本评估方案的结果,我们首先来看导致这一结果的程序是怎样的。2008 年年底的资产规模在 1 000 亿美元以上的所有美国银行控股公司都需要参与该方案的评估。最大的 19 家银行控股公司,一共持有美国银行系三分之二的资产及一半以上的贷款,为美国的贷款业务提供了很大的支持。评估程序最主要的特点或许就是,对 19 家大型银行控股公司的所有主要资产和预期收入同时进行核查。

这项评估要利用大量的资源，需要来自美联储、货币监理署（OCC）和联邦存款保险公司（FDIC）的150多位核查员和分析师做出极大的努力。这些工作人员要在长达10周的时间内，对特定企业的详细情况加以分析。为了支持他们的工作，他们可以获取只有银行监管者才能获取的数据信息和管理信息。在对每家企业的数据进行分析时，监管者还会使用一些统计工具和计量模型，以便于对整个19家企业进行比较分析。

这是一种全面的分析方法，包括对所有贷款组合、投资证券、交易头寸和表外承诺进行评估。一般而言，监管核查关注于某家企业的单个业务种类或单个资产级别。在这项评估中，我们要同时分析19家企业中每家企业的所有主要资产组合和业务情况，尽最大的努力使得所有企业、所有资产组合和所有监管者都面对一致的评估方法。

在整个评估过程中，我们都尽可能地维持其透明度。我们会详细公布资本评估的假设条件、程序和结果，同时会考虑监管的合法性及企业的保密要求。4月24日，我们在发布的白皮书中公布了评估的程序和方法[①]。5月6日，我们在资本缓冲的评估指标方面提供了更多的信息，同时也对即将披露的信息进行了预先审查[②]。5月7日（星期四）公布的最终结果包含了以下信息：监管者在分析企业提交的材料时所确定的将要使用的损失率，以及一些更重要的信息，比如关于企业总体的亏损

[①] 参见：Board of Governors of the Federal Reserve System. The Supervisory Capital Assessment Program: Design and Implementation [R]. white paper, Washington: Board of Governors, 2009, April, 24.

[②] 参见：Board of Governors of the Federal Reserve System. Joint Statement by Secretary of the Treasury Timothy F. Geithner, Chairman of the Board of Governors of the Federal Reserve System Ben S. Bernanke, Chairman of the Federal Deposit Insurance Corporation Sheila Bair, and Comptroller of the Currency John C. Dugan: The Treasury Capital Assistance Program and the Supervisory Capital Assessment Program [N]. joint press release, 2009, May 6.

额、亏损率、吸纳亏损的资源和相应的资本缓冲需求的估值①。

最后，正如我所讲过，即这项评估具有前瞻性。为了预测未来两三年的不利环境下的亏损与资源的减少，我们分析了过去的损失、盈利与宏观经济状况以及其他决定因素之间的关系；我们还深入发掘了不同企业之间资产组合构成的区别以及脆弱性的区别。

3月初，当每一家企业根据假设的两种美国经济环境提交了未来两年内的损失与利润估值时，我们认真地开始了这一评估过程。基本环境反映了专业预测人员于2009年5月对经济预测结果达成的共识。更不利的环境假设经济衰退比预测人员的共识更加严重，房价甚至会进一步大幅下跌。

尽管我们的评估过程首先要求企业提供自己对未来损失和收入的估值，但我们绝非不加思索地认可这些上报的数据。资深监管者和现场核查员要对企业的估值进行分析，以发现方法上的缺陷、信息的遗漏、过度乐观的假设以及其他的问题。核查员会与银行经理进行详细的交流，这将使得企业上报的结果被多次更改和修正，其中包括以其他假设为基础而进行的敏感性分析。

评估的下一步是由监管者对企业的损失与收入估值进行判断后做出调整。这一过程既利用了针对公司的分析，也利用了比较分析。比如，监管者有时不认可企业在关于损失预测方面给出的技术假设。在这些情况下，他们会根据企业所进行的敏感性分析、其他企业得出的结果以及监管者自己单位的专家判断来调整损失率。

然后，监管者的判断分析，可以作为根据统一的模型对损失和收入做出的客观估价的补充。比如，我们可以根据企业提供的贷款数据来使用模型估算出住房抵押贷款的损失。每一个参加评估的机构，都要以标

---

① 参见：Board of Governors of the Federal Reserve System. The Supervisory Capital Assessment Program: Overview of Results [R]. Washington: Board of Governors, 2009, May, 7.

准的表格提供有关房地产组合构成的详细信息，包括产品种类、贷款价值比、FICO信用评分、贷款发放的年限等。利用各种独立构建的模型，监管者可以对所有企业未来有可能出现的损失给出一致的评估结果。其中某些模型已经在持续监管过程中加以使用，而其他模型的开发与改进则针对的是资本评估工作。

同样，为了分析企业2009年和2010年的预期收入，评估机构详细核查了预期收入的构成，将预期数据与历史结果进行了比较，并且对资产组合增长、融资成本和其他方面的预测所使用的基础假设进行了反复核查。评估机构还使用更为正式的统计分析来对每家企业做出预测，以反映出企业收入与宏观经济状况之间的历史关系，从而使得它们能够知道：在经济较疲软的情况下，哪些收入构成不太可能维持下去。来源于所有这些渠道的信息都被纳入最终的收入预测中。最后，监管者将所有这些信息系统性地用于对每家机构的损失、收入和储备的估算。

确定资本缓冲的规模

评估过程中的一个关键问题是企业应持有的资本缓冲规模以及这些缓冲资产的质量。大家还记得，我们对企业财务状况的分析不仅关注于目前的资本水平，而且还关注于未来两年内经济环境比现在更加不利的情况下，资本水平将会发生怎样的变化。换句话讲，评估并不是对未来的结果做出的预测，而是一种"如果……会怎样"的测试，其目的是帮助监管者确定，银行需要有多少资本缓冲，才能在各种经济环境下拥有充足的资本，并能够发放贷款。

在判断所需的资本缓冲时，我们认为，没有哪一种资本充足率指标能够被一致认可，或者是能够确保市场信心得到恢复。幸运的是，人们能很好地理解资本框架，而且我们的框架能够解决市场所提出的主要问题。按照我们现有的标准，银行第一档资本占风险加权资产6%的情况下，就可以被看成是"资本充足的"。将这一标准用于银行控股公司，我们估算出的资本缓冲能够使19家银行中的每一家银行在不利环境下的损失和收入预测成为现实的情况下，于2010年年底达到所要求的标准。

此外，各种形式的普通股比率被股票持有者、债券持有者和交易对手看成是反映清偿力状况的关键指标，因为与其他形式的资本相比，普通股能够很好地吸纳损失，且具有更大的财务灵活性。由于普通股具有这些特点，我们的银行控股公司资本规则要求具有投票权的普通股要成为第一档资本的主要构成部分。在我们的评估方案中，我们所要求的资本缓冲，能够确保在不利环境下，19家企业中的每一家企业在2010年年底都最少持有4%的第一档普通股（第一档普通股是纯粹的普通股；在确定第一档资本要求时，同样需要对资本进行一些扣除，比如，要扣除商誉）。需要重点指出的是，用于衡量恰当资本缓冲的"6—4"标准并不代表一项新的资本标准，不一定会一直使用下去。在初始缓冲要求达到后，接下来，监管者就会与银行和银行控股公司合作，以确保资本水平与银行资产组合风险水平及经济环境相适应。

对结果进行评估

在不确定的环境下预测信贷损失可以说是一项非常困难的工作，然而，在这一过程中所做出的艰苦努力，使得我们对自己的结果充满了信心。具体而言，我们认为自己对所需资本缓冲的估值是比较保守的。值得一提的是，通过与历史损失率相比较，可以看到我们得到的估值大大超过了过去衰退时期所经历的损失。对参与评估的19家银行控股公司而言，更不利的环境下，全部贷款的两年累积损失率的平均估值为9.1%。这个两年期的比率比1920年以来任何一个两年期（包括20世纪30年代损失最大时期）的比率都要更高一些。具体而言，抵押贷款和消费信贷的损失率估值很高,这反映了经济更加不利的环境下失业率的上升以及房价的急剧下跌。

然而,我们有必要了解自己的估值是否与其他人的估值一致。过去几周内公布的两项研究结果实际上涵盖了我们的估值结果。国际货币基金组织对压力环境下美国银行业贷款损失率的长期估值结果为8%[1]。其中的一家大型评级机构对随后两年内压力环境下贷款的年损失率估值为4.75%[2]。从更广泛的角度来看,我们对过去几个月内大量私人部门的研究与分析报告的结果进行过非正式调查;调查结果表明,我们对关键资产组合损失率的预测值,一般都接近于这些独立估值的中位数。

在进行比较时,我们需要记住,各项研究在损失的估算与报告方面采用的方法是有区别的。区别主要来源于4个方面。

首先,各项研究在计算损失时在时间选择上有所不同。某些外部报告包含了2007年中期金融危机开始之后的累积损失,而其他的则包含了对当期持有的贷款和证券在剩余期限内的损失额的估算。我们的估值给出的是2009年和2010年的潜在损失,以及根据2010年年底的贷款损失准备估值而间接给出的2011年的结果。我们的估值并没有包含已经被19家银行所确认的巨额损失(这笔损失是发生在2007年下半年和2008年的贷款与证券损失,其数额大约为3 250亿美元),因为它们已经反映在了银行的资产负债表中。此外,尽管我们没有包括2011年之后的损失,但只有当这些损失预计会大大超过2011年的备抵前利润的情况下(这是我们预计不会出现的结果),才会对资本缓冲的估值产生重大影响。

其次,少数私人部门的估值或明或暗地假设贷款价值采用逐日盯市

---

[1] 参见:International Monetary Fund. Global Financial Stability Report:Responding to the Financial Crisis and Measuring Systemic Risks [R]. Washington:IMF, 2009, April.

[2] 参见:Standard and Poor. What Stress Tests Reveal about U. S. Banks Capital Needs [R]. 2009, May, 1.

或清算价格的做法，这实际上在当今的市场中包含了一笔巨大的流动性折价。然而，由于银行是以核心存款融资来发放的资产组合贷款，它有能力将贷款持有到期，因此我们的估值是基于借款者违约时的贷款损失预测值，而不是基于清算价值。

再次，某些私人部门的研究没有考虑到并购其他企业时的资产价值减记。具体而言，2008 年 19 家银行控股公司在开展并购业务的过程中，将问题贷款的价值几乎调低了 650 亿美元①。这些潜在损失应该只被确认一次，因此被排除在了我们 2009 年和 2010 年的损失估值之外。当然，在估算所要求的资本缓冲时，我们充分考虑了这些资产的减记。

最后，与外部估值相比，资本评估方案的损失估值针对的是 19 家银行，而不是整个银行系统。此外，需要有众多的调整来反映这些银行的特殊情况与环境。在监管者没有获得估值的情况下，外部观察者不会对预期损失水平进行分析，而且也不可能对此进行分析。

尽管评估过程是细心和严谨的，但我首先要承认，任何损失预测结果都具有内在的不确定性。评估方案并没有解决某些风险问题；这些风险仍然需要金融机构在自己内部的压力测试中加以考虑，比如操作风险、流动性风险和声誉风险等。对所有 19 家银行而言，尤其是对于那些拥有交易和投资银行业务的银行而言，这些风险是非常重要的，需要同时得到银行和监管者的监控。理想状态下，评估方案的压力测试应该只是银行更广泛的内部压力测试的一部分；事实上，我们并不打算让资本评估成为所有银行应该去做的事情。

资本评估过程的主要目标，是促进人们对银行体系的信心。具体而言，如果它有助于减少投资者对未来损失和资本需求的不确定性，并因此而提升银行体系进入资本市场的能力，那么这个评估方案的其中一个

---

① 下列公司对并购会计调整进行了确认：第一资本金融公司、摩根大通公司、PNC 金融服务集团、富国银行。

关键目标就已经达到了。需要经过一段时间之后，我们才能以这个标准来评判该方案是否获得了成功。然而，最初表现出来的结果是令人鼓舞的。需要增加资本缓冲的 10 家银行，都保证在 11 月 9 日最后截止日之前，安排好必要的缓冲资本。许多银行提前采取行动，在私人部门找到了增加普通股的各种可供选择的方法；而且有几家银行宣布了新的股票发行计划。另一个积极的迹象是，几家银行宣布，计划发行无需联邦存款保险公司提供担保的长期债务。

来自监管评估过程的教训

在资本评估过程中，我们获得了一些重要的经验，这将有助于我们未来的监管行为。尤其值得一提的是，对 19 家大银行的综合评估代表了合并监管方面取得的重大进步，因为这使得我们能够深入理解所有复杂机构面对的风险暴露状况。

从监管者的角度来看，这种对银行进行全面评估的方案也是具有启发作用的。正如我所讲过的，与关注单个银行的传统核查方法不同，这一评估过程特别考虑到了对构成银行体系主体的一系列企业进行全面和总体的分析。与针对个体机构的传统监管方法所关注的目标不同，这种方法能够进行更广泛的风险分析。监管者使用一致的数据和衡量标准来评估类似资产组合的损失率，从而使其能够发现特殊情况，并且能够更有效地分析单个企业估值的质量。这一评估过程可以重复进行，企业和监管者都可以围绕关键性的假设展开敏感性分析。

从方案的最初设计到方案的实施，联邦银行监管者（美联储、货币监理署和联邦存款保险公司）在整个过程中展开了广泛的合作。此外，为了获得评估结果，每一家机构都动用了各种技能资源。比如，为了将统计工具用来促进在金融机构间使用一致的标准，以及为了获得一致的损失估值，计量专家向核查员提供了支持。

从这项工作中我们认识到，使用统一的前瞻性框架和统一的标准来对美国银行体系中三分之二的资产同时进行统一风险评估并非一件易事，但这是一件具有启发性的工作，它能够改进我们所使用的手段，从而不仅有助于确保单个企业的安全稳健，而且还有助于确保更广泛的金融体系的安全稳健。

总结

总之，监管资本评估方案具有很重要的作用；它是美联储、财政部和其他联邦银行监管机构广泛而持续的努力所带来的结果，其目的是确保我们的银行体系有足够的资源来应对经济下滑带来的挑战。另一个额外的好处是，这项工作中的许多教训可用来改进我们的监管过程。具体而言，监管资本评估显示出的优势是，可以利用与所有企业相关的全部资产组合信息来对大型企业同时展开评估，以便更为全面、更为细致地观察银行体系的健康状况。

只有在将来我们才能知道评估方案的目标是否能够达到。我们希望在两三年之后能够看到银行体系恢复到稳健状态，对政府资本的依赖急剧下降。更直接的愿望是，我们希望公众和投资者能够从下列事实中得到极大的安慰：我们的大型金融机构经历了严格的综合评估；因此，它们被要求持有的资本缓冲，足以使其承受住未来的损失并向我们的经济体系提供所需的信贷——即使是在未来的经济下滑比目前的预期更为严重的情况下。

危机后的金融监管：美联储的作用

伯南克主席

在波士顿联邦储备银行举办的第54届经济研讨会上的发言

2009年10月23日

波士顿联邦储备银行今年经济研讨会的主题是：危机后重新审视监管政策与中央银行的政策。这无疑是一场及时的研讨。大约一年多以前，我们以及我们的国际伙伴面临着自大萧条以来最严重的金融危机。幸运的是，强有力的协调政策及行动避免了全球金融体系的崩溃；此后，在一系列政府方案的支持下，金融状况得到了极大的改善。然而，即使我们避免了最坏的金融和经济结果，但危机的后续影响仍然十分严重，这可以从全球衰退的严重性及美国和国外就业的大幅度下降中得到反映。随着金融动荡的逐步减缓，政定者策制现在应该采取行动以降低未来危机发生的可能性与严重性。

尽管这场危机是一件相当复杂的事件，涉及诸多原因，但许多金融企业风险管理的薄弱，再加上缺乏足够的资本缓冲和流动性等，显然是其中的重要原因。遗憾的是，监管者未能及时发现和纠正其中的许多缺陷[1]。因此，所有金融监管者，当然包括美联储在内，都必须认真分析

---

[1] 众多的研究都证实了这些观点。比如，参见：Group of Thirty. Financial Reform: A Framework for Financial Stability [R]. Washington: Group of Thirty, January; Markus Brunnermeier, Andrew Crockett, Charles Goodhart, Avinash D. Persaud, and Hyun Shin 2009, The Fundamental Principles of Financial Regulation [R]. Geneva Reports on the World Economy—Preliminary Conference Draft. Geneva: International Center for Monetary and Banking Studies, 2009, January; The de Larosière Group. The High-Level Group on Financial Supervision in the EU [R]. Brussels: European Commission, February; Financial Services Authority. The Turner Review: A Regulatory Response to the Global Banking Crisis [R]. London: FSA, 2009, March; International Monetary Fund. Global Financial Stability Report: Responding to the Financial Crisis and Measuring Systemic Risks [R]. Washington: IMF, 2009, April; and U. K. Parliament, House of Lords, Select Committee on Economic Affairs. Banking Supervision and Regulation [R]. London: The Stationary Office Limited, 2008, June.

过去两年内的经历，纠正所发现的缺陷，以改进未来的业绩。

美国及国外的监管者现在正在积极地分析审慎标准与监管方法，以便吸取这次危机的教训。就我们而言，美联储正在广泛地参与各种联合行动，以确保具有系统重要性的大型金融机构做到以下几点：持有更多及更高质量的资本；改进其风险管理行为；强化流动性管理；使用更合理的薪酬体系来产生恰当的激励作用，并限制冒险行为；公平地对待消费者。站在监管的前沿，我们正在采取措施强化监管以及政策实施的力度——尤其是在企业这一层面；同时，我们正在传统的微观审慎（即针对企业的）监管方法之外，增加一种更加宏观审慎（或系统性）的监管方法，以帮助我们更好地预测和化解更广泛的金融稳定性威胁。

尽管监管者自身可以通过大量的努力来改进金融监管，但国会也必须采取行动。监管体系上的缺陷与缺口本身会导致危机的发生，在这方面我们看到了众多的例子；许多情况下，这只能通过法律上的调整来得到解决。尤其值得注意的是，为了促进金融的稳定性，解决企业的"大而不倒"观念带来的严重问题，需要采取立法行动来达到下列目标：针对整个金融体系创造出新的监管机制；确保所有系统重要性金融企业接受有效的合并监管；针对系统重要性金融机构的即将倒闭，确立恰当的清算程序，以防止其倒闭给金融体系和整个经济造成严重损害。在后面的发言中，我将对每个方面的内容进行详细分析。

强化监管与指导

首先，我想说的是，我们已经在强化监管标准方面做出了一些调整；这些调整限制了金融企业所承担的风险，并且针对其资本和流动性缓冲提出了要求。在整个危机过程中，人们可以越来越清楚地看到，许多企业缺乏足够的资本和流动性来保护自身以及整个金融体系的安全。不仅在美国，而且在全世界，这些问题都表现得很明显，因此国际社会必须做出统一的反应。借助于巴塞尔银行监管委员会和金融稳定委员会这样的机构,美联储在国际合作方面发挥了重要作用。比如,我们广泛参与了巴塞尔委员会最近在强化交易活动和证券化业务资本要求方面所做出的决策;同时,我们还在继续与国内外的监管者合作,以提升针对其他表内和表外风险业务而提出的资本要求①。

借助于监管资本评估方案,即人们熟知的压力测试,美国的监管者在确保银行持有足够的高质量资本方面迈出了重要的一步②。在美联储的领导下,这一方案对美国最大的19家银行的资本需求进行了评估——估算宏观经济环境比预期结果更差时,这些银行截止到2010年年底的预期损失和预期盈利能力。当这种环境下被预测企业持有的高质量资本显得不足时,就需要在6个月内筹集额外的资本。去年春季评估结果的公布增强了投资者对银行体系的信心,有助于公共股权市场向这些机构开放。1月1日以来,参加评估的19家企业主要通过股票发行、交换和资产出售等方式额外筹集到了1 500多亿美元的第一档普通股,从而使得它们的第一档普通股的平均比率从去年底的5.3%提升到今年6月30日的7.5%③。作为市场对这些企业信心增强的反映,自从评估结束之后,这些企业附属债务的利差已经下降了大约一半。

还需要采取额外的措施来确保所有的银行持有足够的资本。从国际上看,金融稳定委员会要求大力强化资本标准,二十国集团想通过制定

---

① 参见:Bank for International Settlements. Basel II Capital Framework Enhancements Announced by the Basel Committee [N]. press release, 2009, July, 13; and Basel Committee on Banking Supervision. Enhancements to the Basel II Framework [R]. Basel, Switzerland: Bank for International Settlements, 2009, July.

② 关于监管资本评估方案更详细的介绍,参见:Ben S. Bernanke. The Supervisory Capital Assessment Program [C]. speech delivered at the Federal Reserve Bank of Atlanta 2009 Financial Markets Conference, held in Jekyll Island, Ga., 2009, May, 11.

③ 第一档普通股的平均比率于2009年6月30日进行了调整,以反映2009年9月花旗集团所完成的换股要约。

新的规则来改善银行资本的数量与质量①。美联储对这些行动表示了支持。对资本要求体系也需要加以考查。比如，当前的资本要求有这样的倾向：繁荣时期促进信贷增长，而经济下滑时期则限制信贷发放；为了降低这种倾向，美联储正在支持国际社会努力开发出具有逆周期性的资本标准。逆周期性标准要求企业在繁荣时期积累更多的资本缓冲，并允许企业在遭受压力的时期提取所积累的资本（但不能低于审慎水平）。我们还在与国内和国际同伴合作，以设计出审慎的资本要求，从而反映系统重要性大型复杂企业的倒闭给整体的金融稳定性带来的威胁。正在考虑的选择包括针对这些机构提出附加资本要求，或者是要求这些机构资本中的普通股占有更大的比重。为了提供额外的保护，还要求系统重要性机构发行或有资本，它们使在宏观经济紧张时期或当损失侵蚀到金融机构的资本基础时可以被转换成普通股的债务类证券。

危机还突出反映了主要企业流动性管理的薄弱。无论是在国内还是在国外，危机最严重时期长期非流动资产的短期融资（比如通过回购协议和资产支持商业票据渠道获得的融资）已经无法获取，或者是获取成本高得惊人。针对这一问题，美联储引领巴塞尔委员会，对稳健流动性风险管理的原则进行了修订；美国正在将这一原则纳入新的跨机构工作指南中，并再次强调了严格的压力测试在决定恰当流动性缓冲时的重要性②。我们还在与国内和国际同行一道，考虑采用类似于资本充足

---

① 参见：Group of Twenty. Leader's Statement：The Pittsburgh Summit [N]. press release, 2009, September, 25.

② 参见：Basel Committee on Banking Supervision. Principles for Sound Liquidity Risk Management and Supervision [R]. Basel, Switzerland：Bank for International Settlements, 2008, September; and Office of the Comptroller of the Currency, Board of Governors of the Federal Reserve System, Federal Deposit Insurance Corporation, Office of Thrift Supervision, and National Credit Union Administration. Agencies Seek Comment on Proposed Interagency Guidance on Funding and Liquidity Risk Management [N]. joint press release, 2009, June, 30.

率的定量流动性风险标准,以确保积极从事国际业务的企业即使在严重的市场不稳定时期也能获得融资。在监管者的鼓励下,大多数的大型银行组织都已经大幅提升了自己的流动性缓冲,并且正在强化自己的流动性风险管理。

除了资本不足和流动性风险管理不到位之外,金融机构不恰当的薪酬行为也促成了危机的产生。薪酬,包括高管的薪酬以及整个银行组织的薪酬,都应该与工作业绩和良好的激励机制建立恰当的联系。具体而言,激励过度冒险行为的薪酬计划,即使是无意中导致的激励,也会对安全稳健带来威胁。美联储刚刚公布的指导意见要求银行对其薪酬行为进行评估,以确保这些行为不会鼓励过度冒险,要接受有效的控制与风险管理,并且要处在强有力的公司治理(包括董事会监管的)环境下[1]。

有效金融监管的根本目的在于保护消费者,使其免受不公正和欺骗性行为的影响。目前的危机清楚地显示了消费者保护与金融机构的安全稳健之间的联系。我们已经清楚地看到,有缺陷的金融工具既会损害家庭的利益,也会破坏金融的稳定性。强有力的消费者保护措施有助于维护家庭储蓄,并且使得家庭能够以公平合理的信贷条件来满足自己的融资需求。与此同时,有效的消费者保护能够促进金融市场的良性竞争,支持稳健的贷款行为,提升人们对整个金融体系的信心。

美联储已经采取了一些重要的措施来强化对消费者的保护,并确保这些保护措施对市场变化和新出现的风险做出有效的反应。由于能充分获得信息的消费者可以更好地做出有利于自己的决策,因此有效的信息披露是抵御不当贷款的第一道防线。美联储开创性地使用了广泛的消费者测试来改进信息披露的透明度,尤其是在抵押贷款和信用卡方面。然

---

[1] 参见:Board of Governors of the Federal Reserve System. Federal Reserve Issues Proposed Guidance on Incentive Compensation [N]. press release, 2009, October, 22.

而，我们已经了解到，即使是最佳的信息披露也不一定足以保护消费者，使其免受不公平的待遇。因此，我们通过制定一些规则来向抵押贷款借款人和信用卡用户提供强有力的实质性保护。比如，去年联邦储蓄委员会利用《住房所有权与财产保护法案》中的新规定，来更好地保护利率较高的抵押贷款消费者。这些规则强化了贷款责任，限制了对提前还款的处罚，并要求为财产税和保险设立第三方代管账户。这些规则还要纠正具有欺骗性的抵押贷款广告，以及与不动产评估和抵押贷款还款服务相关的不公平行为。最近，联邦储备委员会采纳了新的信用卡规则，以提升透明度，使消费者免受各种不公平和欺诈行为造成的损害；这些规则大多被纳入后来的立法行动中。我们目前正在针对透支保护、反向抵押贷款和金卡等领域，制定一些规则。

使监管更加有效

现在我将从立法（制定出规范银行行为的规则和标准）转向监管（通过持续的监督与执法核查来确保规则得到执行）。正如我在前面讲过的，过去两年发生的事件表明，受监管的金融企业在自己的风险管理方面存在着严重的缺陷；而这种缺陷反过来又强调了这样一个事实：监管者必须更及时地发现这些缺陷，并更加有效地保证金融机构能够纠正这些问题。许多国内和国际团体（包括我们在内）的报告已经对这些缺陷的性质及其产生的原因进行过简要介绍[①]。美联储也在这方面做出了努力：我们设立了几个工作组，利用整个联邦储备系统的专业知识，对银行监管的各个方面都进行了评估，同时也提出了一些改进我们的监

[①] 比如，参见：the President's Working Group on Financial Markets. Policy Statement on Financial Market Developments [R]. policy statement, Washington: U. S. Department of the Treasury, 2008, March 13; Financial Stability Forum. Report of the Financial Stability Forum on Enhancing Market and Institutional Resilience [R]. Basel, Switzerland: FSF, 2008, April, 7; and Senior Supervisors Group. Observations on Risk Management Practices during the Recent Market Turbulence. Basel, Switzerland: Bank for International Settlements, 2008, March, 6.

管质量的策略。

这些努力带来了两项重要的收获。第一，它们再次确认了有效合并监管的重要性，尤其是对复杂的大型银行组织而言，只有利用有效的合并监管，监管者才能够很好地理解各个法人和各种业务所面临的风险。第二，我们必须将系统性的方法或宏观审慎方法与特定企业的风险分析方法相结合，以便能够更好地预知企业与市场之间相互作用有可能带来的问题。为了支持这些方法，我们正在强化自己的监管程序，利用多学科知识、最新的核查工具以及更及时的信息来展开分析，从而使得监管者能够及时发现正在出现的风险，并做出更有效的反应。我将对这些内容逐一介绍。

首先，最近所经历的事件表明，应该对金融控股公司（尤其是非常复杂且具有系统重要性的大型机构）按照合并基础来加以监管，以作为对控股公司附属机构层面监管的补充。大型金融机构采用整体方式来管理自己的业务，很少考虑到公司或国家之间的界限，即美国监管者的管辖权不同于国外这一事实。比如，金融控股公司的一个非银行类附属机构发放了一笔抵押贷款，随后将这笔贷款出售给一家投资银行附属机构；投资银行将贷款打包后按某种证券出售，而这种证券反过来又被一种投资工具购买（该投资工具由某银行附属机构提供流动性支持）。由于复杂的大型金融企业内部存在着广泛的金融、运营和声誉联系，因此不可能通过对单个附属机构自身的监管，来对此类企业进行恰当的评估。相反，有效的监管必须涉及各监管者之间的大力协调，并且要对控股公司及其附属机构的风险进行统一分析。

认识到这些问题之后，联邦储备委员会于一年以前发布了指导意见，对合并监管方法进行了更新，更明确地将这种方法应用于具有系统重要性的单个银行控股公司及其各种业务，比如重要的清算与结算业务，以及在关键性的金融市场所从事的交易活动①。强化合并监管还有助于改进金融机构在消费者保护方面的合规性。事实上，以 2007 年启动的一个开创性项目为基础，我们最近公布了一个消费者合规审查方案；该方案针对的是银行控股公司的非银行类附属机构，以及外国银行组织②。

其次，我们的监管方法，应该更好地反映我们作为中央银行要完成的使命，即促进金融业的稳定。去年秋季金融企业所经历的巨大压力，突出反映了我们复杂的全球金融体系中企业与市场之间存在着极强的相互联系。因此，纠正系统性风险的任何努力，都要求对系统重要性企业采用更为系统化的或更为宏观审慎的监管方法。更一般地讲，监管者必须突破其关注于单个企业和市场的传统做法，努力去识别有可能的金融传染性渠道，以及有可能影响整个系统的其他风险。

为了改进合并监管，提升监管活动中对宏观审慎的关注，我们正在改进现有的监管工具，同时也在开发新的工具。比如，利用我们从最近的资本评估方案中获得的经验，我们更加强调了横向分析的作用（这种分析关注于某些银行组织的特定风险或特定业务活动）。尽管我们以前进行过横向分析，但去年春季的监管资本评估方案不仅范围更广，而且与以前的许多横向分析方法有所不同。它是对参加评估的银行组织所面临的几类风险同时进行广泛的评估，评估范围涵盖了美国银行系统的大部分资产。核查者将相同的压力参数应用于每一家企业，突出反映了这些企业的相对实力和相对弱点。由于我们对所有企业潜在的信用风险

---

① 参见：Board of Governors of the Federal Reserve System, Division of Banking Supervision and Regulation and Division of Consumer and Community Affairs. Consolidated Supervision of Bank Holding Companies and the Combined U.S. Operations of Foreign Banking Organizations [R]. Supervision and Regulation Letter SR 08-9 / CA 08-12, 2008, October 16.

② 参见：Board of Governors of the Federal Reserve System, Division of Consumer and Community Affairs. Consumer Compliance Supervision Policy for Nonbank Subsidiaries of Bank Holding Companies and Foreign Banking Organizations [R]. Consumer Affairs Letter CA 09-8, 2009. September, 14.

同时进行评估，因此，我们也能更好地考虑不利经济环境下金融压力产生的系统性影响。借助于这一方案的成功运行，我们将在更大范围内进行更为频繁的全面横向核查，以评估金融机构的整体风险状况以及特定的风险与风险管理问题。

我们所监管的企业越来越复杂，同时我们还需要考虑单个企业带来的系统性问题。这说明，在美联储内部，自己的核查员和专业人士之间合作的加强已变得很重要。美联储能够利用来自众多学科的专业知识，这是监管资本评估方案能够取得成功的重要原因，而且这也将成为我们未来监管的主要特色。比如，我们正在利用跨学科的方法，针对具有系统重要性的机构开发出一种更好的定量监管方案。这一方案通过综合考虑监管信息、与企业相关的数据分析以及以市场为基础的指标，来识别正在出现的压力与失衡；这些压力与失衡既有可能影响到特定的企业，也有可能影响到众多的金融机构。我们的经济研究员和市场研究员，将与美联储内部的核查员、市场业务专家和其他专业人士协同努力。他们的努力包含了定期的情况分析；利用这种分析，我们能更好地理解经济冲击对单个企业和整个金融体系有可能带来的后果。非现场的定量分析是对我们传统的现场监管的补充，但这种分析将独立展开，以便在传统核查结果之外提供一种不同的视角。

为了支持和完善这些方案，我们正在与其他的联邦银行监管机构合作，以便针对大型企业设计出更加全面的信息报告要求。传统的银行监管报告不够完整和及时，难以支持对复杂的大型机构的持续监管，以及对其多样化业务活动的动态分析。这些企业应该在自己的风险、融资、流动性和经营业绩等重要内容方面，持续提供完整和一致的信息。改进后的信息报告要求，不仅应该有助于监管者发现单个机构及更广泛的银行业所存在的潜在脆弱性，而且还应该能促使金融机构更好地跟踪自己的风险状况。

一旦发现了风险管理的缺陷，即使损失还未成为现实，监管者也必须要求金融机构管理层承担责任，同时监管者要确保这些缺陷得到了高管应有的关注，且能够立即得到解决。我们将确保重要的监管问题能够迅速与高层管理者进行沟通，这经常会涉及银行的高层管理者、董事会成员以及美联储的高级官员。事实证明，这种方法在最近的监管资本评估方案实施过程中特别有效；在其他一些情况下，明确希望立即得到纠正的信息也很好地传达给了大型银行组织。当然，我们将在必要的时候，使用所有能够获得的政策执行手段来达到重要的监管目标。

需要采取立法行动

尽管美联储以及美国和国外的其他监管者都在强化现有的监管框架，但关键的一点在于，国会需要弥补监管缺口，向监管者提供额外的手段，使其能够预测并管理好系统性风险。最近的金融危机清楚地表明，金融体系所面临的风险不仅来自银行，而且还来自其他的金融企业，比如投资银行或保险公司；传统上，这些企业面临的法规与银行控股公司不同，而且不像银行控股公司那样接受合并监管。为了弥补这一缺口，国会应该确保所有系统重要性金融机构处在一种强有力的监管制度——合并审慎监管——之下。复杂的大型金融企业，即使不拥有一家银行，也会给整个金融体系带来风险，因此，必须要接受有效的综合监管。有必要对系统重要性金融机构进行合并监管，同时要对这些企业提出更严格的资本、流动性和风险管理要求；这不仅可以保护企业的稳定性以及整个金融体系的稳定性，而且还可以降低企业的下列动机：想通过不断扩大规模来达到大而不倒的目的。

为了进一步减轻大而不倒的问题，国会应该创造出一套新的管理机构，来促进系统重要性金融企业破产时的有序清算。大多数情况下，联邦破产法都能够较好地解决非银行类金融机构的清算问题。然而，破产法并不能始终保护公众的重要利益,因为它无法避免非银行类金融企业的无序倒闭给金融体系和整个经济带来的破坏。考虑到过去一年的经历,我们显然需要在此类企业的破产或救助方法之外,还有另外一种选择。

针对非银行类金融机构的一种新的清算方法,类似于目前联邦存款保险公司针对银行所使用的方法;这种方法使政府可以有序解决系统重要性企业的倒闭,降低金融稳定及整个经济所面临的风险。重要的是,为了使市场约束得到一定的恢复,为了解决大而不倒的问题,我们必须有一种可靠的程序来让破产企业的股东和债权人承担所遭受的损失。政府承担的任何清算成本,都应该借助于对金融行业的评估来加以分配,而不能由纳税人来承担。

除了强化和扩展合并监管,以及针对具有系统重要性企业的破产制定安全可靠的解决方案之外,还有一个更加广泛的目标,即监控和纠正正在出现的系统性风险。由于我们的金融体系规模庞大,多样化程度很高且非常复杂,这一任务可能会超出任何单一监管者的能力。美联储赞成设立一个由主要金融监管者组成的系统性监管委员会。借助于所有相关机构和部门的专业知识和信息,该委员会能够很好地发现威胁整个金融体系稳定性的因素。委员会具有多方面的责任,其中包括:监控所有企业与市场的风险状况;分析金融企业之间以及企业与市场之间有可能因为波及效应而引发的金融连锁反应;发现监管方面存在的缺口;协调会员机构,让它们对正在产生的系统性风险做出统一的反应;确认哪些企业具有系统重要性;定期向国会和公众报告即将产生的系统性风险,并针对这些风险提出相应的建议。此外,为了进一步鼓励采用一种更加综合、更为全面的金融监管方法,所有的联邦金融监管者(并非仅仅只包括美联储)都应该考虑更广泛的金融体系所面临的风险,并将其作为自己正常监管职责的一部分。

总结

在已经取得进步的基础上，当我们共同朝着确保经济持续复苏的目标迈进时，我们不能够忽视这样的事实：我们需要重新定位我们的监管方法，强化我们的监管框架与法律框架，以防止过去两年所发生的事件再次出现。正如今天我所介绍的，美联储一直在积极参与这一进程。我们正在与国内和国际同行共同努力，以强化银行在资本、流动性、风险管理、薪酬激励和消费者保护等方面的监管标准。我们还在改进监管办法，使其更加关注于宏观审慎方面；所采取的措施为：改进合并监管和开发新的监管手段，包括综合横向评估，非现场的定量评估以及更广泛的信息收集。我们正在迅速采取行动，让高层管理者关注未解决的问题，并要求他们迅速做出反应。

监管者能够做大量的工作，但全面金融改革要求国会采取行动。想要降低未来危机发生的可能性，想要缓解危机发生后带来的严重后果，一个新的金融体系必须满足以下条件：强化合并监管，确立一种机制（比如一个系统性监管委员会）来识别和监控金融稳定性所面对的风险，设立一种框架来允许具有系统重要性的企业能够平稳地进行破产清算。我们美联储的工作人员希望在立法的过程中与国会展开密切合作。

金融机构的风险管理

伯南克主席

在芝加哥联邦储备银行举办的有关银行结构与竞争的年会上的发言

2008年5月15日

去年夏季以来，金融市场与信贷市场的动荡引起了人们对一些重要公共政策问题的关注，其中包括维护金融稳定性的问题，金融机构的监管问题，以及金融交易中的消费者保护问题。显然，我今天不可能谈论所有这些相关的问题；此外，事情还处在进展过程中。然而，8月以来所显示出来的一些影响，已经越来越清晰了。我今天的发言，将主要关注于金融机构最近经历的风险管理行为，以及对这些行为进行监管所带来的一些教训。我的讨论以美国和其他国家监管者的经历和观察为基础，因此，我想针对整体金融体系，以及从事不同业务的金融机构和各种规模的金融机构展开讨论。

目前动荡的起源

为了介绍某些背景状况，我将首先简要讨论这次金融动荡的起源。尽管存在多种因素的影响，但我们持续经历的金融压力在很大程度上来自信贷扩展市场所谓的"贷款发放与贷款出售"方法在实施的过程中所带来的问题。从原理上讲——而且事实上从许多实践来看——贷款发放与贷款出售模式可以分散风险和降低融资成本，使得众多的借款人可以更容易获取所需的资本，同时也使得投资者在信用风险的选择与管理方面拥有更大的灵活性。

然而，贷款发放与贷款出售模式在使用过程中的缺陷，在去年就已经越来越明显了,并最终导致了去年夏季这种信贷手段出现大面积收缩。3月份,金融市场总统工作组(PWG,本人是成员之一)公布了一份报告;4月份国际金融稳定论坛(FSF)公布了一项最新的研究结果(美联储在该论坛发挥了积极作用)。从这两项研究中,可以看到上述缺陷的性质[①]。这些报告强调了下列观点:过去几年内所采用的贷款发放与贷款出售模式必须进行改进,否则就将无法获得这种交易带来的好处。

报告指出了信贷扩展交易的每一个环节出现的问题。首先,在贷款发放时刻,近几年的贷款发放标准已经越来越不严格了。显然,最突出的例子就是美国的次级抵押贷款。与其他情况类似,在这种贷款中,贷款发放者所面对的激励因素是导致这一市场瓦解的一个重要原因。次级抵押贷款发放者的收入经常是与贷款的数量而不是与基础信用的质量相关联的;这使得某些贷款发放者关注于将要被多次转手的贷款的数量而不是其质量。然而,次级抵押贷款发放过程中的问题,暂时被房屋的持续升值所掩盖。只要房价一直上涨,次级贷款的借款人看到自己的房产升值后,经常能通过再融资来更好地维持抵押贷款的偿还。然而,当房价开始停滞并出现下降之后,许多次级贷款的借款人就会发现自己陷入了无力偿还抵押贷款的境地。由于次级贷款经常会被证券化而转变成复杂的结构化产品,因此,它所造成的损失会在整个金融体系中扩散。

尽管次级抵押贷款是人们最为知晓的贷款失误的例子,而且从某种程度上讲,它也是引发金融动荡的导火索,但信贷标准和信贷条件放松的做法则更为普遍,即使是在市场风险溢价收缩的情况下。比如,投资者愿意根据极少的损害赔偿条款(或其他保护措施),来购买所谓的杠

---

① 参见:President's Working Group on Financial Markets. Policy Statement on Financial Market Developments [R]. 2008, March, 13; Financial Stability Forum. Report of the Financial Stability Forum on Enhancing Market and Institutional Resilience [R]. 2008, April, 7.

杆贷款（用于并购融资的贷款）。金融市场总统工作组得出的结论是：投资者经常不太关注于信贷产品的风险评估；其部分原因是因为他们过分依赖于信用评级机构提供的评估结果。遗憾的是，许多情况下，评级机构在对结构化信贷产品进行评价时所使用的方法、数据和假设，都是有缺陷的。当抵押贷款违约和损失的增加，迫使评级机构急剧下调许多产品的信用等级时，投资者便对这些评级结果失去了信心，并且不愿意再提供新的融资。随着融资的消失，结构化信贷产品市场及相关的投资市场就停止运行了。

导致金融动荡的另一个重要因素，是创造出并持有复杂信贷产品的大型全球化金融机构在风险管理方面存在着缺陷。我将在随后讨论这一话题，但是，现在我要说的是，某些金融机构风险管理不当所造成的结果表现为：在贷款发放与贷款出售模式下所说的风险分散化利益并没有人们认为的那么大。当投资者不再愿意或不再有能力为新的结构化信贷产品提供融资时，许多大型金融机构就不得不去为这些工具融资，或者是因为它们不能轻易将这些工具售出，或者是因为它们要为尚未合理安排好的或有融资债务去筹集资金。预料之外的损失（这会使得资本缓冲减少）加上严重的流动性压力，共同使得某些大型金融机构没有能力且不再愿意提供做市服务和发放新的信贷，从而会对金融体系以及整个经济产生不利影响。

金融市场总统工作组和金融稳定论坛的报告强调了金融监管者在监督和帮助企业强化风险管理行为方面所具有的重要作用；报告还建议监管者对自己的政策、指导和监管行为进行分析，以发现可以改进的领域。在后面的发言中，我将讨论监管机构针对最近的事情进展做出的反应。

对金融机构风险管理的教训

在对金融市场的动荡背景进行简要诊断之后，现在我将讨论到目前为止我们在金融机构风险管理行为方面获得的某些教训。金融机构和监管者都没有完全预料到金融动荡带来的重大挑战,然而,金融企业在如何应对这些挑战方面表现出了差异。通过比较某些重要企业在这一时期的表现,我们能够更好地理解大家哪些方面做得很好,哪些方面还存在着不足。

我要给出的许多观点,都来自3月初法国、德国、瑞士、英国和美国的监管机构(包括美联储在内)组成的高级监管者集团(SSG)所公布的一份报告[①]。这份报告采用的方法类似于美国的银行监管者经常采用的所谓横向评估法。在这种横向评估方法中,我们首先分析某些值得学习的行为或做法。然后,我们从一些重要的机构获取可用于比较的信息,以便看到企业间行为的主要差别,并确定这些差别与随后业绩的关系。最后,我们要向相关的金融机构反馈信息,而且经常会与本项研究之外的其他机构分享所获得的见解。横向分析要花费大量的时间与资源,但它们对金融机构的管理者和监管者都是有利的,因为它揭示了行业内的各种行为,而且在各种方法的优缺点方面提供了有用的信息。与高级监管者集团提供的报告一样,这些分析关注的是积极从事国际化业务的大型金融组织;分析结果不仅反映了单个公司的安全稳健状况,而且还反映了整个金融稳定性能否维持下去。尽管高级监管者集团的报告针对的是大型银行和大型证券公司,但根据我们美联储自己的监管经验,我认为该报告给出的教训适用于各种规模和各种类型的金融组织。

在分析这些教训的时候,我将集中关注4种风险管理行为:风险的识别与计量,估值方法,流动性风险管理以及高级管理层的监管。

---

① 这份报告的名称为《最近市场动荡时期的风险管理行为观察》。在上一年秋季对最近金融市场遭遇压力时期的风险管理行为进行联合考察和评估后,该报告给出了简要的分析。

风险的识别与计量

想要成功地管理风险，首先就必须能够识别和计量风险。最近出现的一些事件反映出在这些领域存在重大缺陷。最突出的例子是，许多金融企业低估了次级抵押贷款以及某些档次的结构化产品所具有的信用风险。其他企业并没有完全考虑到信用风险与市场风险之间的联系，从而造成对自己的总体风险计量的失误。然而，企业受这些问题影响的程度各不相同，有些企业在风险的识别与计量方面更有经验，因此能够更好地理解某些复杂的证券所具有的风险，尤其是在高度紧张的环境下所具有的风险。对相关风险的这种更全面理解，使得这种企业限制了对此类证券的购买，或者是针对此类证券提供了更多的资本和流动性准备。

高级监管者集团的报告指出，有些金融机构对风险的观察过于狭隘，未能意识到必须采用一系列的风险计量方法，包括定量和定性分析方法。比如，某些企业过于看重对在险价值或类似模型指标的机械应用。先进的定量工具和模型对于较好地进行风险管理起到了非常重要的作用，这种情况还将持续下去。然而，无论多么先进的模型，都无法把握金融机构有可能面对的全部风险。在这次金融动荡中表现较好的金融机构不仅通常都比较重视模型和类似定量分析方法的估价、独立分析和其他控制作用，它们还不断地优化自己的模型，并且对模型获得的结果表示了谨慎的怀疑。

压力测试及相关的分析方法能起到很好的作用，它们有助于扩充风险管理过程中所使用的模型，以及其他的标准定量分析方法。作为一种有价值的工具，它们可以捕捉到统计模型通常难以发现的风险，比如与极端价格波动相关的风险，以及一些短期数据序列有时无法反映出来的风险。压力测试迫使分析者从日常的关注中走出来，转而思考：看上去不太有可能出现的情况一旦成为现实之后，可能会给企业带来的严重风险。想要让压力测试发挥作用，就应该将其应用于相关的业务，并随着市场和风险状况的变化而进行调整；当然，这种方法还应该对管理层的决策产生影响。高级监管者集团的报告指出，接受测试的机构已经广泛认识到了提升自己压力测试能力的必要性——这是一个令人鼓舞的发现。

最近发生的事件反映了压力测试的潜在用途。比如，事实证明，有些金融机构对于不同档次的抵押债务债券之间收益的关联性给出了乐观的假设。借助于恰当的压力测试，可以更好地理解这些工具在极端市场环境下的表现。同时将压力测试用于几种业务是非常具有挑战性的工作，但是对于有些企业而言，这种分析工作能够反映出以前未能发现的整个企业风险集中度——包括银行账户风险、证券组合风险和交易对手风险。有些金融机构成功地利用压力测试，获得了总体风险评估带来的好处。比如，有些风险管理者认识到，某些表外业务在必须回归资产负债表时会带来风险，因此对各种环境进行了测试，以评估这些表外业务有可能给整个企业带来的影响。这样，当各种假设环境成为现实时，这些企业就能更好地进行准备。

估值方法

监管者进行比较分析时，第二个重要的因素就是估值方法。高级监管者集团的报告表明，密切关注金融工具（尤其是不具有市场深度的工具）估值问题的那些企业，其表现都比较好。那些更为成功的机构都利用内部的专业知识进行过独立的估值，而没有完全依赖于第三方的评估结果。它们还通过各种方法测试过自己的估值结果，比如，通过出售少量的问题资产来测试市场反应，或者是通过对同类产品的市场价格进行广泛的分析。一些更成功的企业还在自己的定价模型和估值方法中，很好地引入了市场流动性溢价这一因素。相反，不太成功的企业没有足够的能力进行独立的估值，未能考虑到某些类别的资产有可能带来更大的流动性风险。

流动性风险管理

最近发生的事件带来的另一个重要教训是，金融机构必须理解整个企业层面的流动性需求，并且要考虑到市场流动性突然迅速消失的可能性。

流动性风险管理薄弱是许多企业共同面对的问题。比如，某些企业的财务部门未能了解所有的业务在预期流动性需求或或有融资计划方面的信息，其部分原因在于，单项业务的管理者未能积极地汇编和提供这种信息。现在人们已经广泛意识到，许多或有融资计划都没有做好足够的准备，来防止某些表外业务有可能要进入企业的资产负债表。因此，未曾预料到的资产负债表扩张，会加大对融资的压力以及对资本比率的压力。相反，更为成功的金融机构在流动性风险管理的整体战略中，考虑到了与所有业务相关的信息。在最有利的情况下，企业的整体战略考虑到了与结构化投资工具相关的流动性风险，从而在更大程度上限制了此类的交易活动。

高级管理层的监管

对整个组织的有效监管，是审慎风险管理的一个基本要求。高级监管者集团的报告认为，扎实的高级管理层监管行动，是导致最近发生的事件中，企业业绩出现差异的一个关键因素。获得成功的企业，其高级管理者都积极参与了风险管理，包括确定企业的总体偏好，并通过激励和控制手段来引导员工保持这些偏好。为了管理整个企业层面的风险，成功的高级管理者还要确保自己掌握必要的信息；而这反过来又要求有恰当的政策和信息系统，以及能识别和计量风险的可靠方法。

在了解整个企业层面状况时，如果出现失误，就会付出惨痛的代价。比如，在最近发生的事件中，某些企业的高级管理者并没有充分感受到自己企业在美国次级抵押贷款业务方面所面临的风险。他们并没有意识到，除了自己账户中的次级抵押贷款之外，还要面临持有表外抵押贷款的风险，以及某些复杂证券所带来的风险。成功的高级管理者还要确保重要信息的横向传递和纵向传递；高级监管者集团的报告指出，在某些企业中，有关各种业务的风险状况和业务策略等重要信息并没有实现共享，这有可能给盈利能力造成不利影响。

企业文化与公司治理会影响到风险管理的质量。各种规模的金融机构中，管理较好的企业的领导人，一般都努力拥有强大和独立的风险管理部门。此类部门的存在，使得人们对整个企业的风险状况有一个清晰和冷静的了解。此外，当高级管理者鼓励风险管理者去深挖潜在的风险，并指出哪些业务所承担的风险过大时，这对金融机构是有好处的。

监管方面的反应

监管者也从最近的经历中获得了教训，其中包括需要进行细致的自我评估；金融市场总统工作组和金融稳定论坛的报告提供了一些有益的建议。我们正在进行这种评估，但我可以给出一些初步的结论。

考虑到整个企业有效的风险管理在维护强有力的金融机构方面所起到的核心作用，很显然监管者必须加倍努力，以帮助金融组织改进其风险管理行为。相应地，我们也从监管角度对这一问题表示了更大的关注。我们一直关注于那些最需要加以改进的金融机构，但我们也将继续提醒较强大的金融机构有必要保持警觉，尤其是在目前市场状况仍然比较脆弱的情况下。

我们还在考虑对风险管理的各个方面的指南进行补充或修改，包括进一步强调风险评估需要从整个企业的角度进行。在开展工作时，我们要与其他国家的监管者进行过密切的磋商。比如，我们正在利用巴塞尔银行监管委员会来改进流动性风险管理指南。我们还在努力促进银行更好地披露信息，以提升信息的透明度，从而强化市场约束。

正如大家所知道的，一项正在进行的主要工作是在美国实施《巴塞尔协议（Ⅱ）》。《巴塞尔协议（Ⅱ）》的目的，是想要通过下列方法来提升风险管理的质量：让监管资本与金融机构的基础风险进行更为密切的挂钩，以及要求有强大的内部系统来评估信用风险和其他风险。尽管《巴塞尔协议（Ⅱ）》不能消除未来金融动荡事件的发生，但它应该有助于金融机构更好地应对冲击，因此能够提升整个体系的稳定性。与此同时，我们必须确保《巴塞尔协议（Ⅱ）》的框架能够恰当地反映最近发生的事件所带来的教训。巴塞尔委员会正在考虑如何使得这一框架得到强化，比如在表外工具资本要求方面，以及利用信用评级结果确定资本要求方面。《巴塞尔协议（Ⅱ）》具有较长的过渡期，这将使得我们有更多的机会吸取这次金融动荡所带来的教训，并对监管框架做出必要的调整。

总结

总之，信贷市场的动荡强调了银行风险管理方面必须遵守的一些重要原则，包括恰当的风险识别与计量所具有的作用，拥有客观有效的估价方法的必要性，为流动性中断做好准备的重要性，以及高级管理者在进行强有力的监管时所发挥的关键作用。随着人们重新关注这些原则，以及再次积极努力地强化风险管理，金融机构应该能够战胜最近的贷款发放与贷款出售模式所带来的困难，并重新开始成功地使用这种模式。同样重要的是，银行风险管理的改善将使得企业更容易应对各种冲击，从而能带来一个更稳定的金融体系。监管者必须坚守有效的风险管理，为所需的调整尽可能地提供更多的支持。

最近发生的事件还证明了不利条件下充足的资本缓冲在向金融市场和信贷市场提供保护时所具有的重要性。使我感到鼓舞的是，目前许多大大小小的金融机构都显示出，自己有能力从各种渠道筹集到资本。重要的是，资本的筹集与资产负债表的修复，保证了新的贷款的发放，从而能够为经济扩张提供支持。我强烈建议，金融机构继续积极地从事自己的资本筹集行动。这样做不仅有助于更广泛的经济发展，而且还使得企业可以在金融市场和经济状况得到改善的情况下，能够获得新的盈利机会。

# 金融监管与金融稳定性

伯南克主席

在联邦存款保险公司举办的关于中低收入家庭抵押贷款研讨会上的发言

2008 年 7 月 8 日

我要感谢贝尔主席邀请我在本次会议上发言，探讨中低收入家庭的抵押贷款问题。拥有一套住房，是每个家庭做出的最重要的决策之一。对某个人（或某个家庭）来说，这一决策是否正确取决于许多相关的因素。然而，对于想要拥有自己的住房并且具有经济实力的人而言，我们希望我们的金融体系能够根据每个人的具体需求，提供恰当的抵押贷款。

遗憾的是，在过去的几年内，许多抵押贷款的发放都是不恰当的，其贷款条件没有进行充分的披露，尤其是在次级抵押贷款市场。众所周知，这些不恰当的贷款行为，导致了抵押贷款违约率以及银行收回抵押房产的急剧增加；不仅借款人，而且整个社区都能感受到这种情况带来的损失，因为大量房产被银行收回导致了社区环境的恶化，并降低了市政税的税基。全国住房市场的下滑，是经济活动广泛下降的一个主要原因，而次级抵押贷款市场的崩盘，则极大地加剧了全国住房市场的下滑。金融机构遭受了重大损失，从而影响到了新的贷款成本和供给状况。

最近的经历，包括我们看到的更广泛的金融市场动荡，将会对美国的监管政策产生重大影响（事实上，这种影响已经产生）。首先，监管者正在采取行动，来强化对消费者的保护。下一个星期，美联储将会根据《住房所有权与财产保护法案》的授权，针对抵押贷款发布新的规则。这些新的规则适用于所有的贷款人，而并不是仅仅只适用于银行；这些规则将解决近几年抵押贷款市场出现的某些问题，尤其是抵押贷款成本过高的问题。我们收到了人们对我们的建议提出的许多有益的评论，并将其中的一些评论意见纳入到了最终的规则之中。为了保护消费者而做出的另一项努力是：联邦储备委员会最近提出建议，要求极大地改善信用卡的信息披露状况，以纠正信用卡贷款中存在的一些不公平或欺诈性的行为与做法。

其次，监管政策要有助于确保合格的借款人，包括那些中低收入者，能够获得抵押贷款。我尤其赞成最近做出的努力，即改进对政府资助企业——房利美和房地美——的监管。如果这些企业有实力，监管到位，资本充足且关注于自己的使命，它们就能够为增加抵押贷款提供更好的服务，而不会给金融体系或纳税人带来不必要的风险。政策制定者还在探讨，如何对联邦住房管理局进行现代化改革，使其能提供更多的抵押贷款产品和方案，以防止本不该出现的房屋被银行收回的现象。

最后，过去一年左右的时间内，我们金融体系的不稳定极大地影响到了贷款的供给、贷款的条件以及经济增长的步伐。因此，除了针对抵押贷款市场采取行动之外，监管者还必须考虑，如何使得美国的金融体系本身变得更加稳定，同时又不会影响到该体系的活力与创新这两个主要的特征。几家机构——包括美国的总统工作组（PWG）和国际上的金融稳定论坛在内——最近发布的报告给出了金融动荡带来的教训，以及面向监管者和私人部门的一些建议。其中的许多建议正在得到实施，包括对抵押贷款进行更严格的监管（这是PWG给出的建议），强化针对银行的监管资本和流动性管理要求，以及改革信用评级机构等。美联储一直在积极地参与这些必要改革的设计与实施过程。在随后的发言中，我将探讨如何促进金融稳定性这一更广泛的问题，其中包括：我们所获得的一些教训；美联储已经采取的行动；我们这个社会希望采取怎样的措施来强化未来的金融体系。

贝尔斯登事件及其影响

大家都知道，最近几个月金融市场发生的一个主要事件，就是3月份投资银行贝尔斯登的破产。贝尔斯登的倒闭是由于其债权人和客户的挤兑而引发的，类似于商业银行储户的挤兑行为。然而，这场挤兑使人感到意外，因为贝尔斯登的借款大多是有担保的，也就是说，即使公司本身倒闭，其债权人也可以通过抵押担保物来确保资金得到偿还。然而，3月中旬市场流动性的严重缺乏，使得债权人不相信其贷款能通过出售担保物而获得偿还。因此，他们拒绝其贷款的展期，而要求得到偿还。

贝尔斯登的备用计划并没有预计到担保融资渠道的突然中断，因此没有足够的流动性来满足这些还款要求。如果该企业不能被出售，那么它就要申请破产。经过分析之后，我们和证券交易委员会（SEC）以及财政部的同事们都认为，在金融市场已经遭到巨大压力的情况下，让贝尔斯登突然倒闭，这将会给金融体系及更广泛的经济带来极其不利的影响。具体而言，贝尔斯登在这种环境下的倒闭，将严重破坏某些重要的担保融资市场和衍生市场，而且还有可能造成对其他金融企业的挤兑。为了保护金融体系及整个经济，美联储促成了摩根大通这家商业银行对贝尔斯登的收购。

在对贝尔斯登采取行动之后，我们又设立了初级交易商贷款设施（PDCF）。根据这一设施的安排，美联储随时准备向剩余的四大投资银行及其他经纪交易商（即所谓的初级交易商；它们经常与美联储展开交易）提供具有充分担保的贷款[①]。美联储还设立了定期证券贷款设施

[①] 初级交易商是与纽约联邦储备银行进行美国政府债券交易的银行和证券经纪交易商。纽约联邦储备银行的公开市场交易部，代替美联储来实施货币政策交易。

(TSLF)，允许初级交易商利用其他各种资产作为担保物，来借取财政部发行的证券。这些新的设施，使得初级交易商的担保债权人相信这些企业拥有足够的流动性，从而降低了类似于贝尔斯登所经历的挤兑风险。尽管短期融资市场仍然比较紧张，但3月之后已经有所改善，这反映了几项联邦贷款设施以及金融企业不断努力修复自己的资产负债表和提升自己的流动性所带来的影响。

初级交易商贷款设施和定期证券贷款设施，是根据美联储的紧急贷款权限设立的，其中初级交易商贷款设施的期限为至少6个月，要持续到9月中旬。美联储强烈支持维护金融体系的稳定，改善金融体系的运行。我们正在密切监控金融市场的进展，并正在考虑一些可以选择的做法，包括把初级交易商贷款设施的期限延长到年底——如果初级交易商融资市场目前异常的紧急状况持续下去的话。与此同时，我们正在采取的措施，使初级交易商、其他金融机构和整个金融体系在将来变得更加稳固。正如我将介绍的，这些措施包括：与证券交易委员会和初级交易商进行合作，以提升企业的资本和流动性缓冲；与其他监管者和私人部门进行合作，以使得金融基础设施具有更大的适应能力。

审慎监管

总体上讲，我们的金融体系依靠市场约束来限制金融企业的杠杆比和风险承担行为；如果整体金融的稳定性涉及政府担保（比如存款保险）或政府风险时，就要以审慎监管作为补充。然而，8月以来全球金融机构遭受的巨大损失与资产减记以及贝尔斯登遭受的挤兑均表明，在这一事件中，无论是市场约束还是法律监管，都未能成功地限制企业的杠杆比和风险承担行为，起到维护金融稳定的作用。通过与国内外的监管者和金融企业本身展开合作，美联储正在加倍努力，以强化自己所监管的金融机构的资本状况、流动性储备和风险管理行为；这些机构包括银行控股公司以及成为联邦储备系统会员的州执业银行。在市场持续遭受压力的时期，股东、管理者和投资者同样也在采取措施保护自己的利益。

从监管者的角度来看，投资银行和其他初级交易商带来了一些特殊的问题。首先，正如我所讲过的，企业和监管者都没有预料到投资银行会丧失担保融资渠道，就像贝尔斯登经历的情况一样。其次，在缺乏相应的监管措施的情况下，美联储决定向初级交易商提供贷款的行为（尽管这是避免严重的金融动荡所必需的），有可能使得未来市场约束的效力下降。面对未来，金融机构的监管者必须考虑到这些现实情况。与此同时，这些金融企业监管措施的改革，必须认识到投资银行的独特性；改革措施既不能过度阻碍效率与创新，也不能使得风险承担行为转移到某些金融机构中去（这些机构面临的监管较少，或者是不在我们的监管范围之内）。

自从3月份以来，美联储一直在与证券交易委员会进行密切合作。证券交易委员会负责对每一位初级交易商的监管，同时也负责对四家没有附属银行的大企业（所谓的投资银行）的统一监管。美联储的核查员已经进入四大投资银行；而且正在与证券交易委员会的同事们一起，对其他初级交易商的情况进行监控。通过与证券交易委员会和投资银行自身进行合作，我们正在评估这些企业的资本和流动性状况，以确保它们有足够的实力来经受住最严重的金融压力。在过去几个月内，这些企业已经筹集到了资本并扩充了自己的流动性缓冲，以防止自己遭受极端事件的影响。

为了正式确定我们的有效合作关系，证券交易委员会和美联储最近达成了一份谅解备忘录（MOU）。根据这份备忘录，两家机构将在初级交易商的财务状况方面实现信息与分析的自由共享。两家机构还同意与金融企业进行合作，以支持它们继续努力对自己的资产负债表、流动性和风险管理行为加以强化。

美联储与证券交易委员会正在现有法律框架下展开合作，以纠正近期发生的情况。从长远看，需要有立法行动来为投资银行和其他大型证券交易商提供一个更强有力的框架。具体而言，根据目前的安排，证券交易委员会对大型投资银行控股公司的监管，是以证券交易委员会和这些企业自愿达成的协议为基础的。必须对控股公司进行强有力的监管；因此，在我看来，国会应该考虑对这些企业进行合并监管，从而使得监管机构有权在其资本、流动性持有额和风险管理等方面制定出标准①。更一般地讲，从长远来看，国会应该考虑目前的监管结构是否需要进行现代化改革，以适应金融体系的结构所发生的变化，其中包括非银行类金融机构的大幅度增长以及新的金融产品的开发所带来的变化。

强化金融基础设施

金融市场基础设施的薄弱，加剧了贝尔斯登的倒闭有可能给金融体系带来的影响。比如，根据目前的安排，贝尔斯登成千上万的场外（OTC）衍生合约的交易对手，可能会在立即确定交易对手损失风险方面遇到严重困难。此外，他们在努力替换这些保值合约的时候，会给本已相当紧张的市场带来额外的压力。同样，短期担保融资的供给者是通过回购协议和其他担保融资方式——包括货币市场共同基金和其他保守投资方式——来提供资金的；他们会意外发现自己手中持有的是各种形式的担保物，而不是自己所期望的流动资金。这些投资者有可能会在一种严重的压力环境下被迫处理掉这些抵押物，以管理自己的

---

① 作为银行附属机构的初级交易商已经处在法定的合并监管之下，但是，这种监管关注的是对控股公司内部的银行和其他被保险的存款机构的风险进行限制。需要对现有的条款进行修改，以使得监管当局可以对所有被监管的实体——包括证券附属机构——的风险进行评估并加以限制。

流动性需求。更一般地讲，在这种环境下，对众多交易对手的流动性和财力的巨大担忧，有可能极大地降低金融市场参与者从事正常交易的意愿。

美联储正在与其他监管者和私人部门一道进行广泛的努力，以强化金融基础设施的建设。借助于这一行动，我们不仅能使金融体系可以更好地承受住未来的冲击，而且可以通过减少因对系统稳定性的担忧而促成的政府干预行动，来减轻道德风险和"大而不倒"的问题[①]。比如，自从2005年9月以来，纽约联邦储备银行作为牵头人一直在与公共和私人部门开展重要的合作，以改善信用违约互换（CDS）和其他场外衍生合约的清算与结算方式。结果，衍生交易商和其他市场参与者采取一些措施，提升了信用违约互换合约交易完成后的处理能力；2006年，他们又对场外股票衍生合约处理能力进行了扩充。然而，与更加成熟的市场相比，处理这些衍生合约的基础设施仍然缺乏效率或可靠性，这可以从去年夏季的情况中看到：当时信用违约互换合约交易量的激增，使得未经确认的交易迅速积累起来。纽约联邦储备银行和其他监管者正在与市场参与者共同努力，力图通过采取更严格的目标和业绩标准来对信用违约互换合约和其他场外衍生合约处理方法进行重大的调整。他们还强调，交易商必须证明自己有能力恰当地处理主要交易对手破产所带来的风险，包括能够快速计算出风险额度，具有清晰的管理程序，以及能够进行内部压力测试。最后，他们正在鼓励为信用违约互换交易开发出一个监管完善、管理审慎的中央交易对手清算体系。

美联储和其他监管机构，也正在关注于如何提升三方回购市场的适应力，因为在这个市场上，初级交易商与其他大型银行和经纪交易商能够从货币基金和其他具有风险厌恶倾向的短期投资者手中获得大量的担

---

① 关于"大而不倒"的问题，可以参见：Gary Stern and Ron Feldman. Too Big to Fail: The Hazards of Bank Bailouts [M]. Washington: Brookings Institution Press, 2004.

保融资。一段时间以来，我们一直在与市场参与者共同设计一项备用计划，以防止人们对负责三方回购协议结算的两家清算银行中的某一家丧失信心而引发问题。最近的一些经历，包括贝尔斯登的流动性问题，向我们证明，必须要有额外的措施来提升这些市场的适应力，包括设计出备用计划，以防止人们突然对三方回购协议中的大额借款人突然丧失信心。考虑到这些市场在我们的金融体系中所发挥的关键作用，我们需要谨慎地进行改革，尤其是在更广泛的金融市场正在经受压力的情况下。然而，从长远来看，一个更强大的金融体系，要求对债务人和债权人使用这些市场的方式做出调整，同时也要求对清算银行所使用的结算设施加以调整。

更一般地讲，重要的支付与结算体系在遭受压力时期的业务表现，以及这些体系在管理交易对手风险和市场风险方面的能力，对于更广泛的金融体系的稳定性来说都是非常重要的。目前，美联储依赖于零碎的监管工作；这些监管工作主要是银行监管者应当发挥的作用；同时，美联储也进行一些道义规劝，以确保各种支付与结算体系拥有必要的程序和控制手段来管理好自己的风险。相反，全球大多数的主要中央银行都可以根据明确的法规来对支付系统进行监管；而且，最近几年，有更多的中央银行获得了对证券结算体系的依法监管权。由于可靠的支付与清算体系对于维护金融稳定性非常重要，我们强烈建议，赋予美联储明确的监管权限，要求它对具有系统重要性的支付与清算体系进行监管。

防止或缓解未来危机的发生

金融动荡还在持续，我们今天的努力是想帮助金融体系回到较正常的运行状态。然而，我们要尽快思考应该采取哪些措施来降低未来危机发生的概率及严重性。

我已经指出过，强化大型金融机构（包括商业银行和投资银行）的资本、流动性和风险管理所具有的重要性。这些努力已经在全球协调的基础上展开。这些措施，再加上我刚才讲过的金融基础设施的改善，将有助于提升金融体系面对冲击时的适应力。

正如我所讲过的，我认为，美联储在促成贝尔斯登被收购方面所采取的行动，可以防止其破产后被自己的交易对手和债权人逼进无序清算的困境；因此，这种做法是必要的，可以避免美国的金融体系和经济遭受严重损害。即使如此，美联储提供贷款的意图，是为了向稳健的机构提供流动性。我们之所以使用贷款权限来促成一家即将倒闭的机构被收购，这仅仅是因为美联储和任何其他的政府机构，都没有别的手段来保证脆弱市场环境下的有序清算。在分析如何更好地提升金融稳定性的时候，财政部部长保尔森建议国会考虑是否需要有新的工具来确保系统重要性证券公司在濒临破产时的有序清算；同时国会还要考虑，以更正式的程序来决定何时使用这些工具。由于即将倒闭的证券公司的清算可能会涉及财政，因此，财政部应该在这一过程中起领导作用，同时要与证券公司的监管者和其他管理当局进行磋商。

关于此类工具的细节以及相关的决策程序，还需要进一步的研究。正如贝尔主席最近指出的，一种可能的模式是《联邦存款保险公司改进法案》（FDICIA）在处理商业银行破产时使用的程序。《联邦存款保险公司改进法案》的程序赋予联邦存款保险公司一定的权限，让其作为破产银行的接管人，并通过设立一家过渡银行来促进破产银行的有序清算。设立过渡银行是一种重要的机制，它可以尽量减少政府干预给公众带来的损失，同时让股东和无担保债权人来承担损失，因此，这可以抑制道德风险，减轻政府干预对市场约束造成的任何不利影响。《联邦存款保险公司改进法案》还要求即将倒闭的银行所采用的清算方式，给政府（这里指的是存款保险基金）造成的损失最小，除非财政部、联邦存款保险公司、联邦储备委员会和美国总统一致认为，这种成本最低的做法会导致严重的系统性风险。利用这种所谓的系统性风险例外时的门槛是比较高的，但是，这可以对真正紧急的金融状况做出灵活的反应。

现在并没有直接针对证券公司迅速和有序的清算而设计出类似的规则，这是因为证券公司与大多数的商业银行在其融资、业务模式和其他方面存在着较大的差别①。尽管针对证券公司设计出一种清算制度是非常复杂的事情，但我认为这方面的努力是值得的。具体而言，通过对此类行为设立一个很高的门槛，就可以减轻给市场约束带来的不利影响。

为了降低金融危机发生的概率和减轻危机带来的严重性，财政部最近在其监管改革构想中，提出了另一项可能的措施，即要求美联储承担起促进整个金融市场稳定的责任。美联储已经在某种程度上发挥了这一作用，而且，实际上，国会于1913年设立美联储的主要目的，就是想防止金融恐慌的再次发生。近几十年来，在政府试图解决一系列金融危机的过程中，美联储发挥了突出的作用，其部分原因在于，美联储从广泛的业务活动中获得了大量的专业知识。此外，美联储是有权充当流动性的最后供给者的唯一机构；这一权限在有史以来的金融危机过程中发挥了重要作用。

即便如此，要想使得美联储更加正式地承担起促进金融稳定的作用，其必要条件是，该机构的权限与它要承担的责任是一致的。具体而言，作为一个现实问题，我认为，如果美联储没有权力去直接审核银行和其他需要接受审慎监管的金融机构的话，那么，它就无法完全达到这些目标。在最近的金融动荡时期，美联储直接从关键的金融机构以及从监督部门的分析中获取信息的能力是很重要的，因为这有助于理解金融

---

① 比如，许多证券公司在经纪交易商这样的附属机构持有大量的资产，包括一些必须遵守国外破产法的外国附属机构。

市场的进展及其有可能对经济产生的影响。为了实现自己的责任目标，美联储还需要有能力从整体上观察金融企业，就好比我们如今所做的，对金融控股公司实施整体监管；同时，当企业的行动有可能给金融稳定造成影响时，美联储要有权影响市场预期，并要求采取一些纠正措施。最后，为了识别金融领域的薄弱环节，美联储需要有广泛的权限来收集有关金融市场结构和运行状况的信息。具体而言，最近的经历清楚地表明，为了促进金融的稳定性，很重要的一点就是，要详细了解有关货币市场以及有关债务人和债权人在这些市场的业务活动中的信息。

如果国会选择朝这个方向发展，就应该注意下列风险的存在：市场参与者可能会错误地认为，美联储将向金融机构和金融市场提供无条件的支持——这种想法会造成市场约束的大幅度下降。如果美联储的正式任务要扩展到包含金融稳定性在内，那么，尤为重要的一点就是，必须明确规定，为避免即将破产的企业陷入无序清算的境地而采取的任何政府干预行动，都应该使用明确的工具和程序，正如我在前面所介绍的方法那样。

总结

8月份以来的金融动荡表明，我们必须找到一些方法，来使得金融体系具有更大的适应力和稳定性。在今天的发言中，我指出了在一些大的领域可以采取的有益行动，包括改进对金融机构的监管，强化金融基础设施，以及针对证券公司有可能采用的一种新的清算程序。从长远来看，是否需要进行更广泛的改革，这是国会要决定的问题。这方面的决定要面对众多复杂且具有挑战性的问题，但是，这一决定的意义也是十分重大的。

金融危机在全球的周期性爆发，实际上已经经历了几百年的历史；希望彻底消除金融危机是不现实的，尤其是在我们想维持一个充满活力、具有创新能力的金融体系的情况下。然而，最近的经历再次表明，金融的不稳定会带来严重的经济后果。美联储将继续努力，以使得我们的金融体系更加强大，更加具有适应力，从而确保这个体系能够继续在支持经济增长和向所有合格借款人提供信贷方面，发挥必要的作用。

降低系统性风险

伯南克主席

在堪萨斯联邦储备银行举办的经济研讨年会上的发言

2008 年 8 月 22 日

堪萨斯联邦储备银行的工作人员，将今年这一次研讨会的主题确定为：如何在不断变化的环境下维持金融的稳定性。我认为，这个选题仍然是恰到好处的。上一次（几周之前）我们在此召开会议的时候，金融风暴达到了高潮。尽管我们在某些市场已经看到了功能改善的迹象，然而，这场风暴尚未停息，它对整体经济造成的影响越来越明显，主要表现在经济活动的疲软以及失业率的上升。除此之外，通胀率的陡然上升（部分原因在于全球商品市场的繁荣），使得我们面临着一种有史以来最严峻的经济和政策环境。

美联储对这次危机做出的反应主要表现在三个方面。首先，我们极大地放松了货币政策，尤其是在年底前后经济普遍出现疲软的时候。通过迅速和积极地放松货币政策，我们至少在一定程度上抵消了危机带来的信贷紧缩，因此缓解了整体经济受到的影响。通过减轻金融压力给经济带来的第一轮影响，我们希望这也能够降低所谓的不利反馈带来的风险，即经济疲软加剧金融压力，而金融压力的加剧反过来又会进一步损害经济前景。

考虑到疲软的经济前景以及增长下降的风险，尽管通胀压力有所加大，但联邦公开市场委员会（FOMC）仍然维持着较低的联邦基金利率目标。这一策略来自我们的预期：由于全球经济增长的放缓，油价及其他商品的价格最终将得到稳定；这种物价稳定的结果，再加上稳定的通胀预期以及资源利用的减少，将有助于物价在中期内恢复稳定。在这一点上，最近商品价格的下降，以及美元稳定性的增强，都是一些有利的因素。如果不出现反转，那么这些进展，再加上一定时期内经济增长的速度达不到经济增长的潜能，这一切将使得通胀在今年和明年趋于缓和。然而，通胀前景仍然十分不确定，因为预测未来商品价格走势存在着困难；因此，我们将持续对通胀和通胀预期进行密切的监控。联邦公开市场委员会致力于确保中期物价稳定，并且会采取必要的行动来达到这一目标。

我们做出的第二项反应是，通过各种担保借款计划来向金融市场提供流动性。在其他场合，我比较详细地介绍过这些贷款便利措施及其存在的理由[①]。简单地讲，这些计划是为了减轻短期融资市场有时存在的严重压力；通过提供额外的资金来源，这些计划使得银行和其他金融机构，能够以更加有序的方式来降低杠杆比。最近我们已经将针对初级交易商的特殊计划扩展到了今年的年底，这是因为我们认为，金融条件会继续处在异常和紧急状态。我们将继续评估我们的所有流动性便利设施，以确定它们是否在产生预期的效果，或者是否需要加以修正。

我们的战略措施的第三个方面是我们以金融监管者的身份所采取的一系列行动方案。在后面的发言中，我将更详细地介绍这些行动方案。简单地讲，这些行动包括：与其他监管者合作以监控单个金融机构的稳健状况；与私人部门合作，以降低某些重要市场的风险；设计出新的监管法规，包括针对抵押贷款和信用卡贷款制定新的规则；积极参与国内和国际合作，以便从最近的经历中总结出教训；以及，将所获得的这些教训应用于我们的监管实践。

---

① 比如，参见：Ben S. Bernanke. Liquidity Provision by the Federal Reserve [C]. speech delivered (via satellite) at the Federal Reserve Bank of Atlanta Financial Markets Conference, Sea Island, Ga., 2008, May, 13.

我们这个国家现在面临的与第三个方面的行动相关的一个重要问题是：如何强化我们的金融体系，包括我们的金融监管体系，以降低未来金融不稳定性发生的频率和严重程度。在这一方面，存在着一些特别棘手的问题。这些问题来自金融机构"大而不倒"现象的存在，以及政府在金融危机干预过程中所带来的道德风险。大家都知道，3月份美联储采取了行动，以防止贝尔斯登这家投资银行出现违约。按照当时的情况来看，这些行动是必要的、合理的，其理由我将在随后阐述。然而，这些事件还引发了必须解决的问题。具体而言，如果不采取与救助行动相反的行动，那么，人们所感受到的安全网的隐含扩张，将会加剧"大而不倒"的问题，从而有可能导致未来出现过度的风险承担行为和更大的系统性风险。在我们考虑未来金融体系演化的过程中，如何缓解这一问题是我们要面临的制度设计方面的一个挑战。

同时，作为国家的中央银行和金融监管者，美联储必须做好充分的准备，在关于本国金融制度和金融监管未来发展的讨论中发挥建设性的作用。因此，我们设立了一些内部工作组，其成员包括联邦储备委员会的委员、联邦储备银行的总裁以及一些工作人员，由他们来研究这些问题以及其他相关的问题。这项工作正在进行中，我不想事先判断其结果。然而，在今天余下的发言中，我将初步介绍某些有可能降低系统性风险的方法。我将首先介绍，我们在强化金融基础设施以增强金融体系的适应力方面已经采取的措施。随后，我将对监管行为进行分析，并重点关注我们是否需要一个更全面的整体金融监管视角。关于更广泛的结构和法规调整的主要内容，比如财政部提出的监管改革蓝图，我将在另一个场合进行介绍①。

---

① 参见：Department of the Treasury. Blueprint for a Modernized Financial Regulatory Structure [R]. 2008, March.

强化金融基础设施

提升金融体系适应力的一个有效方法，就是强化金融行业的基础设施。在今天的发言中，我对"金融基础设施"的理解非常宽泛，不仅包括基础设施中的"硬件"部分（供市场参与者迅速准确地进行交易的执行、清算与实物结算系统），而且还包括相关的"软件"（对交易双方的市场参与者的行为和责任加以约束的法规、监管政策、合约框架及商业惯例）。当然，即使在正常时期，一个强有力的基础设施也会带来很多的好处，包括较低的交易成本和更大的市场流动性。然而，事实证明，在经历严重压力的时期，金融基础设施的质量是非常重要的。比如，它会极大地影响市场参与者，使其无法迅速确定自己的头寸与风险（包括重要交易对手带来的风险），无法对自己的头寸进行必要的调整。当头寸与风险不能很快得到确定时（比如，其中的一个例子是1987年股市崩盘期间程序交易大大超过了系统负荷），就有可能带来如下后果：市场参与者出现极度厌恶风险的行为；市场流动性大幅下降；资产价格剧烈波动。当市场参与者对所感受到的交易对手风险变化做出反应时，金融基础设施还会对他们的行为产生重要影响。比如，在高度紧张时期，只有当一个强大的中央交易对手出现在市场的时候，参与者才愿意向市场提供流动性；否则，他们就不会这么去做。

3月份贝尔斯登事件发生的时候，人们大多考虑的是这类问题。贝尔斯登的倒闭是由其债权人和客户挤兑造成的，这种情况类似于商业银行的储户造成的挤兑。然而，这种挤兑使人感到意外，因为贝尔斯登的借款大多是有担保的——即，即使该公司倒闭，其债权人所持有的担保物可以确保债务得到偿还。然而，3月中旬市场的流动性十分缺乏，因此债权人不相信自己可以通过出售担保物来收回自己的贷款资金。许多短期债权人拒绝继续提供贷款，迫使贝尔斯登陷入违约境地。

尽管从各个方面来看，贝尔斯登并不是一家规模很大的公司，但是它却在一些关键市场上进行了大量的交易，其中包括（我所讲过的）短期担保融资市场以及场外衍生合约市场。我们的一个担心是，这些市场的基础设施以及市场参与者的风险和流动性管理行为存在不足，因而难以有序地应对一个大型交易对手的倒闭。在金融状况已经十分脆弱的情况下，贝尔斯登突然出人意料的倒闭，将使得这些市场出现大量的头寸解除，因此有可能严重动摇市场参与者的信心。该公司的倒闭，还有可能使得人们对贝尔斯登的一些交易对手的财务状况，以及具有类似业务和融资行为的公司的财务状况产生怀疑，从而使得这些企业没有能力满足自己的融资需求和从事正常的交易活动。随着更多的企业无法获得融资，本来已经出现的恶性循环——被迫出售资产，市场波动性增加，利差和保证金上涨——将有可能进一步加剧。整个经济将无法避免此类严重金融动荡所带来的影响。主要是出于这些考虑，美联储才采取行动，促使摩根大通公司收购了贝尔斯登，并承担了其金融债务。

这一经历使我认为，为了保护金融体系免受未来的系统性冲击（包括主要交易对手破产有可能带来的影响），其中一个最好的办法就是强化金融基础设施，包括"硬件"和"软件"方面的设施。通过与私人部门和其他监管者的合作，美联储正在积极地从事这方面的努力。比如，2005年9月以来，纽约联邦储备银行一直作为牵头人在公共与私人部门之间展开合作，以改进信用违约互换和其他场外衍生合约交易的清算与结算方法。这方面的努力包括：让私人部门的参与者承诺对清算与结算过程采用自动化和标准化的方法；鼓励对冲销与现金结算方法加以改进；支持针对信用违约互换开发出一个中央交易对手。更一般地讲，尽管在许多情况下，老练的交易对手之间采用特定的衍生交易合约仍然是恰当的，但是，总体而言，衍生合约交易转向更加标准化的工具以及更多地使用管理完善的中央交易对手（无论是独立于交易所，还是附属于交易所的中央交易对手）来进行交易的做法，都对改善金融系统有好处。

美联储和其他监管当局，正在关注于如何提升三方回购协议市场的适应力。在三方回购市场，初级交易商以及其他大银行与经纪交易商，能够从货币市场基金以及其他厌恶风险的短期投资者手中获得大量的担保融资。我们正在鼓励企业改进其流动性风险管理，逐步降低对担保物缺乏流动性的三方回购隔夜融资的依赖。从更长远的角度来看，我们需要确保拥有可靠的备用计划，来对主要参与者的违约进行有序的处理。我们还要探索可能的方法，来降低这个市场对大量日间信贷的依赖（这些信贷是银行为了便于三方回购协议的结算而提供的）。要想达到这些目标，既可以采用引入一个中央交易对手的做法，也可以利用现有的清算与结算框架。

当然，与其他中央银行一样，美联储仍然在对具有系统重要性的支付与结算体系进行监控，并将它们的业绩与国际可靠性标准、效率标准和安全性标准进行比较。然而，与其他大多数中央银行不同，美联储对这些体系没有一般的法定监管权。相反，我们依赖于一些零碎的监管权（主要来自作为银行监管者的权限）以及道义劝说，来确保各种支付与结算体系拥有必要的程序与控制手段处理自己面对的风险。作为更广泛的改革中的一项内容，国会应该考虑赋予美联储对具有系统重要性的支付与结算体系拥有明确的监管权。

然而，金融基础设施软件方面的另一项重要内容就是：要有一套法规和程序来解决某一市场参与者债务违约带来的问题。在绝大多数情况下，破产法及交易各方所签订的协议就能在这方面发挥很好的作用。然而，在极少数情况下，当某一机构的即将倒闭或实际倒闭会带来巨大的系统性风险时，机构清算时的标准程序就会显得不足。在贝尔斯登事件中，由于缺乏针对此类情况的明确法律框架，政府的反应受到了严重影响。正如我在其他场合讲过的,国会应该考虑,是否应该针对某些特定的非银行机构设立这样一种框架①。一个可能的办法是,由某一机构(财政部似乎是一个恰当的选择)掌握一定的资源,并承担起相应的责任;当某个非银行类金融机构的即将违约会带来重大的系统性风险时,由该机构按照详细规定的条件,并且在与相关的监管者进行磋商的情况下,采取干预措施。然而,这种解决方案的实施,的确会带来一些复杂的问题;我们需要通过进一步的研究来设计出具体可行的方案。

更强大的金融基础设施将有助于降低系统性风险。重要的是,正如联邦公开市场委员会的同事加里·斯特恩所指出的,这还有助于减轻道德风险以及"大而不倒"的问题;因为,这会降低系统性稳定问题所导致的市场认为需要政府干预的概率②。针对非银行类机构的法定清算体系,除了可以降低不确定性之外,还会限制道德风险的产生;因为这一体系使得政府能够对即将倒闭的企业进行有序清算,并且使得权益持有者承担全部损失,某些债权人承担部分损失——类似于商业银行破产时的情况。

系统性的监管方法

对金融机构进行监管,是限制系统性风险产生的另一个重要工具。总体而言,政府对单个机构的有效监管,可以增强金融业的适应力并降低道德风险,因为这种监管能够确保所有享受某种程度联邦安全网保护的金融企业(包括债权人认为大而不倒的那些企业)保持恰当的资本和流动性缓冲,并开发出综合的风险与流动性管理方法。重要的一点在

---

① 参见:Ben S. Bernanke. Financial Regulation and Financial Stability [C]. speech delivered at the Federal Deposit Insurance Corporation's Forum on Mortgage Lending for Low and Moderate Income Households, Arlington, Va., 2008, July, 8.

② 比如,参见:Gary H. Stern and Ron J. Feldman. Too Big to Fail: The Hazards of Bank Bailouts [M]. Washington: Brookings Institution Press, 2004.

于，一种精心设计的监管制度可以作为市场约束的补充，而且不会取代市场约束。事实上，监管可以强化市场约束，比如要求金融企业采用一种透明的信息披露制度。

将来，监管者面临的一个关键问题是：如何确定自己恰当的"监管视角"。根据当前的安全与稳健监管制度，监管者经常孤立地关注于单个机构的财务状况。另一种监管方法被称为系统性监管或宏观审慎监管；这种监管方法要求监管者扩大监管视角，将潜在的系统性风险和潜在的弱点考虑在内。

至少从非正式的角度来看，美国的金融监管已经包含了某些宏观审慎成分。其中一个例子是，联邦银行监管者公布的许多监管指南中，至少有一部分所考虑的是某个行业趋势给整个银行体系的稳定性带来的风险，而不是仅仅只考虑单个机构所带来的风险。比如，在经过长时期的讨论后，2006年，联邦银行监管者针对非传统抵押贷款（比如纯息和反向抵押贷款）的发放与管理公布了正式指南；同时，还针对商业不动产贷款过度集中的情况提出了警示。如果联邦监管者像以前那样，只是孤立地关注于几家银行，这些指导意见就不可能产生。监管者不仅关注于银行个体，而且还关注于（商业不动产或非传统抵押贷款）过度的行业集中率或行业范围内的某些行为模式（比如，"奇异抵押贷款"的发放）所带来的系统性风险。需要指出的是，在对银行体系的过度集中率或共同风险提出警示时，监管者并不需要判断某一特定资产的定价是否合理——尽管资产价格或风险溢价的快速变化会引起关注度的提高。相反，他们的任务是要确定，当共同风险大幅提升所有金融机构回报的相关性时，给整个金融体系所带来的风险。

监管指南的设计过程，经常需要征求金融行业以及公众的建议；而且在适当的情况下，还要在银行监管之间达成一致。从这一方面来看，这一过程并非总是像我们期待的那样具有灵活性。由于这方面的原因，有时采用非正式过程会更加有效和及时。相关的例子是，美联储在与国内外其他监管机构进行密切合作的情况下，针对特定的问题和行为，定期对大型金融机构进行所谓的横向评估。最近的评估考虑的是诸如杠杆贷款、企业风险管理和流动性等问题。从这些评估中获得的教训，既会与参与评估的机构共享，也会与其他机构共享（这种信息可能对它们是有益的）。与监管指南一样，这些评估有助于提升单个金融机构的安全与稳健，同时也可以识别出有可能影响整个金融体系稳定性的共同缺陷与风险。在我看来，在指南和评估中更加明确地指出系统性风险产生的理由显然是可行的，而且还可以进一步地推动监管朝着更加系统化的方向发展。

将目光聚集于金融监管的系统性，还有助于我们更加关注信贷周期中监管方面的激励和限制措施对金融机构的行为（尤其是冒险行为）产生的影响。比如，在经济疲软时期，审慎监管者只会关注于某一机构的安全稳健，而这将导致非常保守的贷款政策的出台。相反，宏观审慎监管者将会认识到，对整个金融系统而言，过度保守的贷款政策可能是有害的，因为它们会使得经济和信贷环境变得更加脆弱。同样，在经济扩张时期，某一金融机构信贷业务的集中化或许是可以接受的；但是，如果有大量的机构同时存在这种情况，那么，这就是很危险的。今天我没有时间来恰当地讨论资本监管和会计规则所带来的顺周期性问题。这一话题在其他场合受到了广泛的关注，而且也引起了监管当局的注意；具体而言，《巴塞尔资本协议（Ⅱ）》的设计者做出了极大的努力，想通过对"整个波动周期内的"监管资本需求进行计量，以缓解周期性波动。然而，当我们根据过去一年的经验来考虑如何强化未来的金融体系时，应该细心地审核针对金融机构所采取的资本监管措施、备抵政策和其他规则，以确定：总体而言这些手段是否导致了信贷扩张的周期性波动的加剧，从而对整个金融系统带来了不利影响。

然而，一个更为大胆的宏观审慎监管方法，需要监管者针对整个金融体系设计出一种更为全面的评估方法。从原则上讲，采用这种方法是很有道理的，因为我们的金融体系对银行业的依赖已经大大降低，而且，那些接受监管的机构不能从事的业务或风险交易已经通过某种方式，转移到了其他金融企业或其他市场。然而，需要告诫的是，这种更为全面的方法对监管者及其所监管的企业而言，都需要有很高的技巧，而且有可能会涉及很高的成本。至少这需要对大量的非银行类机构进行定期核查并从中获取信息。对交易所和其他金融市场进行监管的私人和公共部门监管者需要加强协调，以及时了解交易行为和交易产品的最新进展，并努力识别有哪些风险超出了每位监管者的监管范围。国际监管合作尽管已经十分广泛，但还需要进一步扩展。

人们还会想到进行正式的压力测试——不是像现在这样针对企业层面，而是同时针对一系列的企业和市场进行的测试。这种做法反映出来的重要的相互作用，是针对单个企业的压力测试无法做到的。比如，这种测试可能表明，资产价格的急剧变化不仅会影响到某家企业所持资产的价值，而且还会损害重要市场的流动性，从而对企业调整自己的风险头寸或获得融资的能力产生不利影响。系统性的压力测试，还会突出反映共同风险和"密集交易"的状况，而这种状况是针对某个企业的压力测试无法反映出来的。然而，需要再次强调的是，我们不要低估有效地进行这种测试所需要的专业技巧和相关信息。金融市场的变化很快，企业持有的资产和面对的风险每天都在发生改变，而且金融交易不受国界限制。因此，想要真正进行全面的宏观审慎监管，对信息的要求的确是非常繁重的任务。

宏观审慎监管还带来了沟通方面的问题。比如，必须小心地处理公众和金融市场参与者的预期，因为宏观审慎监管方法永远不可能消除所有的金融危机。事实上，如果金融市场参与者预计金融危机将再也不会发生的话，那么这本身就会导致道德风险，并且会鼓励而不是会减少导致金融危机更有可能发生的行为。

尽管存在着这几点警示，但是我认为，监管者更加关注于系统性风险是必然要采取的行为，也是有利的行为。然而，当我们朝着这一方向迈进时，需要采取一种现实的态度，意识到在一个如此庞大、如此多样化和全球化的金融体系中进行全面监管所面对的各种困难。

总结

尽管我们美联储的工作人员仍然关注于解决目前经济和金融稳定性方面的风险问题，但我们也在开始思考未来应该吸取的教训。今天，我分析了降低系统性风险的两种策略：强化（广义上的）金融基础设施；增强对系统性金融监管的关注。金融基础设施的建设正在进行，我希望公共和私人部门进一步展开合作，以解决共同关注的问题。更加关注于宏观审慎监管方法是非常必要的，但我们应该小心谨慎，防止出现过度乐观的情绪，因为我们还远未彻底掌握实施这种监管方法的能力。美联储将继续与国会、其他监管者和私人部门一道，探索各种策略，以提升金融稳定性。

上一次我们在此举行会议时，金融危机的性质及其对经济的影响才刚开始展现出来。一年过去之后，我们仍然面临着许多挑战。我期待这次会议上提交的论文，将使得我们能够加深理解这次所经历的危机。

美国的中央银行与银行业监管

伯南克主席

在芝加哥召开的社会科学联合会年会上的发言

2007年1月5日

与其他许多中央银行一样，美联储除了制定货币政策之外，还要广泛从事一系列的活动。比如，作为批发和零售支付业务的监管者和供给者，美联储在美国的支付体系中发挥着关键作用；美联储在消费者保护领域具有重大责任，其中包括规则的制定及执行；美联储具有促进金融稳定的责任；美联储要与其他监管机构一道，对大大小小的银行机构进行监管。

在本次发言中，我将分析其中的一项活动，即，美国的中央银行在银行体系监管方面所发挥的部分作用。在某些国家，比如在英国和日本，对银行（以及更广泛的金融机构和金融市场）进行监管的责任是由单个金融监管机构，而不是由中央银行来承担的。在欧元区，即使由欧洲中央银行承担了货币政策责任，但某些成员国的中央银行或其他监管当局，仍然拥有很大的监管权限。全世界存在着其他各种各样的制度安排，其中包括更为传统的模式，即中央银行同时也是银行体系的监管者。考虑到其他各种模式的存在，美联储是否应该对银行机构进行监管呢？

从理论上讲，关于中央银行是否应该同时作为监管者的讨论，集中在动机和效率两个方面。关于动机，人们提出的一个问题是，将宏观经济目标和监管目标同时集中在某个机构身上，这是否会导致利益冲突。比如，有些作者认为，负有监管责任的中央银行有时会对实施恰当的货币政策约束表示迟疑，因为它担心这有可能给银行带来不利影响（Goodhart and Schoenmaker，1995）。另一方面，如果宏观经济目标和监管目标是相互依赖的，那么，与多个机构中每个机构负责一个目标相比，同时负责两个目标的这一机构就能更好地考虑到两个目标之间的相互依赖性（Wall and Eisenbeis，1999；Bernanke，2001）。比如，根据这种分析，艾伦·格林斯潘认为："当某一监管者只是狭隘地考虑安全与稳健问题，而不考虑自己的决定对宏观经济造成的影响时，就必然会对风险承担行为与创新活动形成长期的偏见（Greenspan，1994）。"

将中央银行业务与监管责任集中于一家机构而带来的效率问题可以归结为：这种结合是否会产生巨大的范围经济（或范围不经济）效应（Goodhart，2000；Mishkin，2001；Haubrich and Thomson，2005）。比如，如果监管活动带来的信息有助于货币政策的实施或中央银行其他职能的发挥（或者反过来也是如此），而且这种信息不能通过机构间的合作来轻易获取，那么，将某些监管权限集中于中央银行就会带来更好的结果。同样，如果专业化带来的好处超过了范围经济效应（比如，这种好处来自对机构关注度的提升，来自更多的专业化知识的获取，或者来自监管部门业务重叠的减少），那么，将监管职能与中央银行业务活动区分开来，就能更好地服务于效率目标[①]。

然而，抽象的论述带给我们的东西仅此而已。由于各国的金融市场、政治体系和监管目标各不相同，而且由于初始条件会受到历史事件的影响，似乎没有哪一种制度体系对所有的国家都是最佳的（Dixit，1996）。因此，我今天不会展开一般的讨论，而只是关注于美国目前的制度安排。

---

① 将货币政策与监管职能分开或许可以消除下列风险：不好的监管结果，可能会对中央银行的声誉造成不利影响，从而会影响到它履行其他责任（包括货币政策责任）的能力（Goodhart，2006）。同时参见 Haubrich（1996）。

在美国的环境下，针对制度性动机提出的各种问题，似乎不太可能成为考虑最优监管体系时的决定性因素；事实上，讨论的结果是不确定的。具体而言，美国的货币政策在一段时间内非常成功；我看不到任何证据可以证明，美国的货币政策因为美联储的监管职责而被扭曲了。然而，效率问题是不太容易处理的。美国的银行监管体系是很复杂的，而且在某些方面存在重复监管的现象；尽管将监管权从美联储身上剥离几乎不会使得这种复杂性得到简化，但这可以使得监管责任的分配变得稍微简单一些。因此，我可以把开头提出的美联储是否应该承担起监管银行的责任这个问题简化为：美联储的监管职责所带来的范围经济效应，是否足以抵消所有相关的成本。

在后面的发言中，我将探讨银行监管与中央银行的其他责任相结合所带来的一些范围经济效应。尽管我会谈到这些业务活动之间的补充作用，但我所关注的是，美联储的监管权限对其核心功能的执行所起到的作用，即美联储在金融风险的防范与管理方面所起到的作用。具体而言，我的观点是，在应对各种难以预料的金融稳定性威胁方面，美联储的能力主要依赖于它既作为银行监管者又作为中央银行的情况下所获取的信息、专业知识和各种权力。

美联储的监管权

首先，我们有必要了解有关美联储监管权的一些背景。美联储与一些联邦和州政府机构共同承担起对美国金融体系进行监管的责任。这些机构包括其他的银行业监管机构，证券交易委员会（SEC）以及商品期货交易委员会。美联储与州监管当局一道，对州会员银行（即成为联邦储备系统会员的州执业银行）进行监管。此外，它还要负责监管外国银行在美国的业务；同时，在某些情况下，要监管美国的银行在国外的业务。

美联储还要对所有的银行控股公司和金融控股公司实施全面的监管，这使得美国的中央银行对这些银行组织拥有广泛的监管责任。然而，这些控股公司的银行和非银行类附属机构，经常是由除美联储之外的其他机构来监管的。监管责任取决于被监管的公司所持有的执照的类型以及分类监管的原则；根据这一原则，主要监管者的身份取决于所从事的金融活动的性质。比如，持有国民银行执照的控股公司附属机构所从事的商业银行业务，是由货币监理署（OCC）来监管的；而非银行类附属机构的证券业务，处在证券交易委员会的管辖之下。美联储与货币监理署、证券交易委员会和其他监管机构进行合作，以决定合并组织的财务状况。

美联储的监管责任，要求它在政策制定和业务层面做出积极的努力。在政策领域，美联储要从事以下工作：向国会提供专业支持，以便它能够制定与银行和金融市场相关的法规，而且有时还要提出具体的措施（比如，针对有问题的存款机构提出限期整改要求）；与其他监管机构一道，代表美国在国际论坛上提出并商讨各种准则（比如银行资本准则）；与其他监管机构进行合作（或者，有时会单独采取行动），通过设计监管指南来实施银行和消费者保护法律；与其他相关的监管机构共同努力，在监管和核查方面设计出准则与行为惯例。在业务层面，联邦储备系统（包括12家地区联邦储备银行在内）与其他监管机构密切合作，对银行组织进行核查，以确保它们按照安全与稳健的方式开展经营，同时能遵守相关的法律和法规。

美联储的监管活动，使得该机构能够获得大量有关银行体系的信息。比如，美联储的核查人员要收集和分析每一家被监管的金融机构的大量信息，包括其管理体系、业务类别、财务状况、内部控制手段、风险管理行为和经营上的弱点等。此外，美联储的监管业务还使其有机会了解到自己并不监管的金融机构的状况，以及整个金融市场的发展状况。我已经讲过美联储作为全面监管者所发挥的作用；这种作用使得它能够（借助于直接的或辅助性的核查权）获取所有控股公司的附属机构、非银行类组织以及各个银行的相关信息。美联储的监管活动使得它还能够获得与被监管的银行组织有业务往来的金融企业的信息。比如，某些大型银行向对冲基金和其他私募资本集团提供了大量的贷款和各种服务。为了确保银行审慎地管理好与这些交易对手的关系，美联储的工作人员与其他监管机构的同行们一道，了解了大量有关业务行为、投资策略和行业最新趋势的信息①。最后要提出的是，许多大型银行组织都参与了金融市场上的复杂业务，包括衍生合约和证券化资产市场的业务。在对这些银行的业务进行监管和分析的过程中，美联储获得了有关这些市场的发展趋势和近期发展状况的宝贵信息。这些监管活动所获取的信息，再加上美联储通过自己的货币政策和支付业务获取的信息，使得美联储能够极其全面和深刻地理解金融市场与金融机构的发展状况。

美联储的监管权给其非监管活动带来的好处

美联储在对银行进行监管过程中获取的大量信息和专业知识，有助于其作为中央银行去执行许多非监管类的行动。关于监管信息对货币政策带来的好处，或许是最具有争议的。研究成果所关注的是：对银行进行审核时获取的信息，是否有助于判断经济前景并据此而制定相应的货币政策。研究结果并没有得出一致的结论（Peek, Rosengren, and Tootell, 1999; Feldman and others, 2003）。有些证据表明，在金融遭受压力时期，监管信息对货币政策的制定非常有用。

---

① Bernanke（2006）解释了针对对冲基金采用"间接监管"方法的好处。这种方法避免了直接监管带来的成本，因为它依赖于对冲基金交易对手和投资者的自我利益来对这些组织施加市场约束。

比如，美联储的经历表明，这种信息在评估20世纪90年代初的信贷状况时发挥了作用——当时有些银行的贷款受到了其有限的资本带来的约束（Bernake and Lown, 1991; Greenspan, 1994）。更一般地讲，联邦储备银行在与企业和社区（包括与众多的银行家）进行交往的过程中获取的关于地区经济状况的信息，无疑会有助于货币政策的制定。其中的许多交往，是通过联邦储备银行与其辖区内的商业银行进行广泛的联系来完成的。

对支付体系的监管，是美联储作为中央银行的另一项重要职能。与其他国家的情况不同，美联储缺乏明确的执法权来对具有系统重要性的支付体系加以监管。相反，美联储在这一领域的权限，在很大程度上来自它对银行的监管权。尤其突出的是，某些提供清算与结算服务的重要机构持有银行牌照，因此它们处在美联储的监管之下[1]。作为银行的监管者，美联储能够从这些机构获取有关其业务和风险管理行为的详细信息，并且在必要的时候采取行动，以纠正所存在的风险和缺陷。美联储同时也是几家大型商业银行的直接或全面监管者；这些银行通过自己的清算与结算业务，在支付体系中发挥着重要作用[2]。

正如我所讲过的，美联储还在支付体系中发挥业务职能。具体而言，联邦电子是美联储经营的一个大额支付系统；该系统是美国金融基础设施中的一个重要组成部分。联邦电子和相关支付体系的业务，经常会涉及向该体系的参与者提供大量的短期信贷（反映了所谓的日间透支额）。美联储针对各种短期信贷所进行的信用风险管理严重依赖于所获取的监管信息。在正常时期，这种信息经常来自其他的银行监管机

---

[1] 这些机构包括存款信托公司（拥有州执业许可的会员机构）以及CLS国际银行（根据《边缘法案》设立的一家公司）。

[2] 原则上，制定法律赋予美联储对具有系统重要性的支付体系拥有监管权的做法，可以降低美联储在这一领域对银行监管权的依赖。然而，美联储的监管活动也可以使其从系统使用者（即使用收付业务的银行）的角度来获取有关支付体系的信息，从而使得美联储能够从不同的视角来了解支付体系本身的运行，以及银行和其他金融机构在清算与结算过程中面临的风险。

构。然而，当金融机构遭受巨大压力时，就应该有来自美联储内部的监管人员对借款机构及其担保物的状况做出独立的评估①。

关于美联储的监管权可以支持自己的其他职能，我已经介绍了几个方面的内容。然而，在我看来，美联储的监管活动带来的最大外在利益在于该机构在防范和管理金融危机方面所起到的作用。

银行监管与金融危机的防范与管理

尽管如今的公众都认为美联储是负责制定货币政策的机构，但它在1913年设立时的主要原因源于银行恐慌的周期爆发以及其他各种金融动荡的产生——这些问题一直困扰着19世纪以及20世纪初的美国经济（Friedman and Schwartz，1963）②。如今，出于几种原因，美联储仍然在防范和减缓金融危机方面发挥着关键作用。第一，美联储拥有向金融体系提供流动性的唯一权力；它提供流动性的方法包括在公开市场购买债券，利用贴现窗口发放贷款，以及向金融机构提供日间透支。第二，正如我所讲过的，美联储在支付体系中扮演着重要角色，它既是具有系统重要性的清算与结算体系的监管者，又是支付服务的主要提供者。在美国发生的几次金融危机中，支付的执行问题（来自金融机构对交易对手财务状况的不确定，或者是来自支付基础设施的失灵——两者可能同时存在）是主要的原因。即使在支付体系持续正常运转的时期，美联

---

① 实际上，国会在1991年制定的《联邦存款保险公司改进法案》中，对面向有问题的机构发放的贷款提出了更严格的审查要求。具体而言，如果美联储向资本严重不足的银行提供长达5天以上的贷款，或者是在120天内向资本不足的银行提供长达60天的贷款，那么，联邦储备委员会就有可能要承担联邦存款保险公司随后清算成本新增额中的一部分［12 U. S. C. §347（b）］。在这种情况下，美联储需要有能力评估此类贷款是否恰当——这一任务需要在有问题的银行的业务活动以及清算程序方面掌握大量的信息和专业知识。

② 《联邦储备法案》的开篇就指明了这家新的中央银行应承担的责任：根据需要而发行货币；提供商业票据再贴现业务；对银行服务进行更为有效的监管。其中的每一项责任都与防范或缓解金融恐慌这一目标密切相关；具体而言，根据需要而发行货币以及商业票据的再贴现都是为了向金融体系提供所需的流动性，以避免出现季节性的或其他的金融压力。

储从自己的支付业务中获取的信息也有助于理解和管理金融行业面对的压力。第三，美联储具有广泛的国际联系，要与国外中央银行进行密切的合作；而且由于它要对跨国银行业务进行监管，因此也要与外国监管者进行密切的合作。事实证明，在过去的危机时期，这些联系发挥过作用；随着金融全球化的继续深入，它们在未来将会发挥更大的作用。第四，美联储维持宏观经济稳定的责任，使得它既有强烈的动机又有相关的知识来防范和减缓金融动荡的发生——这种动荡造成的影响会波及整个经济（Mishkin，2000）。第五，美联储在金融市场广泛从事的众多活动——不仅包括对银行的监管以及在支付系统发挥的作用，而且还包括与初级交易商的联系以及在制定货币政策时对资本市场进行的监控——使得它广泛拥有独特的专业知识，来对正在出现的金融压力进行评估，并做出反应。

想要强化金融的稳定性，既可以通过采取措施来防止金融危机的产生，又可以在危机发生时对其进行有效的管理。为了减少危机发生的概率，多年以来，美联储一直在与国会、其他监管机构和金融市场参与者进行有效的合作，以便在法规的制定、监管和其他方面采取一些措施[①]。美联储还与其他监管者和金融机构进行合作，以便采取某些做法来限制系统性风险。比如，在过去的一年内，纽约联邦储备银行与私人部门和其他监管者进行合作，通过强化基础设施来支持信用衍生市场的发展。近几年这个市场交易量的迅速增长，导致了未确认的交易的大量累积。由于市场参与者与监管者的共同努力，这些未处理的交易已经迅速减少，从而导致了风险的下降——因为在危机时期不完整的交易记录会使得监管者对企业头寸和金融状况的评估变得非

[①] 比如，在明确制定有关金融合约的法律框架方面，美联储一直在提供支持，而且有时会参与其中的设计。在危机时期合约必须得到解除时，这种明确的法律框架非常重要。在监管领域，美联储帮助设计出了风险敏感性银行资产标准，并且鼓励银行继续改进自己的风险计量与管理方法。

常复杂。一些其他的全面评估方案正在实施过程中，比如，其中包括对大企业如何利用压力测试方法来计量其信用风险和市场风险的情况进行统一的评估。随着金融体系变得更加复杂，全球化程度越来越高以及相互联系更加密切，公共与私人部门之间的合作（包括跨越国界的合作，以及跨越各种机构、各个市场和各种金融工具之间的合作）将会变得越来越重要。美联储将继续倡导和支持这方面的努力。

由于美联储对金融稳定性问题有着独特的看法（这种看法来自法定监管权、历史经验以及对金融稳定与宏观经济稳定之间关系的理解），因此，在防止金融危机的集体努力中，美国中央银行的参与似乎很有必要。美联储的监管权具有重要的作用；它有助于该机构更加有效地发现问题以及识别有可能会发生的问题，因为这种权限使得美联储可以"参与讨论"，发表对这些问题的看法；而且还可以增加美联储与金融市场参与者和其他监管者的沟通，提升其影响力。总之，美联储拥有的监管权，使得它既可以在有关金融稳定性政策的讨论方面发表自己的看法，也可以使得它能更好地参与这些问题的讨论。

在拥有强大的私人与公共机构以及良好的公共政策的情况下，出现严重金融压力的概率将会相对下降。然而，当金融问题的确出现的时候，美联储和其他政策制定者面临着一个重要的问题，即应该在何时采取公共行动；具体而言，他们必须加以权衡：既要考虑采取行动有可能带来的好处，又要考虑这种行动有可能会鼓励私人部门在未来采取过度的风险承担行为（即道德风险问题）。为了尽量减轻道德风险问题，只有在不作为有可能引发系统性问题，并且有可能对更广泛的经济造成损害时，政策制定者才能采取行动；而且，即使采取行动，也应该尽可能地减少对市场的冲击。

然而，在这些情况下，当政策制定者选择针对实际或潜在的危机事件做出反应时，所采取的行动应该是经过各方面考虑的，而且是及时和有效的。从美联储的角度来看，它的持续监管职能会极大地提升金融危机发生时其采取有效行动的能力。此类事件会涉及各个金融机构、金融市场和实体经济之间重要且不可预测的相互联系；而且，在某些情况下，还会导致通信或金融基础设施的瘫痪。在面对金融压力的情况下，美联储的监管职责有助于它及时地获取可靠的信息（反映银行业、支付体系和资本市场状况的信息）；同时，还可以使得它拥有必要的内部专业知识，并利用这些知识来快速收集和评估此类信息，对可能采取的政策反应做出可靠的判断。此外，美联储与被监管的金融企业以及其他监管者的持续联系，能够缓解危机时期的沟通障碍，改进相互之间的合作，使得危机管理更为有效。

实际上，在某些金融压力事件中，不受美联储或其他监管者监管，或部分接受美联储或其他监管者监管的证券公司及其他组织，自愿提供了重要信息；此外，事实证明，一些非常具有价值的专业知识，来自美联储的非监管活动。然而，核查权和核查员的知识与经验在许多情况下是非常重要的。比如，9·11恐怖袭击发生后，美联储的核查员被派往遭受影响的一些大银行的备用办公地点。在十分混乱和不确定的状态下，这些员工在弄清楚所发生的实际情况方面起到了关键作用。他们获取的信息有助于美联储评估袭击造成的损害，弄清楚金融市场有可能受到的影响，并分析有可能采取的补救措施。

"9·11"事件发生之后，美联储采取的最重要的补救措施，或许就是它所提供的巨额流动性；这些流动性有助于避免支付系统出现堵塞，并且有助于确保金融体系和整个经济能够获得所需的信贷。提供流动性的方法包括：在公开市场购买证券；提供大大高于正常水平的日间透支额度；发放贴现窗口贷款；针对支票托收和证券贷款向银行提供定期信贷；通过货币互换使得外国中央银行能够向它们自己国家的金融机构提供美元流动性（Ferguson，2003）。在采取这些措施的过程中，美联储得益于它对一些重要金融机构的流动性管理行为、融资状况和财务状况的了解，同时也得益于它有能力对需要融资的金融机构提供的担保物进行评估。部分来自其监管职能的这些信息和专业知识，使得美联储能够有效和及时地提供所需的流动性。

与2001年9月11日发生的这类事件不同，大多数金融危机都不涉及人员损失和实际设施的损坏。然而，即使在纯粹的金融事件发生的情况下，美联储的监管权也使得它可以利用所需的信息（有时还会利用其影响力），通过与其他监管者和私人部门的合作，来帮助解决这一问题。比如，1987年股市崩盘之后，美联储利用自己的监管经验，对大型银行面临的融资与信贷风险进行了评估。现场核查员及时获得了有可能带来巨大信贷损失和流动性压力的信息。除了向公众宣布，贴现窗口能随时提供流动性之外，美联储的官员还与大型银行的高管讨论过所面临的情况（许多高管都因为监管方面的沟通而与美联储一直保持着联系）。在这些讨论中，美联储鼓励银行根据恰当的风险管理方法向证券公司提供贷款，从而使得证券公司能够进行必要的支付，避免有可能出现的支付堵塞（SEC，1988；Greenspan，1994）。

为了应对1990年德崇证券公司（Drexel Burnham Lambert）的倒闭以及1998年长期资本管理公司（LTCM）的倒闭，美联储与其他监管者和金融企业进行过类似的讨论。随着德崇证券公司情况的恶化，其他企业都不愿意与其展开交易，从而使得它难以有序地处理自己的头寸（Breeden，1990）。由于美联储与主要的清算银行有持续的监管联系，而且详细了解支付体系，因此它能解除银行的担忧，并促成了德崇证券头寸的清算（Greenspan，1994）。在长期资本管理公司这一事件中，美联储凭借自己的公信力与大型金融企业进行了讨论，从而获得了一个私人部门解决方案，避免了有可能出现的市场动荡（Greenspan，1998）[①]。

从众多此类例子中，我们得出了一个一般的结论：金融危机和金融恐慌经常会涉及相互协调与集体行动的问题（Diamond and Dybvig，1983）。在这种情况下，危机管理者的任务就是帮助解决这些协调方面的问题，帮助所有各方达成一个合作解决方案。美联储通过自己的监管行动获取的市场信息、广泛的专业知识以及各种关系等，都具有非常重要的作用；它使得这家中央银行在此类情况下能够充当一位"可靠的中间人"。

今天，我集中介绍了美联储的监管职责对它作为中央银行而承担的其他责任所起的作用，但反过来也是如此：美联储的非监管活动有助于其监管作用的更好发挥，这反过来又能促进金融的稳定性。比如，在实施货币政策的过程中，美联储要密切监控金融市场的进展，并且与政府债券市场上的初级交易商进行定期沟通。通过这种方式获得的信息，使得美联储能够了解银行在金融市场的业务活动，并对这些活动做出评估。美联储在资本市场方面拥有的专业知识，也能对其监管过程产生作用。比如，在《巴塞尔资本协议（Ⅰ）》关于市场风险修正案制定的过程中，美联储做出了巨大的贡献——根据修正案的规定，银行交易性资产的资本要求，要与银行总体资产组合的市场风险之间建立更密切的联系。

总结

如何维持金融的稳定性是一个长期存在的复杂问题；我今天的发言

---

① 在德崇证券和长期资本管理公司这两起倒闭事件中，美联储最初是通过市场核查或与初级交易商的联系（而不是通过银行监管）来发现这两家企业的问题的。一旦这些问题被发现之后，这些有问题的企业自身就透露出了大量的信息（Breeden，1990；McDonough，1998）。然而，美联储所监管的银行机构提供的大量信息，对上述信息进行了补充，并且在一定程度上对上述信息加以证实。相反，在1987年的股市崩盘事件中，当时的危机不是集中在某一家企业，而是涉及人们对证券公司获取银行贷款的普遍担忧；此时，美联储更多地依赖于其监管权所获取的信息。

只是稍微涉（或者说并没有）涉及这个话题的某些核心问题，这包括：如何确定针对金融事件而采取的公共行动是合理的；维持金融稳定性的责任应该如何在私人参与者与公共参与者之间进行分配。同时，我还要明确指出的是，我今天发言的目的，并不是想要全面地介绍目前我们所拥有的理想的监管体系。相反，我们要始终寻找一些方法来使金融监管更加有效、负担更小。我今天的观点集中在一个较小的范围：美联储的监管权具有巨大的附带效应；这些效应可以帮助它来实现自己维持金融稳定的责任。具体而言，美联储从其监管方面获得的信息、专业知识和权力，使得它具有更强的能力防范金融危机的发生；而且，当出现金融压力、需要采取公共行动的时候，美联储能利用所掌握的更多信息，更加迅速和有效地做出反应。

尤基·贝拉提醒我们，做出预测是非常困难的，尤其是针对未来做出的预测。根据这种观点，美联储一直在为有可能出现的金融压力积极地做好准备。比如，我们设立了一个跨学科的专家小组（包括来自银行监管方面的工作人员），想利用它来监控金融领域的进展，分析有可能出现的危机状况以及应该恰当做出的政策反应。我们一直在与国内外的其他监管机构进行合作，以提升危机状态下我们的沟通与协调能力。我们还要继续采取措施，以确保一旦关键基础设施出现阻断时，我们的通信、信息系统和政策程序仍然能发挥作用。从历史记录来看，美联储在促进金融稳定性方面一直都做得很好；我们将继续努力，以确保美国的金融体系具有较好的活力和适应力。

参考文献[①]

[1] BERNANKE, BEN. Comment [C]. in Frederic Mishkin, ed., Prudential Supervision：What Works and What Doesn't. Chicago：

---

① 此处参考文献为原稿内容，译者及出版者为确保准确性并做格式上的处理。

University of Chicago Press, 2001, pp. 293-297.

[2] BERNANKE, BEN. Hedge Funds and Systemic Risk [C]. speech delivered at the Federal Reserve Bank of Atlanta's 2006 Financial Markets Conference, Sea Island, Georgia, 2006, May, 16.

[3] BERNANKE, BEN and CARA LOWN. The Credit Crunch [J]. Brookings Papers on Economic Activity, 2, 1991, pp. 205-39.

[4] BREEDEN, RICHARD. Testimony before the Committee on Banking, Housing, and Urban Affairs [J]. United States Senate, 1990, March, 2.

[5] DIAMOND, DOUGLAS and PHILIP DYBVIG. Bank Runs, Deposit Insurance, and Liquidity [J]. Journal of Political Economy, vol. 91 (June), 1983, pp. 401-19.

[6] DIXIT, AVINASH. The Making of Economic Policy: A Transaction-Cost Politics Perspective. [M]. Cambridge, Mass.: MIT Press, 1996.

[7] FELDMAN, RON J., JAN KIM, PRESTON MILLER, and JASON E. SCHMIDT. Are Banking Supervisory Data Useful for Macroeconomic Forecasts [J]. The B. E. Journal of Macroeconomics, vol. 3 (Contributions), 2003, article 3.

[8] FERGUSON, ROGER. September 11, the Federal Reserve, and the Financial System [C]. speech delivered at Vanderbilt University, 2003, February, 5.

[9] FRIEDMAN, MILTON and ANNA SCHWARTZ. A Monetary History of the United States, 1867-1960 [M]. Princeton, NJ: Princeton University Press, 1963.

[10] GREENSPAN, ALAN. Testimony before the Committee on

Banking, Housing, and Urban Affairs, United States Senate, 1994, March, 2. Available in Board of Governors, Federal Reserve Bulletin, vol. 80 (May), pp. 382-85.

[11] GREENSPAN, ALAN. Testimony before the Committee on Banking and Financial Services, U.S. House of Representatives [Z]. 1998, October, 1.

[12] GOODHART, CHARLES. The Organizational Structure of Banking Supervision [C]. Occasional Papers, no.1, Basel Switzerland: Financial Stability Institute, 2000, November.

[13] GOODHART, CHARLES and DIRK SHOENMAKER. Should the Functions of Monetary Policy and Banking Supervision Be Separated? [J]. Oxford Economic Papers, vol. 47 (October), 1995, pp. 539-560.

[14] HAUBRICH, JOSEPH G. Combining Bank Supervision and Monetary Policy [J]. Federal Reserve Bank of Cleveland, Economic Commentary, vol. 11, 1996, pp. 1-9.

[15] HAUBRICH, JOSEPH G. and JAMES B. Thomson. Umbrella Supervision and the Role of the Central Bank [R]. Federal Reserve Bank of Cleveland, Policy Discussion Paper no. 11, 2005, December.

[16] MCDONOUGH, WILLIAM J. Statement before the Committee on Banking and Financial Services [Z]. U.S. House of Representatives, 1998, October, 1.

[17] MISHKIN, FREDERIC. What Should Central Banks Do [J]. Federal Reserve Bank of St. Louis, Review, vol. 82 (November/December), 2000, pp. 1-14.

[18] MISHKIN, FREDERIC. Prudential Supervision: Why Is It Important and What Are the Issues? [C]. in Frederic Mishkin, ed.,

Prudential Supervision: What Works and What Doesn't, Chicago: University of Chicago Press, 2001.

[19] PEEK, JOE, ERIC S. ROSENGREN, and GEOFFREY M. B. Tootell. Using Bank Supervisory Data to Improve Macroeconomic Forecasts, [J]. Federal Reserve Bank of Boston, New England Economic Review, 1999, September/October, pp. 21-32.

[20] Securities and Exchange Commission, Division of Market Regulation. The October 1987 Market Break: A Report, Washington: The Commission, February, 1988.

[21] WALL, LARRY and ROBERT A. Eisenbeis. Financial Regulatory Structure and the Resolution of Conflicting Goals [J]. Journal of Financial Services Research, vol. 16 (December), 1999, pp. 223-45.

金融监管与"看不见的手"

伯南克主席

在纽约大学法学院的演讲

2007年4月11日

　　市场力量决定了我们大多数的经济成就；这个事实在很大程度上可以解释我们这个国家在创造财富方面为什么能够获得成功。与任何可能存在的中央计划经济相比，整个市场能够更有效地传播信息，更有效地确定价格。这样带来的结果是，企业具有强大的动机按最小成本来生产我们居民最为看重的商品和服务。在18世纪的作品中，亚当·斯密把自由市场体系看成是一只"看不见的手"；这一体系利用人们对自身利益的追求来促进公共利益。斯密的理论在今天仍然是有效的——尽管自工业革命以来，经济的复杂性大幅度增加了。

　　尽管市场体系是美国经济活力的主要来源，但经济理论和实践都证明了这样一个事实：政府的监管和干预有时是对经济有利的。比如，在金融这种特殊的市场上，政府的监管可以促进整体经济的稳定，可以保护投资者和消费者，使其免受欺诈。当然，监管在带来利益的同时，也会涉及直接和间接的成本。直接成本包括，为遵守大量复杂的规则而引发的成本——这会极大地增加企业的生产成本，导致消费者价格的上涨。间接成本包括，法规的过度制约导致的创新或竞争的减少。因此，政府在对某种情况进行监管之前，就必须权衡准备实施的干预有可能带来的社会成本和利益。

　　近几十年以来，公共政策越来越多地受到了下列观点的影响：经常可以利用市场本身来达到监管目标。比如，在环境保护领域，排放许可权交易被人们广泛地认为具有成本效应而用作污染控制手段。以市场为基础的监管方法所利用的是无形的手，而不是利用政府的直接监管和法规实施这只有形的手。采用无形的手的监管方法，是为了将激励市场参与者的因素与监管者的目标结合起来，因而可以利用同样能让市场有效运行的强有力的因素。正如我将要介绍的，在金融领域，这一方法经常能激励市场参与者对金融企业的冒险行为加以监督和控制——也就是说，施加市场约束——因此能降低对政府的直接监管的需要。

今天，我想探讨以市场为基础的监管方法，分析这种方法在两类重要（且有很大区别）的金融机构——商业银行与对冲基金——之中的应用。对这两类机构而言，以市场为基础的监管方法，可以有效地补充（或替代）传统的命令与控制方法。

商业银行

在美国相当长的一段历史中，银行股东和债权人（而不是政府监管者）对银行的贷款和投资决策负有监督责任。比如，从1836年美国第二银行倒闭，到1863年《国民银行法案》产生的这段时期内，私人商业银行发行过非牛息票据以作为主要的交换手段。

尽管每家银行发行的票据都可以兑换成黄金（或其他安全的资产，比如政府债券），但它们并非在各个地方都总是按面值交易的。相反，各家银行发行的票据是按各种折扣来交易的；折扣额度取决于多种因素，其中包括人们对发行票据的银行的财务状况的判断，以及票据持有人兑换票据时的行程有多远（Gorton, 1996）。然而，银行并不希望看到它们的票据的交易价格大大低于其面值，因为大幅折价票据的持有者，会积极地从发行票据的银行按面值来兑换黄金。如果有太多的票据所有者要求兑换其票据，那么银行就有可能在耗尽所有的黄金储备之后关门歇业。对有可能出现的票据兑换的担忧，阻止了银行承担过度的金融风险；因为这种风险会使其票据交易的折扣加大，并因此而引发票据兑换的增加。这样，市场因素对银行的业务活动和持有的资产种类产生了约束。

同样，在18世纪后期，当活期存款成为银行的主要负债时，银行家们认识到这样一个事实：储户信心的任何一点丧失，都有可能引发挤兑（恐慌性取款），从而迫使银行关门。人们可以认为，可能发生的存款挤兑使得银行减少了原本有可能承担的风险——这是关于市场约束的另一个例子（Calomiris and Gorton，1991）。

尽管票据所有者和储户的做法限制了银行的风险承担行为，但这些做法也带来了某些不利的后果。在整个19世纪以及20世纪的头几十年内，银行挤兑经常会引发整体性的金融恐慌，导致体系内的大量机构倒闭，以及经济活动的紧缩。银行挤兑在使存款消失的同时，还会使得美国的货币供给急剧减少。而且，有时这还会给储户自身带来严重的困难。毫无疑问，从现代角度来看，由小储户来承担银行监管的负担似乎是不恰当的。大多数零售储户并没有时间和手段来收集有关银行资产和投资的信息；而且通常他们并不能吸纳银行倒闭而造成的损失。

为了解决这一系列的金融恐慌，美国国会于1913年设立了联邦储备体系，以便向该国提供一种更加安全、更加灵活和更加稳定的货币与金融体系。具体而言，设立美联储的目的"是为了提供一种具有灵活性的货币，为了保证商业票据的再贴现，以及为了在美国设立一种更为有效的银行监管制度"[①]。在金融恐慌时期，当原本具有清偿力的银行经历非预期的和大范围的存款提取时，美联储就可以利用这些权力来提供流动性。如今，美联储的贴现窗口以及它对支付体系的监管，是向银行提供所谓的联邦"安全网"的核心内容。

---

① 1913年12月23日制定的《联邦储备法案》。

但是，美联储并没有能够避免20世纪30年代大萧条时期银行恐慌的出现；这是美国历史上历时最长而且最为严重的一系列银行恐慌事件。几千家银行倒闭了，许多都是在遭遇存款挤兑后倒闭的。结果，美国国会在安全网中又增加了另外的一项因素：设立由政府提供支持的存款保险业务。存款保险既可以保护储户（保险额度和账户种类有限制），又可以降低银行面对的流动性风险。存款保险达到了自己的目标，因为针对被保险的金融机构的挤兑几乎不存在了。

然而，尽管具有明显的好处，但存款保险也带来了一些新的问题。与早期的票据持有者和储户不同，被保险银行的储户知道，即使他们存款的银行倒闭，其资金也能得到保护，因此他们只有很小或者是完全没有积极性去对银行的冒险行为进行评估。在缺乏其他措施的情况下，这种安全网会降低债权人原本将会对不稳健贷款行为进行的约束，因为这种保险降低了其风险货币的数量。当银行因为冒险行为而面对很小的经济处罚时，就会倾向于承担过度的风险；这就是经济学家所称的道德风险问题的一个例子。

为了解决存款保险带来的道德风险问题，以及为了确保银行的安全稳健经营，美国设计出了一种广泛的银行监管制度。实际上，监管者承担的是监督员的职责，是被保险的储户不再有任何积极性去承担的职责。然而，有些出人意料的是，这种政府监管制度本身有可能加剧道德风险——如果银行的被保险债权人认为，政府的监管可以免除他们需要对银行进行的监督的话。如果市场参与者认为，为了避免金融危机带来的风险，政府将采取措施来防止任何大型机构的倒闭（即存在"大而不倒"的问题），那么，市场约束将会进一步地被弱化。在市场因素的作用很小或者是不存在的情况下，确保银行稳健性的重担就完全落在了监管机构的身上。但是，正如我们从20世纪80年代的储蓄贷款危机中所看到的，如果监管者不够警觉，或者缺乏政治意愿或财力来立即关闭丧失清偿力的机构，那么其监管也有可能失败。

历史教训似乎告诉我们，市场约束和监管中的任何一项都不完全足以保持银行体系的安全与稳健。然而，监管者日益认识到了一种混合体系所具有的价值，即以大量的市场约束来作为直接监管的补充。幸运的是，尽管存在着联邦安全网，但监管者拥有众多的方法来恢复和强化对银行的市场约束。

最低资本要求就是其中的一种方法。银行的资本提供了一种缓冲；在存款保险基金（以及最终的纳税人）承担损失之前，资本首先要吸纳一部分损失。然而，除此之外，资本要求还会提升市场约束，因为它能确保银行股东（以及其他的债权人）拥有大量的风险资产。这些股东在银行业务的监管方面拥有很强的财务动机；如果他们感到不满意，就会坚持要求加以调整。银行管理者也会充分意识到，较低的股价有可能招致恶意收购，这是他们通常想要避免的结果。

如果监管措施将监管资本要求与银行承担的风险挂钩，那么银行控制风险的积极性会进一步增强（将资本要求与风险挂钩是《巴塞尔协议（Ⅱ）》的主要目标；目前，这一协议正在评估和实施过程中）。按照本来的意图，基于风险的资本监管，要求银行在承担更大风险时持有更多的资本。由于股本是最昂贵的融资形式，这种挂钩会使得银行去积极地改进风险的计量与管理。

提升市场约束的另一种方法是，针对丧失清偿力的银行设立可信的接管条款。有效的市场约束要求未保险的投资者相信他们有可能遭到全部或部分损失。就特大银行而言，认识到这一点是非常重要的，否则投资者就会感到银行太大而不可能倒闭。如果接管规则明确地规定，一旦银行丧失清偿力，投资者就要承担损失，那么，这就会提升所感受到的损失风险，因而也会增强市场约束。

美国的银行监管当局一直保证，几乎在所有的情况下，只要银行倒闭，股东就要承担损失。然而，历史上股东和未保险储户有时并不相信一旦银行倒闭监管者会让他们承担巨大的损失。为了解决这一问题，国会降低了监管者在处置问题银行时的自由决策权。比如，当银行的资本低于事先确定的水平时，要求进行限期整改的措施会限制监管者对该银行采用宽容政策；最低成本清算方案迫使监管者在清算有问题的银行时，要尽可能地减少存款保险基金所承担的损失[①]。

改进和拓展信息披露要求，是强化看不见的手的另一种方法。比如，《巴塞尔资本协议（Ⅱ）》中的所谓第三大支柱，就要求银行更多地向公众披露与自己的风险承担行为相关的信息。因此，第三大支柱有助于投资者、债权人和其他交易对手更好地评估银行的风险状况。风险方面的透明度已经变得十分重要，因为现代金融资产会越来越多地导致每单位投资额的经济杠杆比出现很大的差别。

在利用市场约束追求监管目标的过程中，监管者必须考虑各类股东在不同环境下面对的的激励因素的特点，以及每一类股东对银行风险行为的影响。比如，正如我所讲过的，银行资本通常会使得股权投资者拥有监控风险的积极性。但是，一旦银行陷入金融困境，其资本很有可能完全枯竭，这样，银行的股权投资者就不用担心再失去什么了。因此，银行股东会通过鼓励而不是限制过度冒险行为来"打赌银行的起死回生"。所以，正如我们在20世纪80年代的储蓄贷款危机中清楚看到的，股东的市场约束可能会在最需要的时候崩溃。

这个例子表明，银行利用各种工具来筹集资金是很重要的。比如，未保险的债务持有者（比如大额可转让存单的持有者或公司债券的持有者）会非常关心银行的破产风险。如果银行的股价因为过度冒险行为带来的回报而上涨，这些人并不能从中获得好处。因此，他们会关注

---

① 如果得出的决定是坚持最小成本清算方案将会带来系统性风险，那么这一方案就将被放弃；然而，相关规则有意使得援引这种例外变得十分困难。

于银行管理者正在从事的行为，以避免出现违约。附属债务的持有者尤其关注于对冒险行为的监控，因为一旦银行倒闭，他们的求偿权是排在最后的。由于债券持有者对金融危机概率的变化较敏感，因此银行的冒险行为会提升它在信贷市场的融资成本；这种联系会激励银行去控制风险。此外，银行债券的价格提供了有关银行风险度大小的有用信息。根据这一信息，银行的交易对手和监管者可以采用自己的措施来确保银行安全地开展经营[①]。

对冲基金

关于无形的手如何被用于支持监管目标，对冲基金提供了这方面的第二个例子。对冲基金的快速成长是过去10年左右的时间内美国金融市场上最重要的进展之一。在投资策略和风险类别方面，各种对冲基金存在很大的差别。然而，总体而言，大多数经济学家都认为，对冲基金的兴起，对投资者和金融市场而言都是一种积极的进展。近几年，它们激发了大量的金融创新；而且，利用这些新的金融工具，它们极大地提升了我们金融体系的流动性、效率和风险共担能力。

对冲基金面临的监管较少。由于对冲基金交易涉及非常熟练的交易对手和投资者，而且由于它们不受联邦安全网的保护，因此它们似乎有一定的理由接受较少的监管。然而，对冲基金市场份额的增加，使得人们更加担心有可能带来的系统性风险。许多对冲基金策略方面固有的复杂性和快速调整，使得它们难以让外部投资者所了解，因此人们担心对冲基金可能在没有任何先兆的情况下突然倒闭。此外，许多对冲基金要

---

① 利用金融工具组合（包括附属债务）可以创造出市场约束；关于这种市场约束有可能带来的好处，研究银行业务的经济学家已经探讨了许多年。在通过限制银行资本结构来提升有效的市场约束方面，这些学者提出了一些引人注目的建议。相关文献可以参见：Benston and others (1986), Evanoff and Wall (2000), Lang and Robertson (2002), and Board of Governors and U.S. Department of the Treasury (2000)。其中的许多建议都要求银行发行附属债务。如果市场运行得很好，银行附属债务所要求的收益率，应该能很好地反映出银行的风险状况。

么具有很高的杠杆比，要么持有衍生合约或其他资产，从而使其净资产头寸对资产价格的变化非常敏感（这带来的效果等同于高杠杆比）。当然，高杠杆投资者必然更容易遭受市场冲击，但是杠杆交易还会增加整个金融体系的风险。持有大量集中头寸的高杠杆对冲基金的倒闭，会迫使这些头寸被强制清理（而且有可能是按甩卖价清理），因此会对交易对手带来巨大损失。在最坏的情况下，这些交易对手的损失，会导致进一步的违约或者是威胁到系统重要性金融机构。此外，不是作为违约企业的债权人或交易对手的市场参与者，也会因为资产价格的变动、流动性的压力以及市场不确定性的增加而间接受到损害。

正如我所讲过的，债权人和投资者的市场约束，有可能是控制杠杆交易和其他冒险行为的一种强有力的机制。但是，市场约束有可能会失败，正如一个著名的例子——长期资本管理公司这家对冲基金——所反映的：在1998年出现的严重金融压力中，该公司的倒闭是一个核心事件。或许是由于该公司的负责人具有良好的声誉，银行和经纪交易商按优惠的条件向该公司提供了贷款，尽管该公司承担了一些特殊的风险。长期资本管理公司的投资者和交易对手对其完全没有提出一些尖锐的问题——他们必须通过这些问题，才能理解自己所承担的风险。这些风险管理方面的失误，再加上1998年8月所遇到的特殊市场状况，共同构成了导致长期资本管理公司危机的重要原因。

针对长期资本管理公司所发生的事件，美国国会原本可以对私募资本采用有更大干预力度的监管制度。然而，这样做可能会涉及高昂的成本和技术上的困难，可能会增加道德风险（因为投资者和交易对手再也不用承担对基金的监控责任），而且还可能会降低对冲基金给社会带来的利益（因为这会阻碍基金经理对市场情况的变化迅速和灵活地做出反应的能力）。相反，美国采用的监管方法遵循的是1998年金融市场总统工作组提出的建议，而且该工作组最近提出的一系列原则重申了这些建议①。

监管对冲基金的市场约束方法要求四类参与者承担责任：对冲基金投资者；债权人和其他交易对手；监管机构；以及对冲基金自身。

在探讨商业银行的监管时，我曾经讲过，大多数的小额零售投资者都没有能力去提供有效的市场约束，因为需要有时间、精力和专业技术来对复杂的金融活动加以监控。就对冲基金而言，证券法规实际上只允许机构和非常富有的个人参与这种投资。这些投资者一般拥有手段和专业技术，而且也拥有动机来对对冲基金的业务活动进行监控。大投资者不仅有很好的能力来评判单个对冲基金的管理层、策略、业绩、风险管理行为以及费用结构，而且他们还有能力要求获得进行评估时所需的信息。尽管监管法规限制了零售投资者对对冲基金的直接投资，但这些小投资者可以进行间接投资，比如借助于养老基金来进行投资。然而，养老基金和类似机构的管理者通常对其投资者要承担委托责任；他们要研究和了解自己的投资，并确保自己的整体风险状况适合于自己的客户。在实践中，大多数养老基金只是少量涉足于对冲基金交易。

交易对手是市场约束的另一个主要来源。大多数对冲基金主要的交易对手是大型商业银行和投资银行——它们向对冲基金提供贷款和其他一系列的服务。作为债权人，交易对手有明确的经济动机去监控对冲基金的风险业务，或许还会对这些业务进行限制；同时还要积极地防止自己因为某一家或几家对冲基金客户的倒闭而遭受巨大损失。交易对手通过风险管理和风险缓解手段，来防止自己遭受巨额亏损。风险管理措施包括利用压力测试来估算不利市场条件下的潜在风险；风险缓解手段包括担保协议——根据该协议，对冲基金必须采用逐日盯市的做法，并保证其风险能够得到充分的担保。

对冲基金交易对手的激励动机，能够很好地与监管者的目标相吻

---

① 总统工作组最近的报告可以从下列网站看到：www.ustreas.gov/press/releases/hp272.htm.

合；这些目标包括约束对冲基金的过度冒险行为，以及防止其遭遇的亏损给金融市场上的其他主要参与者的稳定性构成威胁。然而，由于存在各种原因，其中包括竞争压力以及某些交易对手拥有安全网的保护，私人交易对手可能不会充分考虑到整体金融稳定性所面临的风险。因此，监管者要设法确保对冲基金的交易对手（主要是一些特大型的商业银行和投资银行）保护好自身，这样就能保护好整个金融体系。监管者还要监控市场和重要的机构，与国内外的同行进行协调，并且与私人部门合作，以强化市场基础设施。比如，纽约联邦储备银行一直在作为牵头人与公共和私人部门进行合作，以改进信用衍生合约的清算与结算。这种类型的合作，可以在不损害市场约束的情况下改进市场的运行状况，降低金融稳定性所面临的风险。

最后，在市场约束制度下，对冲基金的管理者自身拥有下列动机与责任：有效地进行风险管理；开发合理的资产和负债估价方法；以及向其投资者、债权人和交易对手提供及时准确的信息。

迄今为止，针对对冲基金的这种以市场为基础的方法似乎运行得很好，尽管还有许多方面需要改进（Bernanke，2006）。尤其值得注意的是，在过去的10年内，风险管理技术已经变得更加先进和更加全面。我们要明白，市场约束不能够阻止对冲基金从事风险业务，不能够阻止对冲基金遭受损失，甚至也不能够阻止对冲基金的倒闭——而且它也不应该做到这几点。如果对冲基金不从事风险业务，其所带来的社会利益（向市场提供流动性，改进风险共担状况，以及支持金融创新和经济创新）大体上就会消失。

总结

今天本人论述的内容是，在许多情况下，依赖于以市场激励为基础的无形的手而实现的监管，可以作为政府直接监管的补充手段。以市场为基础的监管想要发挥作用,影响投资者和其他私人参与者的激励因素就必须与政府监管机构的目标相吻合。具体而言,私人投资者必须拥有足够的专业技术,来理解和监控金融企业的财务状况;并且要明白,一旦金融企业出现倒闭,他们将遭遇重大损失。事实证明,如果满足这些条件,市场约束就是约束过度冒险行为的一种强有力的工具。

参考文献[①]

[1] BENSTON, GEORGE J., ROBERT A. Eisenbeis, Paul M. Horvitz, Edward J. Kane, and George C. Kaufman. Perspectives on Safe and Sound Banking: Past, Present, and Future [M]. Regulation of Economic Activity Series. Cambridge, Mass. : MIT Press, 1986.

[2] BERNANKE, BEN. Hedge Funds and Systemic Risk [C]. speech delivered at the Federal Reserve Bank of Atlanta Financial Markets Conference, 2006, May, 16.

[3] Board of Governors of the Federal Reserve System and U.S. Department of the Treasury. The Feasibility and Desirability of Mandatory Subordinated Debt [DE]. report to the Congress, December, www. federalreserve. gov/boarddocs/rptcongress/debt/subord_ debt_ 2000. pdf, 2000.

[4] CALOMIRIS, CHARLES, and GARY GORTON. The Origins of Banking Panics: Models, Facts, and Bank Regulation [C]. in R. Glenn Hubbard, ed., Financial Markets and Financial Crises. Chicago: University of Chicago Press, 1991, pp. 109-73.

[5] EVANOFF, DOUGLAS D., and LARRY WALL. The Role of Subordinated Debt in Bank Safety and Soundness Regulation [R]. in The

---

① 此处参考文献为原稿内容,译者及出版者为确保准确性并做格式上的处理。

Changing Financial Industry Structure and Regulation: Bridging States, Countries, and Industries, proceedings of the Thirty-Sixth Annual Conference on Bank Structure and Competition. Chicago: Federal Reserve Bank of Chicago, 2000, pp. 480-93.

[6] GORTON, GARY. Reputation Formation in Early Bank Note Markets [J]. Journal of Political Economy, vol. 104 (April), 1996, pp. 346-97.

[7] LANG, WILLIAM W., and DOUGLAS D. Robertson. Analysis of Proposal for a Minimum Subordinated Debt Requirement [J]. Journal of Economics and Business, vol. 54 (January - February), 2002, pp. 115-36.

《巴塞尔协议（Ⅱ）》：前景与挑战

伯南克主席

在芝加哥联邦储备银行举办的关于银行结构与竞争的第42届年会上的发言

2006年5月18日

我很高兴有机会在今天上午的会议上发言。40多年以来，这个年会可能已经成为由美国银行家、学者和监管者共同参与的最著名的集会。美联储主席格林斯潘在其任期内的每一年都要在这个会议上发言（只有一年除外）；有时，他会利用这个机会倡导在银行监管制度方面做出一些重大改革。最突出的例子包括：要求对1991年《联邦存款保险公司改进法案》（FDICIA）中的存款保险和银行资本标准进行修订；要求放松1994年《里格—尼尔法案》中对州际银行业务提出的限制；以及要求通过实施1990年《金融服务现代化法案》来取消《格拉斯—斯蒂格尔法案》对商业银行和投资银行混业经营的限制。

今天，我想探讨在大型银行（尤其是积极从事国际化经营且非常复杂的大型银行）的监管方面，实施另一项重大改革的重要性[①]。这项改革涉及在人们熟知的《巴塞尔协议（Ⅱ）》的框架下，对评估银行资本充足率的方法进行更新。目前的银行资本标准是国际社会于1988年达成《巴塞尔协议（Ⅰ）》的框架时所确定的；这是一项重大的进步，因为这一标准包含了一个重要的原则：监管资本要求应该与每家银行机构的风险状况挂钩[②]。然而，又由于确定资产风险权重的方法比较粗略，由于强调了表内风险而没有考虑到金融企业面对的其他风险，这

[①] 在我的发言中，将交替使用"银行"和"银行组织"的称呼。
[②] 《巴塞尔协议（Ⅰ）》的第二个主要贡献是它确立了计量银行资本的国际标准。

些原因使得《巴塞尔协议（Ⅰ）》中的资本要求对风险的反应总体上不太灵敏，从而使得这一体系越来越不适用于对非常复杂的大型银行的监管。对这些银行机构而言，我们需要突破《巴塞尔协议（Ⅰ）》，而转向更具有风险敏感性且更加全面的资本充足率评估框架。《巴塞尔协议（Ⅰ）》代表了监管群体在开发这种框架方面共同做出的努力（包括与银行和其他利益相关人进行的磋商）。

经过多年的讨论和磋商，《巴塞尔协议（Ⅱ）》的主要原则已经越来越清晰；我将对它们加以简要的介绍。我认为，建立在这些原则上的监管框架，正好适用于对非常复杂的大型金融机构的监管。此外，《巴塞尔协议（Ⅱ）》的框架本质上是动态的；它可以适应各种创新和变化。然而，今天我还想要表达的是，《巴塞尔协议（Ⅱ）》还有许多工作要做。当我们继续实施这一框架时，最后的成功还需要银行监管者、银行业、国会和其他相关各方继续进行坦诚的对话；同时还需要政策制定者思维开阔，具有灵活性并随时做出必要的调整。就美联储而言，我们将致力于《巴塞尔协议（Ⅱ）》的进一步完善。

抵押贷款和其他市场上的金融创新

与过去几年的情况一样，芝加哥联邦储备银行明智地挑选了会议的主题。在过去10多年的时间里，住房和其他不动产领域融资活动的创新已经取得了巨大的进步，从而导致了金融工具的更加复杂和灵活，市场的流动性更强，以及风险共担的效果更好。想要充分利用这些创新所带来的好处，就必须要求银行和其他金融机构在风险计量与风险管理方面，做出重大的改进。

当然，金融创新和改进风险管理并非只局限于不动产融资领域。开展证券化业务，改进套期保值工具与策略，增加市场的流动性，完善风险定价方法以及为实施此类创新而建立的信息收集与管理系统等，也都出现在其他的零售与批发市场。

在我看来，这些发展总体上能够带来巨大的好处。借款人有更多的选择，可以获得更多的贷款；贷款人和投资者能够更好地进行风险的计量与管理；而且，由于金融风险能够分担给那些更愿意并且有能力去承担风险的人，经济和金融体系也具有更大的适应力。毫无疑问，快速发展的金融创新也会带来某些风险——如果新的工具使用不当，或者为这些工具提供交易的市场基础设施不完善的话。监管者必须意识到这些风险的确存在，并且要随时准备缓解这些风险。然而，总体而言，新的金融工具的谨慎使用，以及这种使用所带来的风险计量与风险管理方法的改进，将有助于促进公众的利益。

创新对金融监管的影响

随着市场参与者的创新使得市场变得更加有效和复杂，银行监管者也必须确保自己跟上时代的步伐。实际上，日益脱离实际商业行为的监管体系，很有可能带来不好的作用。一个脱离实际的监管体系会提升监管成本，抑制效率与创新，并且会在缓解与金融安全网相关的道德风险问题方面最终失去效果。

大多数监管改革都是逐步推进的；考虑到在如何对市场做出最佳反应方面必然存在不确定性以及想要避免意想不到的后果，这种逐步调整是完全恰当的。监管改革逐步推进的例子很常见。比如，作为对银行和金融市场不断变化的反应，美国的银行监管机构针对《巴塞尔协议（Ⅰ）》的框架，提出了25次以上的修正案。

然而，有时需要对监管框架做出更彻底的反思。在某些情况下，危机的爆发是导致这种反思的催化剂，比如我前面提到过的《联邦存款保险公司改进法案》在存款保险和资本政策方面做出的改革。在其他情况下，重大改革的发生是由于各种因素的逐步累积造成的，比如

《金融服务现代化法案》通过之前,商业银行业务与投资银行业务的混业经营的逐步发展。我认为《巴塞尔协议(Ⅱ)》产生的必要性,在于后一种情况的出现。眼下并没有危机迫使我们转向《巴塞尔协议(Ⅱ)》,但是,市场行为的逐步演化以及从事全球化经营且业务日益复杂的特大银行的出现,要求我们必须对这些银行的资本充足率评估方法做出重大调整。事实上,等待危机的爆发来迫使改革发生,是一种愚蠢的想法;现在就采取行动,我们就能够预见事情的进展,采用一种对未来具有重大好处的制度。

为何要制定《巴塞尔协议(Ⅱ)》

人们对《巴塞尔协议(Ⅱ)》许多方面的内容及其有可能产生的影响都进行了探讨,其中包括,它有可能对银行的成本和竞争状况产生的影响。我将简要地介绍这方面的一些内容。然而,重要的一点在于,我们必须记住,《巴塞尔协议(Ⅱ)》的核心目标是通过确保美国银行业的安全稳健来促进美国金融体系的稳定。它是否能促进这一目标的实现,是我们判断该协议效果的首要标准。

我说过,《巴塞尔协议(Ⅱ)》的核心目标,是促进美国金融体系的稳定;然而,正如在座的各位所了解的,美国的银行与金融体系与全世界其他地区的相互联系越来越紧密。事实上,全球化业务的不断增加,是美国的银行监管机构参与1988年的《巴塞尔协议(Ⅰ)》谈判的一个主要原因。当然,如今无论是金融市场还是实际产品市场的全球化程度都有了很大的提升,系统性金融问题将不会受到国界的约束。因此,继续鼓励国际协调并对那些有可能带来巨大系统性风险的银行进行统一的监管,对美国非常有利。出于这一种考虑,我们做出了选择:与国内和国际的同行共同参与巴塞尔委员会的工作,以便为积极参与全球化业务的复杂大型银行,设计出一个新的资本监管框架。

为了维持美国及全球金融体系的稳定，我们要确保银行，尤其是复杂的大型银行，在经济或金融遭遇压力的时期，仍然有能力向其客户提供服务，并且能够承担作为贷款人和交易对手应承担的责任。当然，这要求银行同时拥有充足的资本和强有力的风险管理手段。由于市场信心能够促进市场的稳定，因此，还有很重要的一点就是，监管者和市场参与者自身有能力，对这些金融机构的财务稳健性和风险管理能力做出评价。

《巴塞尔协议（Ⅱ）》是提升银行安全稳健性的一个综合性框架；它所采用的措施包括：在监管资本要求与银行风险之间建立更密切的联系；提升监管者和金融市场对资本充足率的估算能力；鼓励银行积极改进其风险计量与管理方法。该监管框架包含了三项内容：以风险为中心的监管资本要求；监管机构的评估；以及市场约束。

根据《巴塞尔协议（Ⅱ）》的第一大支柱，最低风险资本要求的风险敏感性，要比目前的协议大许多。这种更大的敏感性，来自每家银行的资本要求与银行以往的信用和营运风险指标的挂钩；而风险的确定则部分取决于银行对风险参数的估值，比如贷款违约率以及既定违约率下的预期损失。所使用的估算方法必须符合监管标准、监管指南和监管评估的要求，其中包括：第一大支柱下使用的风险参数，必须与银行内部风险管理实际使用的风险估值一致。第一大支柱对信用风险的处理还更加准确地反映了担保、信用衍生合约和证券化业务对风险的降低作用，因此这种监管资本要求，可以激励银行对信用风险组合进行套期保值。第一大支柱对营运风险的考虑也是一个巨大进步；这一做法认识到了营运故障的确有可能是许多银行面临的重大风险，因此银行应该积极地降低这种风险。此外，第一大支柱还对交易账户风险进行了更为全面的处理。

我们不能低估强化最低资本要求所具有的重要性。强大的资本有助于银行吸纳非预期的冲击，并且可以降低与联邦安全网相关的道德风险问题。20世纪80年代末、90年代初所发生的储蓄银行危机带给我们的一个重要教训是：必须有审慎和明确的最低监管资本来确保银行持有足够的资本，以及确保存在一个有效的金融监管体系。比如，明确规定的最低监管资本要求，能准确反映银行的风险状况，从而能更有效地实施限期整改措施。

除了使监管资本比率更加具有风险敏感性之外，《巴塞尔协议（Ⅱ）》还提供了一个统一的框架，以便监管机构对资本充足率和风险管理进行更好的分析。根据第二大支柱的规定，每家银行都必须在最低监管资本要求之外，保留一笔缓冲资本，以应对银行所面临的各种风险；其中包括流动性风险、利率风险和集中化风险等——这些都是在第一大支柱中没有得到反映的风险。目前，美国的银行监管机构将银行总体资本充足率的评估，作为其通常核查过程的一部分。然而，在《巴塞尔协议（Ⅱ）》的框架下，监管者和各家银行对资本充足率的整体评价质量将会得到极大的提升，因为来自第一大支柱的信息，来自监管者对银行系统实施第一大支柱和第二大支柱的情况进行评估的信息，以及来自银行自身分析结果的信息，将使得所获取的信息更加全面。

根据第三大支柱的规定，银行必须向公众披露新的风险资本比率，以及更多的有关银行资产组合信用质量和风险计量与管理行为的信息。此类信息的披露，将使得银行的状况在金融市场更为透明，因此能够强化市场约束。

结合在一起的这三大支柱，提供了一个广泛和统一的监管框架，可以将监管资本与风险挂钩，可以改进银行内部的风险计量与管理，可以强化对积极从事国际化业务的大型复杂银行的监管与市场约束。这三大支柱以管理良好的银行的经济资本和其他风险管理方法为基础，能够使得监管机构的行动与优质银行的实际管理方法更好地相统一。因此，与现行制度相比,《巴塞尔协议（Ⅱ）》能更好地适应未来银行业和金融市场上出现的创新。此外,《巴塞尔协议（Ⅱ）》确定的风险计量与管理标准以及相关的信息披露要求,将鼓励银行不断地改进自己在这些领域的行为。事实上,由于《巴塞尔协议（Ⅱ）》的逐步完善,我们看到美国以及其他国家的许多银行在风险计量与管理方面,已经取得了巨大进步。我们期望将来能取得更大进步。

需要有持续的对话和灵活的态度

《巴塞尔协议（Ⅱ）》有可能带来巨大的利益,但是任何此类的根本性政策调整都必将导致不确定性,并且带来复杂且难以处理的利弊权衡。要想成功地应对这些挑战,就要求银行监管机构、银行业和其他利益相关者在解决这些难题时,持续和坦诚地交换意见,并且有一种灵活和开放的态度。

出于这样的考虑,我恳求银行业及其他相关各方,对《巴塞尔协议（Ⅱ）》的规则制定建议公告（NPR）、监管指南建议（近期即将出台）和将要对《巴塞尔协议（Ⅰ）》进行调整的建议（不受《巴塞尔协议（Ⅱ）》管辖的大多数银行,都要接受《巴塞尔协议（Ⅰ）》的管辖）展开充分的讨论。为了便于这一过程的进行,我想谈一谈人们针对《巴塞尔协议（Ⅱ）》而提出的几种担忧。

第一种担忧在于,这一监管框架的复杂性及有可能涉及的成本。《巴塞尔协议（Ⅱ）》的规则制定建议公告有很长的篇幅,且非常详细。草案获得了银行监管机构的认可,并且于3月下旬获得了联邦储备委员会的一致通过;但这份草案将近450页。仅这份文件的冗长篇幅和复杂性（且不说还要额外增加的监管指南）就使得有些人担心,在美国实施《巴塞尔协议（Ⅱ）》的成本,将有可能超过该协议带来的好处（这些好处包括银行的更加安全稳健、风险计量与管理的改善以及更好的市场约束等)。

我理解这些担忧。然而,我们必须认识到,《巴塞尔协议(Ⅱ)》的议案之所以复杂,是因为现代风险计量与风险管理必然是复杂的业务。事实上,某些评论者认为,《巴塞尔协议(Ⅱ)》在某些方面过于简单了。草案建议还反映了在如何更好地处理某些目标冲突方面的一些判断。一方面,该监管体系必须可以具体操作,而且必须考虑到各种大型复杂金融机构的监管资本比率要具有一定的可比性。因此,需要有一些标准化的方法。监管者还要使得金融业以及其他市场参与者尽可能明确了解一些核心概念的含义,比如违约概率和既定违约状况下的损失;同时还要明确地了解,我们希望银行如何去估算这些参数。

另一方面,由于银行行为的多样化,由于在"最优行为"方面并不存在任何明确的定义,以及由于我们需要积极鼓励银行去改善风险的计量与管理,所有这一切都要求该监管体系具有足够的灵活性,从而使得监管者和银行家能够做出自己的判断。需要有灵活性和判断力,这就是我们一直强调以下这一点的主要原因:第二大支柱中的监管评估,必须成为第一大支柱中明确的最低监管资本要求的补充。

当然,我们希望看到这一监管框架的实施尽可能地具有成本效应。想要避免不必要的监管成本负担,是我们依据银行已有的行为来制定《巴塞尔协议(Ⅱ)》的另一个主要原因。然而,《巴塞尔协议(Ⅱ)》的确要求银行进行某些基础设施的投资,其主要目的是想有助于监管者对银行监管体系的认可与比较——这是许多银行原本不会从事的投资。针对我们在这一领域的建议,获得一些行业反馈是非常有帮助的。

有时,为了达到一些相互竞争的目标,必然会产生紧张局势;《巴塞尔协议(Ⅱ)》平衡这一紧张局势的办法,就是所谓的实践标准。根据实践标准,银行用于资本监管的体系和程序,必须与内部使用的体系和程序一致。请注意，我说的是"一致"，并不是"相同"。比如，最低监管资本，不一定等于银行内部计算出来的经济资本要求，但我们的目的是力求这两者高度关联。此外，《巴塞尔协议（Ⅱ）》想要采纳一系列的风险计量和风险管理方法，而且这一系列的方法，还会随着时间的推移而发生改变。没有哪一位监管者想要采纳单一的"最优行为"，或者是将目前的行为固定下来。关于实践标准方面的一些问题，我们很想在如何更好地实施这一重要原则方面，得到具体的反馈。

更一般地讲，我希望银行业能够与管理机构合作，以发现监管框架之中有哪些方面的内容既没有成本效应，也不能向稳健的风险管理提供支持。相对于2003年发布的"高级规则制定建议公告"，目前的规则制定建议公告考虑到了银行业在这些方面的具体建议。重要的例子包括违约的定义、预期损失的处理、贷款损失准备、信用衍生合约以及证券化业务。如果需要做出进一步的调整，我们会随时倾听大家的建议并做出相应的调整。

对《巴塞尔协议（Ⅱ）》的第二种担忧是，它会造成不公平的竞争环境。这一担忧表现在两个方面。首先，有些人认为，《巴塞尔协议（Ⅱ）》在美国的双重应用，会使得利用这一监管框架的国内银行，比国内其他银行的部分业务资本要求以及总体监管资本要求更低。人们认为，较低的监管资本要求将使得利用这一监管框架的银行具有成本优势，从而会使得其他银行处于竞争劣势。此外，还有一些人担心，利用这一监管框架的银行，会使用新获取的超额监管资本，来并购规模较小的银行。

金融机构之间资本规则的差异，不应该扭曲金融市场，或者是给某些类别的银行人为地创造出竞争优势。这是一个重要的原则。考虑到这一原则，美联储对《巴塞尔协议（Ⅱ）》有可能对竞争环境产生的影响进行了研究；美国所有的银行监管机构，都从多种渠道获得了相关建议。依据这些信息，银行监管机构宣布，它们准备提议对《巴塞尔协议（Ⅰ）》现有的资本标准进行修订，以缓解不平等的竞争。议案将在不久的将来公布；我恳请利益相关各方给出具体的建议，以便我们进一步采取行动，减轻《巴塞尔协议（Ⅱ）》在竞争方面有可能带来的意想不到的后果。

其次是平等竞争问题，涉及《巴塞尔协议（Ⅱ）》在国际上实施的一致性。有些人会认为，协议实施和执行过程中国际标准的不一致，将使得美国积极从事国际业务的银行处于不利的竞争地位；同时，与外国银行在美国的附属机构相比，纯粹在美国国内从事业务的银行也会受到损害。

所有的银行监管者都认识到，达到国际一致性，将是一项挑战。然而，这并不是一个真正的新问题。从事跨国业务的企业及其监管者，都熟悉有时所面对的挑战，即需要遵守相互冲突的法律和监管要求。然而，我们也认识到，国际实施过程中的某些问题，比我们目前面对的问题要更为复杂。美国的监管者正在努力，想借助于巴塞尔委员会并通过与单个企业和各国监管者的合作来解决国际实施过程中的问题。这需要有更多的努力与合作，但是，与以往一样，我相信我们能够拿出一套让人们认可的协议，并找到一些办法来解决未来的问题。

最后，我要探讨的第三种担忧是，《巴塞尔协议（Ⅱ）》可能会导致执行该协议的银行的最低监管资本要求出现大幅度的下降。我在前面强调过，对监管者而言，20世纪80年代末和90年代初发生的银行和储蓄机构危机所带来的一个最大的教训就是，审慎的最低监管标准是很重要的。所有的银行监管机构都在坚守这一原则。

目前，我们还无法准确地计量《巴塞尔协议（Ⅱ）》的完全实施，将会使得银行的风险资本要求水平与《巴塞尔协议（Ⅰ）》有多大的不同。尽管我们的定量影响研究具有一定的作用，但是研究所使用的银行体系和计量指标一般还达不到《巴塞尔协议（Ⅱ）》规定的标准。随着这一过程的推进，随着人们更加关注于标准与指南，随着银行对风险管理体系的改进，我们将会了解得更清楚。

由于协议实施过程中存在着无法消除的不确定性，规则制定建议公告中确定的实施议案采取了广泛的保护措施，以限制有可能出现的意想不到的后果，其中包括所要求的资本水平有可能出现的大幅度下降。这些保障措施包括：每家银行要有最少一年期的平行运行时间；在此期间，银行需要根据《巴塞尔协议（Ⅱ）》来计算其风险资本要求，尽管银行的实际资本要求是根据《巴塞尔协议（Ⅰ）》的规则来确定的。在平行运行结束之后，每家银行都要面对一个至少三年的转换期；在这一时期，根据《巴塞尔协议（Ⅰ）》的规则确定的资本基数，要确保监管资本不会出现大幅度下降。此外，监管机构自身承诺，在这一转换过程中，以及随后的时间内，它们将继续评估新的监管框架造成的影响，并通过必要的调整来确保资本处于审慎水平。最后，我要强调的是，即使《巴塞尔协议（Ⅱ）》得到完全实施，所有的银行组织还是要继续遵守目前的最低杠杆比要求以及限期整改规则。

这个分步实施的方案得到了美国所有银行监管机构的支持；它能确保银行组织在转换时期以及以后的时间内，拥有强大的资本地位。此外，安全稳健不仅依赖于银行体系资本的绝对水平，而且还依赖于资本的利用效果。通过让资本与风险进行更密切的挂钩，通过鼓励银行改进其风险管理，以及通过更大的透明度来提升市场约束，可以说，《巴塞尔协议（Ⅱ）》的监管框架将使得任何既定水平下的银行资本都能发挥更好的作用。然而，需要再次强调的是，为了使该框架达到预期目的，需要我们处理好各种细节。因此，我再次恳请银行业以及其他公众，对规则制定建议公告和监管指南草案进行细致的分析，以便在所建议的框架的各个方面，向监管机构提供建设性的意见。

总结

总之，我认为，转向实施《巴塞尔协议（Ⅱ）》后续阶段的时机已经成熟。这一监管框架将会革新银行的监管，并使得监管行为与银行业的最佳行为相一致。这将会带来巨大的利益（最重要的是，能带来一个更加安全稳健的银行体系）；但是，不确定性仍然存在。这些不确定性的满意解决，需要银行监管者、银行业、国会和其他重要参与者的努力工作和密切合作。还有很长的路要走，但美联储将致力于这项任务的完成。让新一轮的银行监管标准在促进美国的银行和金融体系的稳定性方面尽可能地发挥效用，这是对所有的美国人都非常有利的事情。

第三部分

珍妮特·耶伦：后危机时代的金融监管

综述

2008年全球金融危机的爆发是一个典型的市场失灵的范例。在监管不到位的情况下，不断膨胀的金融经济与实体经济的脱节，最终导致了资金链的全面断裂。20世纪90年代初，随着苏联的解体以及日本泡沫经济的破灭，美国成为全球唯一的超级经济体。与此同时，由于信息技术革命的影响，经济的自由化、信息化和全球化具备了前所未有的物质基础，金融行业的地位有了极大的提升，其中的一个表现就是，投资银行在华尔街乃至全世界的角色都变得异常重要。1999年11月美国通过的《金融服务现代化法案》，正式结束了以《格拉斯——斯蒂格尔法》为基础的金融分业经营的历史，标志着美国金融业进入了混业经营的时代。

然而，过了几年之后，一场由美国次贷危机引发的全球金融危机再次给我们敲响了警钟，使得我们不得不重新思考"看不见的手"的作用。首先，事实证明，市场关注的往往只是即时或短期的效率，而不具备长期理性。否则，就不会有经济的周期性波动以及金融危机带来的动荡。其次，现代经济的金融化倾向愈发明显，制造业的地位日益低下，金融已日益沦为独立于实体经济之外的获利工具，并且也缺乏实体经济的支持。此外，正如此次危机所显示的，如今的经济自由化与全球化，已经使得政府难以驾驭市场监管，传统的监管模式已经难以担当重任；突飞猛进的信息工程技术和金融技术，使得市场经济的运行已经大大超越了监管部门所能触及的范围。

金融危机是金融监管立法改革最重要的推动力，随着世界经济形势的复苏和金融体系的逐步稳定,后危机时代,包括美国在内的全球主要经济体开始转向金融监管立法制度改革,以修复金融监管体系存在的根本性缺陷。2010年7月,自"大萧条"以来改革力度最大、影响最深远的金融监管改革议案《多德—弗兰克华尔街改革与消费者保护法案》(简称《多德—弗兰克法案》)最终由美国时任总统奥巴马签署生效。美国的金融监管改革所反映的不仅是监管者,更是美国民众、法律界和学术界对此次金融危机的全面反思。它是美国金融监管史上的一个里程碑,标志着美国金融体系"去监管化"的结束。

根据这项法案,美国将对金融市场进行全面监管,以清除导致危机的各种系统性风险。根据法案的规定,美国成立了金融稳定监管委员会,负责监测和处理威胁国家金融稳定的系统性风险。同时,法案还扩大了美联储的监管权限:第一,将美联储的监管范围扩大到所有可能对金融稳定造成威胁的企业;除银行控股公司外,对冲基金、保险公司等非银行类金融机构也被纳入美联储的监管视野。第二,取消证券交易委员会(SEC)的联合监管计划,由美联储接替证券交易委员会行使对投资银行控股公司的监管权。第三,强化具有系统重要性的支付、交易和结算体系的能力,拓宽其获取流动性的渠道。第四,修订美联储的紧急贷款权力,增强美联储的危机反应能力。

后危机时代国际金融监管立法改革的新动向,为完善我国金融监管制度提供了深度思考的机会。考虑到全球金融监管趋势的改变,2010年5月,中国国务院在《关于2010年深化经济体制改革重点工作的意见》中,就深化金融体制改革提出了明确的方向:"借鉴国际监管标准的改革,完善金融监管体制。建立宏观审慎管理框架,强化资本和流动性要求,确立系统性金融风险防范制度。"为了详细了解后危机时代美国在金融监管方面的努力,本书的第三部分选取了2010年到2014年珍妮特·耶伦在担任美联储副主席及主席期间,针对全球金融监管问题所做的部分演讲。演讲主要涉及危机带来的教训、系统性风险的监控、宏观审慎政策与货币政策的相互作用、金融市场的相互联系所带来的系统性风险以及降低系统性风险的全球政策反应等内容。

一、危机带来的教训

危机过去之后，我们现在可以清楚地看到美国的监管体系具有致命的缺陷。尽管人们对金融市场进行了大量的计量研究，在金融稳定性方面发表了一些重要的论文，但实际情况是，我们根本不了解一些极具危险性的系统风险。回过头来看，我们认为，监管群体因为一种过分乐观的世界观和面对良好经济局面而表现出自满情绪。一直以来人们认为金融市场应该尽可能地摆脱监管束缚的观点，现在已经演变成了一种信念：这些市场能够在很大程度上管理好自己。与此同时，长时间以来，事情进展得如此顺利，使得人们都相信，不可能出现灾难性的错误。几十年以来，金融体系经历了多次的考验：拉美债务危机，储蓄贷款危机，东南亚金融危机，长期资本管理公司的破产以及20世纪80年代后期和21世纪初股市的崩盘；每次危机发生的时候，政策制定者都全力以赴击退了系统性威胁，"防洪大堤"经受住了考验。尽管这些金融市场动荡起伏，但美国以及全球其他国家的经济仍然表现得很好。我们似乎已经进入一个稳定的新时代。我们甚至给它取了一个名字：大缓和时代。给我们留下的印象是，这种体系能够承受住冲击，是不会被突破的一道金融防线。

然而，正如明斯基所指出的，成功将导致过度的交易行为，而过度的交易行为将导致毁灭。大缓和时代经历了信贷的快速增长和风险的扩散，并且在抵押贷款市场达到了极限。信贷以廉价的方式自由流动，家庭和金融机构都承担了更大的风险，倾尽全力去借款。房屋价格直线上升。金融创新者找到了越来越多的奇异方法，将借款打包后卖给了投资者。证券变得如此不透明，以至于很少有人理解其存在的风险。贷款发放者将抵押贷款卖给了投资者；而投资者的尽职调查只不过是看一眼信用评级结果而已。金融体系变得越来越复杂，相互联系越来越密切，杠杆化程度越来越高，最终引发了金融风暴。

为了避免此类事件重演，我们必须改变监管状况。美国国会通过的一项重大议案——《多德—弗兰克法案》——就是为了达到这一目的。法案要求监管者抑制金融体系内的风险，以防止其突然爆发成危机。法案还设立了一个监管体系，以收集信息，识别正在出现的金融稳定性威胁，并通过制定政策来抑制这些风险。

二、系统性风险的监控

从最根本上讲，系统性风险来自这样一种可能性：某一事件或某一系列的事件，会对金融部门向经济领域提供信贷的能力形成严重损害。在极端情况下，此类事件会引发恐慌性取款，造成挤兑，导致重要的金融机构倒闭，并最终引发系统性崩溃。

如果政策制定者想要察觉金融体系正在面临的威胁，就必须理解导致系统性风险的决定因素，并采用恰当的手段来对其进行度量。经济学家一直在进行这方面的研究；而最近的危机则强化了人们对这一话题的研究。这方面的研究结果，揭示了导致金融体系内系统性风险累积的几个关键因素。

第一个因素是金融部门有非常高的风险水平和杠杆比，同时还过度依赖不稳定的短期融资。这种行为如果出现在业务联系非常密切的大型金融机构，其结果将是特别危险的，因为这些机构是我们金融体系中的关键成员，其倒闭会给大量的交易对手及整个体系造成巨大的损害——雷曼兄弟与美国国际集团就是这方面的例子。然而，当金融体系内广泛存在杠杆比的上升和期限不匹配的增加时，也会引发人们的担忧。

第二个因素是所有金融机构风险暴露状况的高度正相关。众多的商业银行、投资银行和其他金融机构都持有抵押贷款、抵押支持证券，或与抵押贷款相关的衍生交易头寸，使得金融体系很容易受到住房价格崩盘带来的严重影响。表面上看起来是由单个金融机构承担了适度风险，但最终却给整个系统带来了巨大的风险。

第三个因素是金融体系内部存在的过度相互联系与复杂性。金融市场参与者相互之间存在复杂和不透明的联系网络，这一网络会通过下列形式来使得传染性风险成倍增加：信心的丧失，流动性的冻结，资产的廉价甩卖，以及系统的连锁反应。在这种系统性风险传播渠道中，一个关键的因素是支付、清算和结算体系的制度性安排。比如，回购协议和场外衍生合约方面的市场基础设施所存在的缺陷，加剧了危机造成的后果。

系统性风险反映了多年以来慢慢积累起来的各种因素的共同作用。因此，在监控过程中必须关注多种指标，并且要具有前瞻性，要考虑这些因素的变化过程会给将来的系统性风险造成的影响。为了及时地识别出系统性风险的产生，我们应该针对上述三个重要的因素，设计出量化指标，以反映出系统重要性金融机构以及整个金融部门内部风险的累积状况，金融市场参与者风险的正相关状况，以及这些参与者之间相互联系的状况。

系统性风险监控，既是一门科学，也是一门艺术：之所以说它是一门科学，是因为我们要在仔细分析大量研究数据之后做出诊断；之所以说它是一门艺术，是因为我们需要判断，过度交易行为将在何时变得危险而需要采取行动。美联储以及美国和国外的其他监管者，已经在设计系统性风险指标方面取得了重大进步。然而，我们必须认识到危机预测方面必然存在的困难，并承认以往风险监控努力的失误。

三、宏观审慎政策与货币政策的相互作用

与系统性风险管理相关且最具挑战性的是，宏观审慎政策与货币政策之间存在着一定的相互作用。应该在多大程度上利用货币政策来缓解

系统性风险？货币政策应该在多大程度上与宏观审慎监管相协调？这是全球的政策制定者激烈讨论的话题。

货币政策会通过几种渠道来影响系统性风险。首先，货币政策会对资产价格直接产生影响；这显然是由于利率代表了持有资产的机会成本。事实上，货币传导机制中很重要的一部分，是通过资产价格渠道来实现的。从理论上讲，利率下降导致的资产价格上涨，不应该使得资产价格像泡沫一样不断上升。然而，一旦泡沫产生（或许是因为过度乐观情绪的出现），尤其是当泡沫来自债务融资时，其结果就会造成系统性风险的累积。其次，研究发现，货币政策与金融中介的杠杆比之间有可能存在着联系。一方面，适应性的货币政策会引发金融体系内杠杆交易和过度风险承担行为的累积。另一方面，宏观审慎干预措施也可能产生宏观经济溢出效应。比如，研究表明，20世纪90年代初房地产贷款损失发生之后所采取的严格的资本监管标准，可能阻止经济从衰退中恢复的步伐。

有些人认为，由于存在溢出效应，宏观审慎政策和货币政策的执行应该进行紧密的协调，二者甚至应该被整合在一起。事实上，根据这一观点，某些分析者得出了下列结论：宏观审慎政策与货币政策都应该分配给中央银行来掌控。出于多种原因的考虑，《多德—弗兰克法案》要求美联储在执行宏观审慎监管方面发挥重要作用。美联储有长期的监管经验，广泛了解金融市场的情况，理解金融市场与经济之间的联系。此外，美联储来自监管方面的洞察力有助于货币政策的实施。然而，新的法案所指定的宏观审慎监管机构除了美联储之外，还包括其他一些机构——新设立的金融稳定监管委员会将在这方面发挥重要作用。

幸运的是，研究表明，即使货币政策和宏观审慎政策分别单独实施，也完全有可能取得很好的结果；每一种政策所追求的目标，使用的是完全不同的政策工具组合。学术研究得出的一个重要见解是：在没有政策协调的情况下，也能取得满意的结果——即使在面对溢出效应时最优的政策一般都是需要协调的。当然，在实践中，货币政策必须考虑到来自宏观审慎政策的任何宏观经济效应；反过来也是如此。

四、金融市场的相互联系所带来的系统性风险

金融体系的复杂性和相互联系，有可能导致过度的系统性风险。金融市场参与者以及金融机构之间的复杂联系，是现代全球金融体系的一个主要特征。金融体系内的参与者跨越地域和市场界限，与其他参与者之间达成了各种各样的交易，建立了各种各样的联系。事实上，金融危机发生之前出现的许多金融创新，增加了经济体系中贷款人与借款人相互联系的规模与类别。危机爆发之前证券化和衍生市场的快速增长是这方面最明显的例子。

长期以来，金融经济学家一直强调金融中介相互作用的好处；一定程度的相互联系，无疑对我们的金融体系的正常运行是非常重要的。经过理性论证，经济学家认为，自我封闭的做法并不能带来经济的增长与稳定。银行与其他金融中介将储户的资本转变为生产性投资。金融中介相互之间展开合作，是因为在我们复杂的经济体系中没有哪一家机构能够提供所有的资本与投资机会。市场参与者之间的相互联系，还可以促进风险共担，从而有助于降低（尽管并不能消除）单个参与者所面临的不确定性。

然而，无论是从经历（尤其是最近所经历的金融危机），还是从越来越多的学术研究来看，金融中介之间的相互联系都不是纯粹的好事。市场参与者之间的复杂联系，会加剧现有的市场摩擦、信息不对称或其他外部效应。正常情况下，这些外部效应或许不会有多大的害处，甚至是无关紧要的；但是，在危机时期，它们却有破坏作用。市场参与者、政策制定者和系统性风险监管者（比如美联储）所面临的难题是：既要找到一些方法来维护金融市场相互联系所带来的好处，又要通过一些方法来管理有可能产生的负面影响。事实上，2010年制定的《多德—弗兰克法案》以及美联储和其他监管者在监管行为方面的调整，正是为了达到这一目的。

五、降低系统性风险的全球政策反应

各国政府针对金融危机做出了反应，同步采取了多种强有力的改革方案，以降低系统性风险。在2009年9月召开的匹兹堡会议上，二十国集团的政府认可了巴塞尔银行监管委员会的工作；其工作中的一项特别措施，就是提高对全球系统重要性银行（GSIBs）的资本要求。

提升全球系统重要性银行的资本标准，可以限制具有广泛业务联系的大型金融机构所承担的风险——它们遭遇的困境最有可能给整个体系带来负面的外部效应。2011年11月，巴塞尔委员会针对这些机构，公布了一个更为严格的最低监管资本框架，该框架反映相互联系的一些指标（它们在银行的总体得分中占很大的比重），被用来决定一家银行是否应该采用更严格的标准。

研究表明，高度关联的企业能使冲击得到广泛传播，从而给整个经济以及金融体系中的其他机构造成损害。比如，当雷曼兄弟倒闭的时候，我们可以看到，其冲击通过货币市场共同基金传播到了短期融资和同业市场。尽管在这些部门中，每一个部门都有一些参与者要直接面对雷曼兄弟倒闭的风险，但许多参与者并不是如此。此外，即使雷曼兄弟倒闭带来的直接风险是可控的，雷曼兄弟倒闭造成的混乱也会在一个特别不利的时期加大整个金融系统的压力。这样，像雷曼兄弟这样一家高度关联的机构的倒闭给整个社会带来的损失，会大大超过该企业的股东和直接债权人所承担的损失。因此，将更高的资本要求与金融企业业务的相互联系挂钩的做法，能够提升金融体系的适应力。

对于管理来自相互联系的系统性风险而言，尽管提升全球系统重要性银行的资本标准是一种重要的手段，但这并不是唯一的手段。巴塞尔委员会的方案包含了一系列有助于管理相互联系和系统性风险的措施。这些措施包括：反周期性资本缓冲；流动性要求；对面向大型金融机构的风险暴露设立更高的资本要求；针对大型风险暴露制定相关规则；针对银行的股权投资进行资本扣除。就管理金融机构的复杂性和相互联系对金融稳定性的影响而言，这些措施以及其他的措施都将发挥一定的作用。事实上，改革方案的多面性是一个重要的设计原则。最近的金融危机带来的一个重要教训就是，资本本身并不足以预防或制止一场危机的发生。多渠道的改革措施将会提升系统的稳定性。

社区银行监管政策的调整

珍妮特·耶伦

在美国独立社区银行家所举办的 2014 年华盛顿政策峰会上的发言

2014 年 5 月 1 日

谢谢大家邀请我出席美国独立社区银行家高峰会议。我很高兴有这次机会来和大家分享自己的一些观点，包括社区银行所面对的一些重要问题，以及未来几年社区银行模式将如何在金融体系中找到自己的定位。具体而言，我将探讨美联储为解决"大而不倒"的问题而采取的措施，以及这些措施将会对社区银行产生怎样的影响；我要介绍，为了促进我们对社区银行在经济体系中的独特作用的理解，美联储做出了哪些努力；然后，我要告诉大家，我们将如何利用这方面的理解，来更好地调整对社区银行的监管预期和监管方法。

大家都知道，在我于 2010 年重返美联储担任其副主席之前，我有幸在旧金山联邦储备银行担任了六年的总裁和首席执行官。位于美联储第十二个区的旧金山联邦储备银行，是美联储最大的一家区域银行；它包括了 9 个州，并且拥有大量的社区银行，其中的大多数都由旧金山联邦储备银行直接监管，或者由旧金山联邦储备银行通过银行控股公司而对其进行间接监管。担任总裁期间，在社区银行家们的帮助下，我了解了当地的经济，同时也理解了华盛顿的监管与政策决定是如何（有时是以非常不同的方式）对不同规模和不同类别的金融机构产生影响的。在金融危机期间，我目睹了社区银行所面对的挑战（而危机并不是由它们造成的）；此后，我强烈地感受到，美联储必须尽可能地确保危机后所采取的行动不会给你们的社区金融机构带来过重的负担。

我认为，一个稳健的金融体系，有赖于不同规模的金融机构来发挥各种各样的作用及满足不同的需要。在某些社区，你们的银行实际上位于小城镇周围的乡村地区；但是，所有的社区银行都通过向小企业主、购房者、家庭和农民提供贷款来服务于乡村地区。

因为它们具有很重要的作用，所以我很高兴地看到，许多社区银行的状况正在得到改进。尽管还存在着利润率过低所带来的巨大收入压力，但危机爆发以来，大多数社区银行的利润都出现了反弹。资产质量和资本比率持续改善，问题银行的数量持续下降。尤其值得注意的是，在衰退导致了几年的贷款业务下降之后，我们又开始看到了社区银行贷款业务的缓慢但稳步的增长。尽管这种信贷扩张必须谨慎，但总体而言，我们认为这种增长是反映经济改善的一种积极迹象。

解决"大而不倒"的问题

我首先探讨的是，许多社区银行家一直在考虑的一个问题：政策制定者将如何解决某些银行"大而不倒"的问题[1]。与我们所有的人一样，社区银行也希望降低复杂的大型金融企业相互联系所带来的系统性风险；同时也希望降低此类企业因为"大而不倒"而享受到的潜在竞争优势。

《多德—弗兰克法案》通过下列措施来解决"大而不倒"的问题：一是降低系统重要性企业倒闭的可能性；二是降低其倒闭有可能造成的损害。美联储和其他金融监管机构发布了一些规则，以作为该法案要求的补充，加强对大型金融企业的监管。

---

[1] 联邦储备委员会的委员在以前的发言中，对这一话题进行过更详细的讨论，其中包括：Daniel K. Tarullo. Evaluating Progress in Regulatory Reforms to Promote Financial Stability [C]. speech delivered at the Peterson Institute for International Economics, Washington, 2013, May, 3; Jerome H. Powell. Ending "Too Big to Fail" [C]. speech delivered at the Institute of International Bankers 2013 Washington Conference, Washington, 2013, March, 4; and Janet L. Yellen. Regulatory Landscapes: A U.S. Perspective [C]. speech delivered at the International Monetary Conference, Shanghai, 2013, June, 3. 关于这些发言稿的内容，可以从下列网站获得：https://www.federalreserve.gov/newsevents/speech/2013-speeches.htm.

然而，即使在"多德—弗兰克议案"成为法律之前，美联储就已经开始强化自己对复杂的大型银行的监管，要求这些企业实质性地改善自己的资本充足率。比如，在2009年，我们首次对19家大型银行控股公司进行了压力测试。这项测试随后变成了我们的年度"综合资本分析与评估"（CCAR）项目；该项目要求资产总额在500亿美元及其以上的所有银行控股公司，向美联储呈报年度资本计划，以供其评估时使用。综合资本分析与评估项目，有助于确保大型银行组织在经济和金融遭受压力时期，有足够的资本来继续开展业务[①]。需要明确的是，正如联邦银行监管机构以前所指出的，这些压力测试与资本计划方面的要求，不会且不应该应用于社区银行[②]。

除了强化压力测试和资本计划方面的要求之外，监管机构还通过提升风险资本和杠杆资本要求，强化对大型金融企业的资本要求。由于从金融危机中可以看到，各种规模的银行持有充足的高质量资本具有很重要的作用，因此修订过的资本框架中的许多内容都适用于所有的银行机构。不过，在修订资本规则时，监管机构考虑到了金融稳定性风险，从而对最后的规则进行了调整，以使得对系统重要性大型银行组织的要求，比对社区银行的要求严格得多[③]。

---

① 2014年CCAR的评估结果，可以从美联储的网站找到。参见：Board of Governors of the Federal Reserve System. Federal Reserve Releases Results of Comprehensive Capital Analysis and Review (CCAR) [N]. press release, 2014, March, 26.
《多德—弗兰克法案》通过之后，美联储和其他联邦银行监管机构，要求总合并资产在100亿到500亿美元之间的银行组织自己进行年度压力测试。这些监管机构公布的指南，明确了对这些企业的监管预期。参见：Board of Governors of the Federal Reserve System (Board of Governors), Federal Deposit Insurance Corporation (FDIC), and Office of the Comptroller of the Currency (OCC). Agencies Issue Final Dodd-Frank Act Stress Test Guidance for Medium-Sized Firms [N]. press release, 2014, March, 5.

② 参见：Board of Governors. Agencies Clarify Supervisory Expectations for Stress Testing by Community Banks [N]. press release, 2012, May, 14.

③ 为了帮助业务并不复杂的社区银行组织更好地理解新的资本规则，监管机构公布的一份指南总结了资本规则的调整情况（这些规则针对的是社区银行组织通常持有的风险业务）。参见：Board of Governors, FDIC, and OCC. New Capital Rule: Community Bank Guide [R]. Washington: Board of Governors, FDIC, and OCC, July, 2013.

尽管我们已经采取了一些措施来纠正"大而不倒"的问题，但这项工作并没有完成。由于系统重要性机构的倒闭会对金融体系和整个经济造成重大损失，联邦储备委员会针对八家全球具有系统重要性的大银行提出了新的要求，从而使其杠杆比要求大大高于其他银行组织。我们也正在针对这些系统重要性企业实施风险资本附加。我们还需要确保新的规则被纳入我们对大型企业的监管之中；而且，我们必须继续关注新的系统性风险来源，并采取恰当的措施来纠正这些风险。

美联储正在密切监控的其中一种风险，就是某些企业依赖于具有潜在波动性的短期批发融资业务①。我们正在仔细分析过分依赖短期批发融资业务有可能带来的系统性缺陷，并且正在考虑有可能做出的政策反应。尽管我并不能提前告知我们是否会以及将如何去弥补这些缺陷，但我可以告诉大家，几乎没有哪一家社区银行的短期融资批发业务会引起人们对系统性风险的担忧；监管者将仔细考虑任何行动有可能带来的波及效应，其中包括对社区银行的影响。

增进我们对社区银行的理解

在仔细考虑我们的行动将如何影响社区银行时，美联储正致力于对社区银行的理解，并了解社区银行所面临的挑战。我们将继续通过研究和广泛接触这两种重要的方式，增进我们的理解。美联储尤其擅长利用这两种方式，这是由于我们传统上作为一家研究机构具有一定的实力，以及我们的联邦储备银行体系深深植根于美国的各个社区。

在过去几年内，整个联邦储备系统的工作人员对与社区银行相关的

---

① 比如，参见：Daniel K. Tarullo. Shadow Banking and Systemic Risk Regulation [C]. speech delivered at the Americans for Financial Reform and Economic Policy Institute Conference, Washington, 2013, November, 22; and Daniel K. Tarullo. Macroprudential Regulation [C]. speech delivered at the Yale Law School Conference on Challenges in Global Financial Services, New Haven, CT, 2013, September, 20.

问题进行了独立的研究；他们开发出一个非正式的网络，以分享研究成果和确定需要进一步研究的领域。在联邦储备委员会分享了这方面的一些成果之后，我们决定与州际银行监管协会（CSBS）共同举办一场关于社区银行的研究与政策的会议。这场会议的主题是"21世纪的社区银行业"；会议于2013年10月在圣路易斯联邦储备银行举行①。这是非常少有的一场专门关注于社区银行研究的会议；会议同时吸引了研究者、社区银行家、政策制定者和银行监管者的参与，他们共同探讨了会上提交的论文所具有的实际意义。

研究者在他们的论文中讨论的话题包括：银行倒闭与当地经济业绩之间的关系②，管理层在社区银行业绩方面的作用③，以及《多德—弗兰克法案》对社区银行的影响④。我很高兴地告诉大家，这次会议非常成功，美联储和州际银行监管协会正在筹划，想在9月份举行另一次会议⑤。

除了研究之外，我们对社区银行的理解，还因为美联储与社区银行家的广泛接触而得到了增强。联邦储备银行的基层监管人员通过与社区银行家的定期接触，深入了解到了各种信息。额外的信息来自深入社区的行动——这项行动使得美联储对当地经济状况有了更好的了解。在华

---

① 会议的资料，包括研究报告在内，均可以从会议网站获取：https：//www. stlouisfed. org/banking-community-banking-conference/；同时参见：Jerome H. Powell. Community Banking：Connecting Research and Policy [C]. speech delivered at the Federal Reserve/Conference of State Bank Supervisors Community Banking Research Conference, St. Louis, 2013, October, 3.

② 参见：John Kandrac. Bank Failure, Relationship Lending, and Local Economic Performance [C]. paper presented at the Federal Reserve/Conference of State Bank Supervisors Community Banking Research Conference, St. Louis, 2013, October, 2.

③ 参见：Dean F. Amel and Robin A. Prager. Performance of Community Banks in Good Times and Bad Times：Does Management Matter? （preliminary draft）[C]. paper presented at the Federal Reserve/Conference of State Bank Supervisors Community Banking Research Conference, St. Louis, 2013, October, 3.

④ 参见：Tanya D. Marsh and Joseph W. Norman. The Impact of Dodd-Frank on Community Banks [C]. paper presented at the Federal Reserve/Conference of State Bank Supervisors Community Banking Research Conference, St. Louis, 2013, October, 3.

⑤ 参见：https：//www. stlouisfed. org/banking/community-banking-conference-2014/.

盛顿，联邦储备委员会除了参与像今天这样的活动之外，还要在一年内与社区存款机构咨询委员会（CDIAC）进行两次会晤①。该咨询委员会的代表来自每个联邦储备区的小银行、信用社和储蓄协会；它能提供有关全国各地经济状况的信息，并提出社区金融机构最关心的一些问题。

此外，我们还在采取措施，改进与社区银行家的信息沟通。在这一方面，除了正常的政策发布之外，我们还正在使用各种平台，以更好地阐述我们对社区银行监管的预期。我们还开发并进一步提升了自己在行业培训方面的能力。具体而言，我们开发了两个项目——"咨询美联储"和"实事观察"，这两个项目深受社区银行家的欢迎，他们很想了解银行和监管者重点关注的一些话题。"咨询美联储"这个项目面向的是州会员银行的官员、银行与储蓄控股公司以及州际银行的管理者。"实事观察"是与美联储的《消费者合规观察》这本季刊同步的一个项目；这是在美联储员工的带领下，开发出来的一个有关消费者合规问题的电子刊物②。

我们还会使用期刊和其他沟通手段，为社区银行家提供感兴趣的信息，以及沟通核查员在核查银行是否遵守联邦储备政策方面所采用的分析方法。除了《消费者合规观察》之外，2012年联邦储备系统还设立了一家"社区银行沟通"网站，按季度发布有关银行安全稳健问题的简报；这些问题是社区银行家和社区银行董事会成员实际感兴趣的一些问题③。美联储还发行了名为《联储沟通》的一系列具有特殊目的出版物④。这些出版物介绍了具体监管话题中的一些关键内容，探讨了核查

---

① 有关CDIAC更多的信息，参见：https：//www.federalreserve.gov/aboutthefed/cdiac.htm.
② 《消费者合规观察》可以从下列网站获得：https：//consumercomplianceoutlook.org///；"时事观察"资料可以从下列网站获得：https：//consumercomplianceoutlook.org///outlook-live/.
③ "社区银行沟通"的资料，可以从下列网站获得：https：//www.communitybankingconnections.org/.
④ 《联储沟通》的资料，可以从下列网站获得：https：//www.communitybankingconnections.org/fedlinks.

员通常是如何解决这方面问题的。进行这种广泛沟通的一个共同目标，就是不断地与社区银行家展开对话。

社区银行监管政策的调整

这种广泛沟通带来的一个明显的问题就是监管方面的负担。金融危机造成了监管方面的重大调整，因此，美联储理解这方面的担忧，并力求降低包括社区银行在内的所有金融机构的监管负担。与此同时，我们正在重新审视对社区银行的监管方法，并且想尽可能地采用更加智慧、更加灵活和更为有效的监管方法。考虑到我在前面所讲的关于"大而不倒"的问题，在这一点上，我知道采用统一尺度来衡量的监管方法是不恰当的。近几年，我们采取了一些行动，根据被监管的银行组织的规模和复杂性，调整了我们的监管预期。

首先要认真地判断，应该将哪些监管政策应用于社区银行组织。这不仅需要权衡所提出的规则及其实施带来的利弊，而且在某些情况下，还要询问：将某一特定的政策应用于社区银行的做法是否合理？

在其他一些情况下，尽管将社区银行组织完全排除在监管政策之外是不合理的，但是，我们能够根据被监管的资产组合的规模和复杂性来调整我们的预期，以便在恰当的条件下尽可能地降低监管所带来的负担。我在前面提到过的社区银行最终资本规则，正好说明了这种具体的调整办法。

现在，我来谈一谈针对贷款和证券交易的信用损失而即将进行的会计准则的调整。我听说有人表达了这样的担忧：这方面过于复杂的会计准则，会增加社区银行财务报表使用者的成本，但却几乎不会给他们带来任何好处。我们正在与财务会计准则委员会（FASB）进行合作，以确保新的准则（这是金融改革的一项重要内容），能够以一种合理和务实的方式应用于社区银行。我们向财务会计准则委员会强调过：其建议不应该要求社区银行使用复杂的模拟程序。我们希望最终的准则将允许所使用的损失估算方法以目前的社区银行信用风险管理方法为基础①。当新的准则最终确定时，我们将帮助社区银行实施这一准则。此外，我们的监管指南会强调，实施这一准则的监管预期，将取决于银行的规模和复杂性。

除了调整我们的规则之外，我们还要采取措施来调整和改进我们的监管程序，使其更加具有效率和实际效果。比如，我们目前正在考虑在联邦储备系统使用相同的技术工具，从而使得我们的核查员能够更有效地利用自己的时间，并提升我们的核查程序在全国范围内的一致性。

此外，我们还在探索一些方法，以使得我们的社区银行核查员能够完成更多的非现场核查工作。比如，对于有电子贷款档案的银行来说，核查员不在银行现场就可以查阅这些档案。我们还想通过各种方法利用从银行获得的财务信息来调整现场核查程序，这样就可以使得我们可以减少在风险较低的金融机构花费的工作时间。这方面的努力，能够降低现场核查有可能给银行的日常经营带来的干扰。

最近，我们针对社区银行采纳了一个新的消费者合规核查框架②。根据这一新的框架，我们的消费者合规核查员，将在考虑银行合规控制方法的有效性的情况下，将核查重点更明确地集中于每一家社区银行的风险状况。我们希望核查员在社区银行的低风险合规问题方面花费较少的时间，以提升我们的监管效率，并降低给许多社区银行带来的监管负担。

调整监管要求和监管方案的许多工作，都是在美联储的银行监管委

---

① 参见：Financial Accounting Standards Board. Financial Instruments—Credit Losses（Subtopic 825-15）[C]. Exposure Draft：Proposed Accounting Standards Update，Norwalk, CT：December, 20.

② 参见：Board of Governors, Division of Consumer and Community Affairs. Community Bank Risk-Focused Consumer Compliance Supervision Program [C]. Consumer Affairs Letter CA 13-19, 2013, November 18; and Consumer Compliance and Community Reinvestment Act (CRA) Examination Frequency Policy [C]. Consumer Affairs Letter CA 13-20, 2013, November, 18.

员会所属的社区银行分会的监督下完成的。该分会负责社区银行和区域银行的监管业务，并对所提出的监管政策进行评估，以确保这些政策可以恰当地、有针对性地应用于社区银行。该分会是几年以前在贝茨·杜克和莎拉·布鲁姆（美联储以前的两位成员）的指导下设立的；而且，我想明确地告诉大家，该分会将继续发挥重要的作用，以确保我们的监管政策是适合社区银行的。我还要补充的是，我们正在与各州的同行们进行密切的合作，以确保我们的监管手段和方法尽可能保持一致。

总结

最后，我要重申自己所坚信的一点：将来社区银行将继续在我们的金融体系内发挥重要的作用；它们作为社区的一分子，非常了解社区的情况，能够服务于社区的信贷需求。美联储将继续促进一个更强大和更有适应力的金融体系的建设；同时，要仔细分析我们的行动给社区银行带来的影响，并对监管政策进行适当的调整。

谢谢大家！

金融监管全景：美国的视角

珍妮特·耶伦

在中国上海召开的国际货币研讨会上的发言

2013年6月2日

谢谢大家。我期待着一场非常热烈的讨论，因此我的开场白将会比较简洁。我将简要介绍自2008年以来，我们在增强全球金融体系的适应力方面所取得的重大进步，然后谈一谈要进一步采取的措施。

对金融监管进展的简要回顾

我们有必要将过去几年的监管改革工作分三类：强化基本的银行监管框架；降低系统重要性金融机构（SIFIs）给金融稳定性带来的威胁；强化核心金融市场与金融基础设施。

银行监管的基本条件

金融危机表明，在遭遇严重压力时期，全世界的银行并没有足够的高质量资本来吸纳所遭受的亏损。巴塞尔银行监管委员会于2010年公布的《巴塞尔协议（Ⅲ）》所提出的改革措施，将会增加全球化银行应该持有的监管资本，并且要改进用于吸纳亏损的资本的质量。去年夏天，美国的银行监管机构建议实施《巴塞尔协议（Ⅲ）》的资本改革方案；它们对人们的意见进行了分析，且正在准备完成最后的立法。

金融危机还提醒我们，银行，尤其是大量利用短期批发融资的银行，在丧失清偿力之前会变得缺乏流动性，因为在对银行的生存能力不确定的情况下，债权人会进行挤兑。巴塞尔委员会设计了两种流动性标准来缓解这些风险：为期 30 天的"流动性保障比率"，以及为期一年的"净稳定融资比率"（NSFR）。美国的银行监管机构，希望在今年下半年实施流动性保障比率；我们现在正在与巴塞尔委员会进行合作，以便对净稳定融资比率的结构和参数进行分析。

对系统重要性金融机构的专门计量

金融危机还清晰地告诉我们，国际银行规则应该更关注于系统重要性金融机构有可能给金融稳定性带来的威胁。在这一领域，美联储和全球监管群体的努力主要集中于：第一，强化监管，以降低此类企业违约的概率，有意识地使其违约率水平低于那些不具有系统重要性的金融企业；第二，确立一种清算制度，以降低系统重要性金融机构的倒闭给整个金融体系和经济带来的损失。这么做的目的，是想迫使系统重要性金融机构将自己的倒闭所带来的损失内部化，并且抵消此类企业由于市场认为它大而不倒而享有的隐含补贴。

在降低系统重要性金融机构倒闭的可能性方面，具有几种努力的渠道。2011 年巴塞尔委员会针对系统重要性金融企业，达成了一个分级的普通股风险资本附加框架；我们现在正在建议在美国实施这一附加框架。根据《多德—弗兰克法案》，美联储于 2011 年 12 月，对美国大型银行控股公司的审慎标准进行了一系列的提升。美联储现在还对大型银行进行了严格的年度监管压力测试，并对其资本计划进行了评估，以确保这些企业在严重的经济和金融压力下，能继续开展经营和发放贷款。

此外，12 月，美联储根据《多德—弗兰克法案》的规定，建议提升外国银行的审慎标准。总体上这项建议要求：在美国大量从事业务活动的外国银行，要利用单一的居间控股公司，来组织自己在美国的附属机构；该控股公司与美国的银行控股公司一样，要遵守相同的资本和流动性要求。这项建议的目的，是想提升外国银行在美国经营的适应力和清算能力，保护美国及全球金融的稳定性，促进所有大型银行在美国的公平竞争。

除了降低系统重要性金融机构倒闭的可能性之外，全球的监管者还在努力降低某一重要金融企业倒闭有可能给金融体系和经济带来的损害。金融稳定委员会（FSB）针对法定清算框架、企业清算计划和跨国合作提出了新的准则。在美国，《多德—弗兰克法案》导致了"有序清算机构"的诞生，而且该法案还要求所有的大型银行控股公司设计出清算计划。拥有大型国际化银行的其他国家，也正在朝着这一方向努力。

强化金融市场的适应力

想要降低严重金融危机爆发的可能性，还需要强化我们的金融市场和金融基础设施应对冲击的能力。为了达到这一目的，美国以及全球的监管者，一直在强化对金融市场公用设施和其他关键金融基础设施的监管。比如，美国的监管机构正在共同努力，以解决三方回购市场和货币市场共同基金的结构性缺陷。

金融监管改革尚未完成的工作

现在让我们转向未来。尽管我们已经使得金融体系更为稳定，但在我所指出的三个领域中，均存在着需要完成的一些重要工作：构建基本的银行监管设施；解决系统重要性金融机构所带来的问题；对影子银行业务和金融市场的风险加以限制。下面我将简要介绍在全球金融监管改革方面尚未完成的一些主要工作。

强化基本的银行监管框架

首先，我们必须积极支持巴塞尔委员会在强化全球银行监管基础方面不断做出的努力。在随后的几年内，巴塞尔委员会要完成的核心任务包括：完成《巴塞尔协议（Ⅲ）》对杠杆比和净稳定融资比率的规定；

完成对交易账户资本要求的全面评估；采用全球巨额风险监管制度；提升各家银行和各个国家风险资本要求的可比性。我想强调巴塞尔委员会下列工作的重要性：探索一些方法，以提升全球银行风险资本规则的标准化程度及可比性。全球金融体系的稳定性，极大地依赖于全球银行的资本充足率；全球银行的资本充足率，极大地依赖于《巴塞尔协议（Ⅲ）》的改革措施；《巴塞尔协议（Ⅲ）》的改革想要取得良好的进展，这主要取决于风险权重的完善程度及有效性。

降低系统重要性金融机构倒闭的可能性

从这一段短暂的历史中可以看到，更为严格的审慎监管，能极大地降低具有系统重要性金融机构倒闭的概率。想要终结大而不倒的问题，就必须要求全球监管者在随后的几年内，稳步实施已经安排妥当的工作任务。有些人建议采用更全面的银行系统结构调整，来解决大而不倒的问题。这些想法包括，重新采用《格拉斯—斯蒂格尔法案》式的做法，让商业银行业务与投资银行业务相互分离，并对银行的规模进行限制。我不认为这种直截了当的做法，能够最有效地解决大而不倒的问题。但是，与此同时，我也并不相信，针对具有系统重要性金融机构的现有监管工作方案（这是一种正确的方向），已经取得了较大的进展。正如我在美联储的同事塔鲁洛和斯泰恩在最近的发言中所讲的，恰当的做法或许应该超越巴塞尔委员会所提出的资本附加措施。正如他们所指出的，完全抵消大而不倒所带来的任何补贴，以及迫使具有系统重要性金融机构倒闭所带来的社会成本的完全内部化，这会使得资本附加曲线迅速上升（或者是需要有其他的机制来要求金融企业额外增加资本），而这有可能给金融稳定性带来很大的风险。

改进系统重要性金融机构的清算能力

想要很好地解决全球化金融企业的有序清算，政策制定者至少需要克服三个主要的障碍。首先，每一个主要的管辖国，都必须根据金融稳定委员会的核心要素，来制定法定清算制度。① 在这一方面，美国是带头人；我希望还没有采用合规清算制度的国家，迅速采取行动。其次，政策制定者需要确保所有系统重要性金融机构拥有足够的总资本，以吸纳倒闭前和倒闭后的损失。经过与联邦存款保险公司的磋商，美联储正在考虑下列监管措施所具有的优势：要求美国复杂的大型银行，持有最低数额不受抵押约束的长期债务。这种要求能够改进系统重要性金融机构的有序清算结果。瑞士、英国和欧盟正在朝着类似的要求推进；应该针对全球系统重要性金融机构设立一笔最低的资本要求，以吸纳全部的亏损。最后，一些棘手的跨国障碍，会阻碍全球系统重要性金融机构的有序清算，政策制定者现在应该找到具体可行的办法来消除这些障碍。

降低影子银行体系的系统性风险

尽管银行业的改革很重要，但我们还应该记住，金融危机的严重恶化阶段，是由于大量短期批发融资业务的快速退市而引发的。一些高杠杆和（或）从事期限转换业务的金融企业一直在利用此类融资，而这些企业并不在合并审慎监管的范围之内。

无论是在国内还是在国际上，人们都正在讨论与影子银行业务有关的一些重要问题以及可能的解决办法。但是，我认为，未来的道路是很明确的。我们需要提升影子银行市场的透明度，以使得监管当局能够在被监管的银行之外，发现过度杠杆化交易以及不稳定的期限转换业务的迹象。我们还要采取进一步的措施，来降低货币市场共同基金所面对的挤兑风险。此外，我们还需要进一步地减轻三方回购协议结算过程中的风险，其手段包括不断降低清算银行所提供的日间信贷。

然而，即使我们完成了这些改革，也还要通过许多工作来降低影子银行所依赖的短期批发融资市场存在的系统性风险。还有许多未解决的

---

① 参见：Financial Stability Board. Key Attributes of Effective Resolution Regimes for Financial Institutions [R]. Washington, D.C.：Financial Stability Board, 2011, October.

风险来自经纪交易商、货币市场基金、对冲基金和其他影子银行大量从事的短期证券融资交易（SFTs），包括回购协议、逆向回购协议、融资融券交易和保证金贷款。我推测，大多数的监管改革之所以都没有涉及这些交易，是因为从微观审慎的角度来看，证券融资交易似乎是安全的。然而，证券融资交易，尤其是大规模的虚买虚卖交易，会带来巨大的宏观审慎风险；其中包括交易商违约和资产甩卖所带来的严重的负面外部效应。现有的银行和经纪交易商监管制度，并没有实质性地缓解这些系统性风险。目前，全球监管群体应该将巨大的精力用于解决这一问题。最佳解决方案目前尚不清楚，但可能的选择手段是明确的：提升银行和经纪交易商在证券融资交易方面的资本或流动性要求；或者是对某些或全部的证券融资交易提出最低保证金要求。

我就讲到这里；期待大家的探讨。

相互联系与系统性风险：
来自金融危机的教训及其政策含义

珍妮特·耶伦

在美国经济学会和美国金融学会举办的联合午餐会上的发言

2013年1月4日

谢谢克劳迪娅，谢谢美国经济学会和美国金融学会给我提供这样一个机会，来与诸位探讨我们这个行业越来越感兴趣的话题；而且，这个话题对于我们理解金融危机的原因及影响，具有极大的重要性[①]。

我相信，在场的每一位都熟悉危机造成的一些动荡事件；正是这些事件，使得许多美国人了解到了系统性风险这一概念。简要地讲，杠杆投资造成的损失，会导致少数重要（但不一定最为重要）的金融机构的倒闭。起初，损害似乎能得到控制，但是，其倒闭所带来的压力，却反映了传统银行、投资机构以及快速增长且监管缺乏的影子银行部门之间广泛存在的相互联系。例如：市场参与者对自己的交易对手失去了信心；随着危机的逐步展现，金融部门要努力去应对大规模的流动性提取、某一家重要金融机构的倒闭以及高达40%的股价下跌[②]。随着信贷的枯竭以及温和的衰退变得更加严重，危机的影响开始被金融行业之外的人们所感受到。大家无疑也熟悉针对这场危机的政治反应。经过了大

[①] 在此表达的是本人的观点，并不一定代表我在美联储的一些同事们的观点。我要感谢 Celso Brunetti, Cecilia Caglio, Sean Campbell, Erik Heitfield 以及 John Maggs 等人；他们为这次发言做了很多准备工作。

[②] 在1906年11月5日到1907年11月15日期间，道·琼斯工业平均指数下降了43.8%（从94.25点下降为53.00点）。参见：Dow Jones & Company (2012)。

量的讨论之后，国会通过了全面改革法案，以使得美国的金融基础设施更加稳固。

显然，我现在所讲的是1907年的银行业恐慌。1913年12月，威尔逊总统签署的法案，导致了美联储的产生，使得美国在应对此类危机方面拥有了一位最后贷款者①。在美联储即将诞生100周年之际，我们可以清楚地看到，那个时代面对的许多挑战，如今仍然存在。1907年，往来银行业务网络使得银行准备金集中于纽约和其他货币中心，但这一网络也使得银行体系的相互联系变得十分密切。如今，我们监控和模拟金融结果的能力更为强大，美联储能够使用的工具也更加有力；而在1907年的时候，摩根银行的金融家是借助于私人资本和道义劝说来稳定银行与信托机构的。然而，正如我们从最近的危机中所了解到的，金融体系已经变得更加庞大和更为复杂，我们在理解和影响金融体系方面的努力，最多只是勉强达标。

金融市场参与者以及金融机构之间的复杂联系，是现代全球金融体系的一个主要特征。金融体系内的参与者跨越地域和市场界限，与其他参与者之间达成了各种各样的交易，建立了各种各样的联系。事实上，金融危机发生之前出现的许多金融创新，增加了经济体系中贷款人与借款人相互联系的规模与类别。危机爆发之前，证券化和衍生市场的快速增长，是这方面最明显的例子。从图1中可以看到，2000—2007年，抵押债务债券的名义市场价值，从不到3 000亿美元，增长到了1.4万亿美元以上②。与2004年（获取综合数据最早的时间）相比，2007年信用违约互换（CDS）合约的名义价值，增长到了原来的10倍，从6

---

① 参见：Federal Reserve Act, ch. 6, 38 Stat. 251 (1913)．

② 参见：Securities Industry and Financial Markets Association (2012)．担保债务债券（CDOs）是由债券组成的一大类证券化产品；它代表了对未来现金流的所有权；这些现金流来自包括公司债务和抵押支持证券在内的各种金融资产。CDOs名义值的增长，反映了经济风险的加大。

万亿美元，上升到了 60 万亿美元①。证券及衍生市场这种令人难以置信的增长，反映了金融体系中相互联系的规模、类别与复杂性的大幅提升。

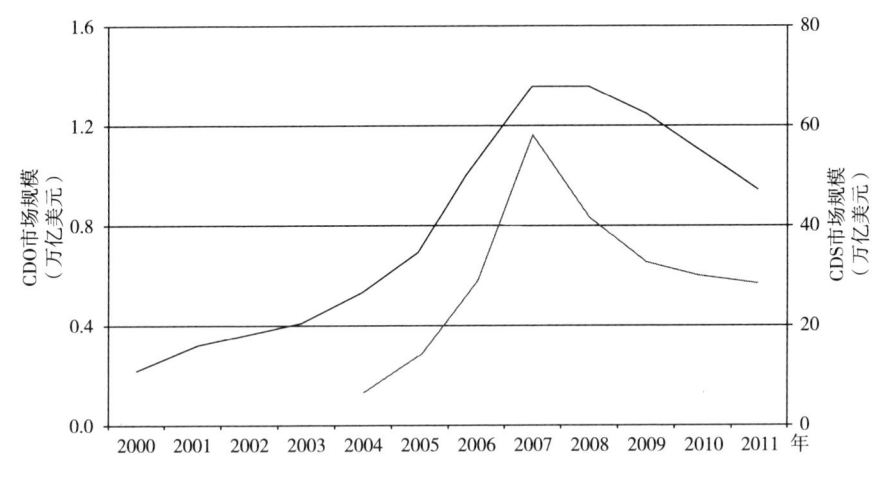

图 1 CDO 和 CDS 市场的增长情况（2000—2011 年）

说明：CDO 指的是抵押债务债券；CDS 指的是信用违约互换。CDS 数据的收集起始于 2004 年。

资料来源：CDO 的数据来自证券业与金融市场协会（Securities Industry and Financial Markets Association）；CDS 的数据来自国际清算银行（Bank for International Settlements）。

长期以来，金融经济学家一直强调金融中介相联系并互作用的好处；一定程度的相互联系，无疑对我们的金融体系的正常运行是非常重要的。经过理性论证，经济学家认为，自我封闭的做法并不能带来经济的增长与稳定。银行与其他金融中介将储户（他们经常有短期流动性需求）的资本，转变为生产性投资（这种投资通常需要稳定的长期融资）。金融中介相互之间展开合作，是因为在我们复杂的经济体系中，

---

① CDS 是一种衍生合约；合约的一方作为保险的"卖方"，承诺向另一方，即保险的"买方"，提供保险；买方支付一笔费用后，可以防止基础债券或债券指数因为债券违约而造成的损失。这些市场的名义值不能反映经济风险状况；经济风险只是名义值的一小部分，但这里所说的增长情况，反映了风险的增加。参见：Bank for International Settlements（2012b）.

没有哪一家机构能够提供所有的资本与投资机会。市场参与者之间的相互联系,还可以促进风险共担,从而有助于降低(尽管并不能消除)单个参与者所面临的不确定性。然而,无论是从历史(尤其是最近所经历的金融危机),还是从越来越多的学术研究来看,金融中介之间的相互联系都不是纯粹的好事。市场参与者之间的复杂联系,会加剧现有的市场摩擦、信息不对称或其他外部效应。市场参与者、政策制定者和系统性风险监管者(比如美联储)所面临的难题是,既要找到一些方法来维护金融市场相互联系所带来的好处,又要通过一些方法来管理有可能产生的负面影响。事实上,2010年制定的《多德—弗兰克法案》,以及美联储和其他监管者在监管行为方面的调整,正是为了达到这一目的。

在今天的发言中,我将探讨正在进行的一些主要的监管改革。这些改革针对的是:我们的金融体系的复杂性和相互联系有可能导致的过度的系统性风险。设计出恰当的监管框架,需要在成本与收益之间进行权衡;为了说明这一点,我将较为详细地讨论,为了降低场外(OTC)衍生合约的风险,人们最近提出的一些建议(从最近的金融危机中可以看到,这些衍生合约成为重要的风险传播渠道)。我能非常清楚地意识到,对于危机之后的一些改革,包括与衍生合约相关的一些改革,人们一直存在着争议。在最近制定政策的过程中,以及从更广泛的角度来看,在公众探讨的领域,一些评论家提出了这样的问题:业务的复杂性与相互联系,是否应该被看成是系统性风险的潜在来源?这是美联储应该欢迎大家探讨的一个问题,也是美联储自身作为研究者和监管者要回答的问题。然而,我首先要指出的是,考虑到最近的危机所带来的巨大威胁,我们还不能完全确定潜在后果,但这并不能成为不作为的理由。

负责任的政策制定者,试图以最佳的信息来做出决策,但却总是想了解得更多。考虑到这一点，我将首先简要考察一些研究结果反映出来的事实：网络体系与相互联系，会以某些方式导致金融体系中系统性风险的产生或恶化。

相互联系与系统性风险的经济学解释

学术领域对网络结构与系统性风险之间关系的探索，是一种比较新的现象。自从金融危机发生以来，人们在这一领域的兴趣得到了极大的提升，这并不令人奇怪。在经济学研究领域，以"系统性风险"和"相互联系"为关键词搜索得出的结果是，自 2007 年以来有 624 项公开发表的作品，是 2007 年前 25 年成果的两倍[①]。这并不是说，金融危机之前，经济学家忽视了网络的重要性。比如，在 2000 年弗兰克兰·艾伦和道格拉斯·盖尔开发了一个重要的金融网络模型，深入分析了网络是如何对系统性风险产生影响的[②]。

在艾伦和盖尔所研究的模型中，来自流动性冲击的系统性风险会产生连锁反应，使得某一家银行的问题波及其他银行，有可能导致整个体系的失灵。在他们的模型中，流动性冲击从一家银行传给另一家银行的主要机制是银行间的存款。艾伦和盖尔比较了两种典型的网络结构：一种是"完全的"网络（在该网络中，每一家银行都与所有其他的银行相互从事借贷业务）；另一种是"不完全的"网络（在该网络中，每一家银行只从相邻的银行借款，并且只向另一家相邻的银行提供贷款）。图 2 的 A 部分代表了一个完全的网络；图 2 的 B 部分代表了一个不完全的网络。

[①] 在经济学文献的摘要中，搜索"相互联系"或"系统性风险"，得到了从 1988 年到 2006 年的 311 条信息。在对从 2007 年到目前为止的时间段进行相同的搜索时，得到了 624 条信息；将搜索范围限制在同行评审刊物中，上述两个时间段的信息就分别下降为 186 条和 375 条。

[②] 参见：Allen and Gale（2000）.

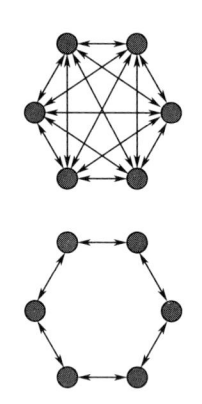

图 2　完全的网络和不完全的网络

说明：图中是两个所假设的典型例子，分别代表的是完全的网络（A 部分）和不完全的网络（B 部分）。

资料来源：联邦储备委员会工作人员（Federal Reserve Board Staff）。

就完全的网络而言，银行可以从多元化的融资流量中获得好处。一家银行遇到的流动性冲击，不太可能引起另一家银行的破产，因为这种冲击会分散给系统中的所有银行。在不完全的网络中，融资渠道不是多元化的。某家银行遇到的流动性冲击，更有可能导致另一家关联银行的流动性问题，因为相同的冲击只分布于少数银行，因此具有更大的冲击力和破坏性。这一结果背后的原理，是经济学中人们熟知的一个基本原理：多元化能够降低风险，并增强稳定性。尽管这种想法具有说服力，但经济研究以及金融危机所引发的事件表明，这种想法并不全面。

在关于银行挤兑的经典论文中，道格拉斯·戴蒙德和菲利普·戴维格证明了这样一个事实：单个储户为限制自己的风险而采取的理性和谨慎的行动，对想要将短期债务转换为长期资产的金融机构而言，可能具有很大的破坏性[1]。泽维尔·弗雷希克斯，布鲁诺·帕里吉以及让查尔

---

[1] 参见：Diamond and Dybvig (1983).

斯·罗曷尔证明了如下情况的存在：网络中相似的集体行动，会导致问题的产生；这个问题类似于现代支票清算系统所面临的问题（在该系统中，银行间的信贷扩展，使得针对某一家机构的求偿权，可以通过另一家机构来得到实现）[①]。这样的一个体系对社会是有利的，因为它使得储户在银行之间转移资金的时候，不会迫使银行去出售缺乏流动性的资产，因此使得整个社会能够从事生产率更高的长期投资。然而，在遇到压力或不确定性的情况下，这种体系会遭遇协调失败的问题：出现一阵子的"大拥堵"——每家银行的储户都抢先提取现金，以防止本银行因为向其他银行提供贷款而遭受损失，因为其他银行的储户也希望尽早清理资产。弗雷希克斯、帕里吉和罗歇（Freixas, Parigi, Rochet 2000）的研究表明，尽管银行同业贷款能发挥作用，但这也会导致相关的机构由于"联系过于密切而倒闭"。这些模型强调了这样一个事实：整个金融网络连接的形态，决定了网络中某个地方的流动性冲击或其他金融压力给整个系统带来的影响。这一项发现表明，在金融机构的确切联系方面，努力搜集更多更好的信息是非常重要的。没有这种详细的综合数据，根本就不可能理解网络中某一处的压力是如何波及并影响到整个系统的。

联系更多的网络，必然比那些市场参与者相互之间联系较少的网络更加复杂；这种复杂性会加剧各种协调问题（戴蒙德，戴维格，帕里吉和罗歇等人对这方面的问题进行了重点研究）。当然，"复杂性"难以以一种系统化的和令人满意的方式来加以定义；但是，申铉松（Hyun Song Shin）在最近的研究中，强调了这样一种办法：考虑储户与借款人之间联结的次数[②]。他对金融机构相互联系的分析基于如下想法：经济体系中借贷发生的最终金额，取决于收入增长这样的基本经济

[①] 参见：Freixas, Parigi, and Rochet (2000).
[②] 参见：Shin (2009).

因素（它们只会随着时间的推移而出现缓慢增长）；而银行同业间的债权，会出现非常迅速的增长或收缩。当然，整个金融体系中的债权债务会相互抵消，但是它们会影响到相关金融机构的杠杆比。在申铉松的模型中，金融机构会在繁荣时期提升杠杆比（此时银行资本的地位比较强，所感受到的风险比较低）；然而，总体而言，杠杆比的提升，只能通过相互之间开展更多的借贷业务。这会导致相互交错的债权债务网络范围越来越广。反过来，当基本条件或市场情绪发生改变，金融机构希望回避风险时，它们只有通过相互收回信贷来在短期内降低杠杆比。这种降低杠杆比的行为，对长期的居间连锁业务尤其具有破坏作用，因为，当某一家金融中介收回债权以支持自己的资产业务时，其他金融机构资产负债表中的负债方会受到不利影响。当降低杠杆比的行为加速发展，越来越多的金融机构开始储藏流动性的时候，其他金融机构会担心自己的融资来源枯竭，因此会抢先从其他金融机构取款。基础稳固的金融机构被迫低价甩卖资产，从而导致更多的降低杠杆比的行为以及不稳定性进一步的增加。

更复杂的网络结构，可能比简单的网络结构更加不透明。比如，当借款人与贷款人之间的中介数量越来越多的时候，人们就越来越难以理解网络中的某一个成员在整个系统中所处的位置。某些抵押贷款的借款人，很难弄清楚他们的贷款资金的所有人是谁；这个例子说明，居间环节的延长，会使得金融体系的复杂性增加。此外，市场参与者很不愿意透露他们相互之间的联系。如果某家银行与某一位借款人建立了有利可图的联系，它就不愿意将此信息透露给其他银行，因为它担心竞争者将会使自己的赚钱机会减少或消失。

里卡迪·卡巴雷罗和奥普·西塞克证明了信息的缺乏，是如何给金融网络带来系统性风险的[①]。通过构建一个类似于艾伦和盖尔设计出的

---

① 参见：Caballero and Simsek (2011).

不完全同业网络模型，卡巴雷罗和西塞克分析了在下列情况下，银行对流动性冲击消息是如何做出反应的：第一家银行都知道自己的交易对手的身份，但是却不了解其交易对手的对手身份。作者假定，银行采用"极小中的极大原则"来应对这种不确定性；每家银行都从自己的视角出发，认为网络结构极为糟糕，同时在这种假设条件下，谋取最大利润。由于每家银行的行为似乎都表明，网络结构"存心对自己不利"，因此当它们得知有关流动性冲击的不利消息时，每家银行都会出售更多的非流动性资产，并从其他银行提取更多的资金；如果完全了解银行与银行之间信贷关系的结构，它们原本是不会这么去做的。正如申铉松的模型所表明的，这种过度降低杠杆比的行为会带来一种恶性循环，使最初的冲击带来的影响被放大。

到目前为止，我们介绍的4种模型都是为了探索金融网络的总体特征。在这种情况下，它们必然有些抽象。除了少数例外情况，它们都将市场参与者看成是规模类似，所从事的一系列业务活动类似；而且它们还使用了比较简单的网络结构。过去的几年内，人们对金融网络的研究突破了典型的同业关系模型，开始在更为现实的背景下考察冲击的传播过程。盖伊、霍尔丹和卡帕迪亚以及康特、穆萨和桑托斯最近研究了在下列网络结构中冲击是如何传播的：在该结构中，某些银行的规模比其他银行更大，且其联系也比其他银行更为广泛[1]。

利用数据模拟，盖伊、霍尔丹和卡帕迪亚的研究结果表明，与网络联系程度较低的情况相比，在集中化的网络中，传播效应发生的频率更小，其严重性也更低。在联系程度更高的网络中，传播效应更有可能发生。在只有少数的重要参与者的集中化金融网络中，当流动性冲击针对的是联系最多的机构时，这种高度联系的银行遭遇的困难，会在系统中的其他银行之间广泛扩散开来。从这一点来看，艾伦和盖尔的直觉——

---

[1] 参见：Gai, Haldane, and Kapadia (2010) and Cont, Moussa, and Santos (2012).

高度联系的网络对系统性冲击具有适应力——可能具有误导性。不出所料，在对巴西的3 000家银行进行的经验研究中，康特、穆萨和桑托斯发现，同业风险暴露更大的金融机构，一般在系统中更为重要。然而，关键在于，他们还发现，某家机构在金融网络中的地位，能够起到非常重要的作用。当某家银行与大量相对弱小的交易对手开展业务时，它就具有更大的系统重要性——与能够较好地管理潜在损失的类似数量的交易对手相比。

盖伊、霍尔丹和卡帕迪亚以及康特、穆萨和桑托斯的研究表明，想要理解金融体系面对的系统性风险，以及想要衡量单个金融机构对系统性风险的影响，就必须详细和全面地了解有关金融网络结构的信息。随后，我将介绍美联储是如何利用此类信息，来增进对场外衍生市场的理解的。这方面的研究表明，对金融中介采用统一尺度的监管方法可能是不恰当的。

那么，在简要回顾了人们最近对相互联系和系统性风险的研究结果之后，我们了解了哪些信息呢？我们已经了解到，相互联系可以成为金融机构实力的来源，使得它们在向储户提供原本不存在的流动性和投资机会的同时，能够将风险分散化。然而，数量众多和更为复杂的联系，似乎也使得金融机构难以解决某些种类的外部效应，比如，不完全信息导致的外部效应，或者是市场参与者缺乏协调所导致的外部效应。正常情况下，这些外部效应或许不会有多大的害处，甚至是无关紧要的；但是，在危机时期，它们却有破坏作用。

降低系统性风险的全球政策反应

全球各国政府针对金融危机作出了反应，同步采取了多种强有力的改革方案，以降低系统性风险。在2009年9月召开的匹兹堡会议上，二十国集团的政府认可了巴塞尔银行监管委员会已经在进行的工作：改进银行体系的资本状况和流动性风险管理①。我将简要介绍巴塞尔委员会为了解决相互联系和系统性风险而采取的几项措施；但是，我首先将关注于一项特别的措施：提高对全球系统重要性银行（GSIBs）的资本要求。

提升全球系统重要性银行的资本标准，可以限制具有广泛业务联系的大型金融机构所承担的风险——它们遭遇的困境最有可能给整个体系带来负面的外部效应。2011年11月，巴塞尔委员会针对这些机构，公布了一个更为严格的最低监管资本框架；反映相互联系的一些指标（它们在银行的总体得分中占很大的比重），被用来决定一家银行是否应该采用更严格的标准②。正如盖伊、霍尔丹和卡帕迪亚等人的研究所显示的，高度关联的企业能使冲击得到广泛传播，从而给整个经济以及金融体系中的其他机构造成损害。比如，当雷曼兄弟倒闭的时候，我们可以看到，其冲击通过货币市场共同基金传播到了短期融资和同业市场。尽管在这些部门中，每一个部门都有一些参与者要直接面对雷曼的风险，但许多参与者并不是如此。此外，即使雷曼带来的直接风险是可控的，雷曼倒闭造成的混乱也会在一个特别不利的时期加大整个金融系统的压力。这样，像雷曼这样的一家高度关联的机构的倒闭，给整个社会带来的损失，会大大超过该企业的股东和直接债权人所承担的损失。因此，将更高的资本要求与业务的相互联系挂钩的做法，能够提升金融体系的适应力。当然，更高的资本要求并非是没有成本的；这种做法有可能提升某些借款人的成本，而且还有可能促使金融机构从事监管套利。研究与政策方面一个重要的后续方案是，设计并实施基于数据的相互联系指标，以确保我们对金融体系相互联系的理解，能够与金融创新保持同步。

---

① 参见：Group of Twenty（2009）.

② 参见：Bank for International Settlements（2011）. 还应该指出的是，尽管这种评估方法取决于相互联系的程度，但所使用的具体指标，要不断地进行分析并做出适当的更新。

对于管理来自相互联系的系统性风险而言，尽管提升全球系统重要性银行的资本标准是一种重要的手段，但这并不是唯一的手段。巴塞尔委员会的方案包含了一系列有助于管理相互联系和系统性风险的措施。这些措施包括：反周期性资本缓冲；流动性要求；对面向大型金融机构的风险暴露设立更高的资本要求；针对大型风险暴露制定相关规则；针对银行的股权投资而进行资本扣除①。就管理金融机构的复杂性和相互联系对金融稳定性的影响而言，这些措施以及其他的措施都将发挥一定的作用。事实上，改革方案的多面性是一个重要的设计原则。最近的金融危机带来的一个重要教训就是，资本本身并不足以预防或制止一场危机的发生。多渠道的改革措施将会提升系统的稳定性。

系统性风险的降低与成本的增加所带来的利弊权衡：场外衍生市场的改革

除了我刚才介绍的银行业改革之外，二十国集团还想通过一些改革措施，来提升信息透明度和降低市场参与者的交易对手风险，以降低场外衍生市场的风险。这些政策必须加以仔细考虑，因为它们容易提升金融中介业务的成本以及风险对冲的成本。为了说明政策制定者和监管者在制定此类政策时为何必须加以权衡，下面我将较为详细地介绍，为了解决场外衍生市场的缺陷，全球的审慎监管者、市场监管者和系统性风险监管者目前正在采取的一系列措施。

场外衍生合约是交易双方私下达成的在未来进行现金流交换的合约，而未来的现金流的交换，则取决于标的资产或基准指数的业绩。与资产的立即购买或出售不同，场外衍生合约要求交易一方或双方在未来进行支付。因此，交易对手风险是场外衍生合约交易的一个主要特点。场外衍生市场交易对手风险的规模和影响都很大，而且，正如我们所看

---

① 关于对这些以及相关监管措施的介绍，参见：Bank for International Settlements (2010).

到的,这种风险会影响到整个经济。想要确保衍生市场能够分散而不是加剧系统性风险,重要的一点就是要对这些风险加以审慎的管理与监督。

金融危机期间,我们能清楚地看到衍生市场的运行和监管方面所面临的重大问题。这些问题或许可以从美国国际集团(AIG)的巨额亏损所造成的广泛影响中看得最清楚(其亏损来自场外结构化融资和信用衍生合约交易)。在美国国际集团自身以及整个金融体系遭到巨大金融压力的时期,如果没有政府的干预,美国国际集团的倒闭将会使得其交易对手面临巨额的亏损。事实上,在一段时间内,美国国际集团即将倒闭的预期,使得已经受到损害的场外市场重要部门的运行情况更加恶化;而且,在这种情况下,企业管理金融风险的代价更大,甚至不可能进行风险管理了。某些企业最初用来对冲风险的衍生交易头寸无法正常发挥作用,反而成为风险的来源。美国国际集团的倒闭,极为突出地反映了场外衍生市场的结构与运行过程中所固有的系统性问题;这些问题加剧了金融体系的脆弱性,使得其他经济领域要面对不必要的系统性风险。目前,监管者正打算采用集中清算请求、设立最低保证金标准和数据呈报要求等措施,来降低交易对手风险,提升透明度,并因此而降低不确定性。

2009年9月,二十国集团强烈要求标准化的场外衍生合约通过中央交易对手进行清算,其直接目的就是为了通过改变衍生合约交易对手风险的网络结构,来降低系统性风险[1]。在缺乏中央交易对手的情况下,与某一类场外合约相关的交易对手风险网络,看起来有些类似于图3中的A部分。每一位市场参与者面对的交易对手风险,来自某一个或其他更多的市场参与者。尽管每一位参与者都知道自己的风险状况,但不可能完全了解其交易对手面向其他人的风险状况。这种信息的不透明

---

[1] 参见:Group of Twenty. Improving Over-the-Counter Derivatives Markets [R]. in item 13, 2009.

会带来2008年秋季我们所看到的那种与信息相关的大堵塞现象（卡巴雷罗和西塞克对这种现象进行过探讨）。此外，由于市场参与者通常与众多交易对手拥有部分或全部的冲销头寸，因此，从风险管理的角度来看，一个完全的双边网络是缺乏效率的：来自某交易对手头寸的增值部分，并不能与来自其他交易对手头寸价值的损失相互抵消。

完全的双边网络　　　　　中央清算网络

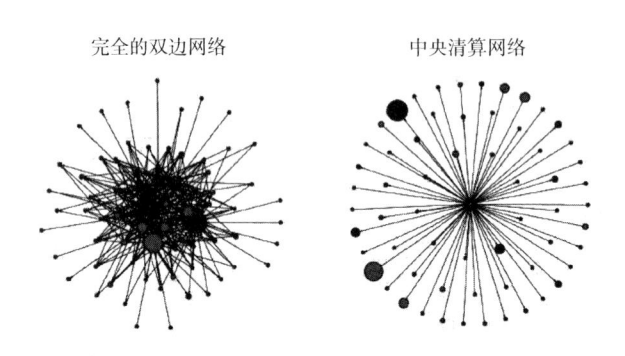

图3　双边和中央清算网络

说明：图中的A部分，显示了信用违约互换（CDS）市场上，某一份大量交易的CDS合约的双边网络。B部分显示了一个假设的网络——合约通过单一的中央交易对手来完成清算。每一部分中圆点的大小，代表了保险交易金额的大小。

资料来源：存款信托与清算公司（Depository Trust & Clearing Corporation）。

从每一笔交易的一方来看，中央交易对手可以将图3中A部分的网孔状网络，转变成类似于B部分的中心辐射网络。这种中心辐射网络结构，不会影响到单个市场参与者相关衍生合约的标的资产或指数所带来的风险，但是，它会极大地简化和改进交易对手风险的网络状况的透明度[①]。

---

① 为了更明确，图3中的B部分描述了一种理想的中央清算网络；在该网络中，只由一个中央交易对手对所有的交易进行清算。在实践中，完全有可能存在这样的情况：由一个以上的中央交易对手来负责某一类合约进行清算。Darrell Duffie 和 Haoxiang Zhu（朱昊翔）的研究表明，中央清算表现出了巨大的规模经济和范围经济效应（Duffie and Zhu, 2011）。与其他从事经济活动的企业会呈现出强烈的正面网络效应一样，我们要在中央清算整合所带来的潜在效率与中央交易对手之间更大的竞争所带来的好处之间，做出恰当的取舍。

与完全的双边市场结构相比，中央清算能带来巨大的好处。比较简洁的中心辐射状网络的结构更为透明；中央交易对手能够很好地针对所有的市场参与者，来实施共同的保证金要求。中央清算有利于众多市场参与者收益与损失的抵消，因此有可能极大地降低每位参与者的总体交易对手风险。市场参与者并不需要去管理针对其他所有交易伙伴的交易对手风险，而只需要管理自己对中央交易对手的风险。中央交易对手纯粹作为交易中介，而并不针对自己清算的基础合约而从事任何的净头寸交易，因此它的损失只能来自清算会员的违约以及清算会员缴纳的保证金不足以弥补其开户头寸重置时的成本。在遭受任何损失的情况下，中央交易对手通常以一种比较容易预测的方式，将损失在所有的清算会员之间分摊。通过这种做法，中央清算使得交易对手风险能够以一种透明的方式，由参与者来共同承担。

中央交易对手仅仅局限于提供居间服务，而并不提供信贷和流动性。这种结构的好处在于，一旦出现重大的市场压力，市场的运行不会因为市场基础设施的失灵而受到威胁。

当然，从另一方面来看，增加一个中央交易对手，会给整个网络带来一个故障点，因此，对中央交易对手本身进行很好的管理和监管是非常重要的。为了确保这一结果，《多德—弗兰克法案》的第七章，针对进行场外衍生合约清算的中央交易对手，提出了比以前更为严格的安全保障。法案的第八章是为了强化对金融市场设施的监管，其中包括把中央交易对手列为系统重要性机构，要求对其进行年度核查，并对其重要规则和业务调整展开事前评估。2012年4月，为中央交易对手这样的金融市场基础设施制定标准的国际组织针对这些实体公布了新的更严格的标准。包括美联储在内的美国监管者积极参与了这项工作，并且将正式提出建议，要求尽可能地把新的标准纳入美国的监管法规之中。

然而，更为重要的是，中央交易对手的风险管理能力，取决于它自身是否有能力经常性地（而且有可能要求实时地）估算出所清算的合约的价值，以及是否有能力在清算会员违约时，迅速按当期的价格或接近于当期的价格重置敞口头寸。要求对缺乏流动性和非常特殊的合约进行清算，将有可能增加系统性风险，因为清算所并不能很好地管理此类合约带来的复杂风险。二十国集团明确认识到了中央清算所具有的这种巨大的局限性，因此只要求对标准化的场外合约进行集中清算。所以，二十国集团的努力，有效地处理了设置全球中央清算体系的成本与收益权衡问题。

然而，将中央清算局限于标准化的衍生合约，这意味着大量不太标准化的场外合约将继续以双边交易为基础，而不能享受到中央交易对手带来的好处。据国际货币基金组织估算，有三分之一的利率和信用衍生合约，以及三分之二的股权、商品和外汇衍生合约不适合标准化要求，因而将继续采用非中央清算的方式交易[1]。随着更多的标准化衍生合约转向中央清算，重要的一点是，要继续对非中央清算衍生合约的系统性风险管理保持警觉[2]。对非中央清算衍生合约的系统性风险进行管理的一种重要手段，就是设立保证金要求[3]。全球的监管者一直在努力制定针对非中央清算衍生合约的保证金要求标准；这一标准能够提供统一的规则和公平的竞争环境；考虑到衍生市场的全球化特点，这一点显得非常重要。7月份，巴塞尔委员会以及国际证券委员会针对非中央清算衍生合约提出了一个保证金要求框架[4]。最终的框架将有利于美联储及美国其他监管者的规则的制定。

---

[1] 参见：International Monetary Fund (2010).

[2] 比如，参与者及其监管者需要密切监控来自非中央清算合约的风险，以确保中央清算衍生合约从现有的双边冲销安排中转移出来时，不会无意间造成非中央清算合约风险集中度的大幅上升。

[3] 除了保证金标准之外，《巴塞尔协议（2.5）》所规定的更高的资本标准，将成为系统性风险管理方面的一种手段。参见：Bank for International Settlements (2009).

[4] 参见：Bank for International Settlements (2012a).

所提出的框架要求针对金融类企业和系统重要性非金融类企业收取两种类别的保证金。首先，它们必须定期收取变动保证金（variation margin），这样，如果一种衍生合约的市场价值遭受损失，经历损失的交易方就必须立即承担损失。这一要求反映了目前的最优市场行为，因为大型衍生合约交易商已经在对变动保证金进行每日划拨。然而，重要的一点在于，这一框架将这种审慎风险管理行为应用到了其他的衍生合约交易对手的身上。要求对变动保证金进行及时支付的做法，将非常有利于确保像美国国际集团这样的事件不会再次发生，因为当期的风险将不能累积到难以控制的水平[1]。此外，对变动保证金的要求，将确保市场参与者知晓其交易对手不会持有大量的无担保风险（这种风险会损害交易对手未来的履约能力）。这些要求能够降低卡巴雷罗和西塞克探讨过的那种信息大堵塞的可能性。

更具有的争议的一点在于，所建议的框架要求收取初始保证金。变动保证金担保的是衍生合约当期的损失；而初始保证金担保的是未来交易对手违约造成的损失。从本质上讲，初始保证金是一种履约保证金。如果交易对手不能按要求履约，初始保证金就将用于与新的交易对手重新建立头寸。

正是在这一点上产生了最重要的政策问题，因为较高的初始保证金要求，将使得市场参与者利用衍生合约进行套期保值的行为更加昂贵。

---

[1] 据金融危机调查委员会提供的记录，从1998年到2007年，美国国际集团（AIG）借助于自己的附属机构AIG金融产品公司，间接积累了巨额的不动产支持债务风险；其做法是，针对结构化金融产品来出售场外信用保险合约；这些结构化产品包括抵押支持证券和担保债务债券；在许多情况下，这些证券最终是由抵押贷款来提供支持的。重要的是，由于这一段时间内AIG大多能获得AAA级信用评分，因此，新的合约达成时，其衍生交易对手通常都没有要求AIG提供担保物。相反，只有在合约的市场价值下降，AIG本身的信用级别被调低的时候，它才同意提供担保物。2007年中期，它首次收到了补缴保证金的通知；通知针对的是它在抵押支持担保债务债券的保险方面达成的信用违约互换。起初，AIG还能通过对其交易对手提出的合约估值表示争议来拖延或减少所提供的担保物，然而，随着它所保险的债券的价值持续下降，以及其信用等级的进一步被调低，AIG最终面对的是其衍生交易对手不断提升且难以达到的担保物要求。关于这方面更多的信息，参见：Financial Crisis Inquiry Commission（2011）.

划归为初始保证金的流动性资源，并不能用于其他目的。考虑到衍生市场巨大的规模和交易范围，对所有衍生交易收取初始保证金，将会带来巨大的机会成本和流动性成本。在向美联储和其他监管者提出的公开建议中，国际互换与衍生品协会估算出的结果是，初始保证金要求将在全球锁定高达1.7万亿美元的流动资产[1]。可以说这一数据是惊人的。为了更好地度量初始保证金要求所带来的流动性成本，美联储作为国际审慎与市场监管团体的成员，在提出了7月份的建议之后，又展开了一场细致的影响研究，以量化初始保证金要求所带来的流动性成本。这项研究的结果以及所收到的相关建议，将有助于确保在最终的框架中在降低系统性风险的需要与降低流动性成本之间得到恰当的平衡。

尽管考虑到初始保证金所带来的巨额成本，我们似乎也能清楚地看到，某些要求是必须要有的。目前，初始保证金的使用和应用还不统一；针对非中央清算的衍生合约制定出一套更为有力和更为一致的保证金制度，这不仅能够降低系统性风险，而且还能够降低某些人利用合同语言来避免清算要求的动机。有力的和一致的初始保证金要求，将有助于防止像美国国际集团那样所引发的传播效应；实际上，它们能够对金融网络内的相互联系起到限制作用。某一金融交易对手的倒闭所产生的影响，能够按照艾伦和盖尔所说的方式得到抑制。正如我在介绍变动保证金时所指出的，初始保证金要求也可以提升透明度，因为衍生市场参与者将知道，他们的交易对手至少能在一定程度上不会出现违约。当然，这些好处需要与初始保证金带来的负担进行恰当的平衡。二十国集团的目标，是要降低场外衍生市场潜在的系统性风险——因为这种风险会威胁到整个金融体系；而从现状来看，似乎很难保证这一目标的实现。

最后，我来谈一谈数据要求的问题。无论从我今天介绍的研究成果

---

[1] 参见：International Swaps and Derivatives Association (2012).

亦或从实际经历来看，市场监管当局、审慎监管当局和系统性风险监管当局都需要掌握关于衍生交易和双边头寸状况的详细信息，才能够对不断变化的市场风险进行分析，并行使好自己的金融性稳定责任。实际上，美联储已经在利用来自存款信托与清算公司的交易信息数据库所提供的初步信息，来构建信用违约互换市场的网络图（如图4所示）。从数据中可以识别出某些企业的特征，比如图4中的企业A和企业B就属于保险交易中的巨额净销售方。此类信息在监管方面具有很重要的作用。此外，盖伊、霍尔丹和卡帕迪亚以及康特、穆萨和桑托斯等人在对系统性风险的监控和计量进行分析时，必须详细了解这些信息，才能观察到系统性风险的全貌。

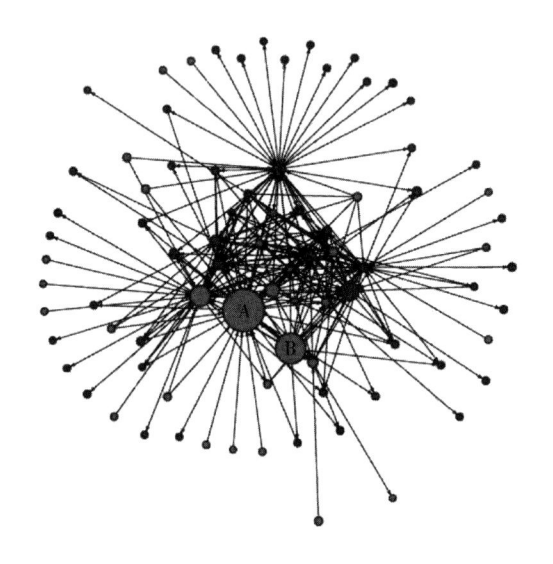

图4 信用违约互换市场网络

说明：该图显示了信用违约互换（CDS）市场网络的情况。不同合约（基础证券）的CDS风险相互进行了抵消，因此，圆点代表的是某一市场参与者保险的净购买额或净出售额。圆点的大小代表了保险买卖的交易金额。为了展示得更清楚，样本中没有包含小额交易市场参与者。

资料来源：存款信托与清算公司（Depository Trust & Clearing Corporation）。

《多德—弗兰克法案》的第七章要求，美国互换交易的数据，要呈报给商品期货交易委员会所管理的互换数据存储库，或者是呈报给证券交易委员会所管理的证券互换数据存储库。在欧洲，互换交易数据呈报要求面临着类似的监管。然而，由于保密方面的考虑以及数据共享方面存在法律障碍，现在仍然不能保证呈报给数据存储库的数据，最终能被所有的监管者使用（他们需要这些数据来全面地了解衍生市场的情况）。考虑到衍生市场的范围是全球性的，这些数据的使用对于负有系统性风险管理责任的机构（比如美联储）而言是非常重要的，因为它们要对这些风险进行监控，并做出反应。具体而言，现在还不清楚，我们是否能够像图4所描述的那样，进行定期的和综合的分析。为了有效地监控市场进展与系统性风险，关键的一点在于，各国监管当局要采用统一的方式来定期分享信息。

尽管更好和更透明的信息对于监控系统性风险的累积及采取应对措施非常重要，但我们的确也认识到了人们对信息保密的担忧。对大多数的金融市场参与者而言，信息是一种宝贵的资源；不必要的信息披露负担或者说过度的信息披露，会损害市场参与者的地位，降低其交易的积极性，从而会导致流动性与市场效率的降低。《多德—弗兰克法案》针对互换交易提出的实时报告要求认识到了这个重要的问题，因此它允许巨额的"批量交易"推迟报告时间——这种交易的立即呈报，会透露并损害参与者的地位，因此最终会对市场的交易、市场的深度和市场的流动性产生不利影响。这样，更好的报告和透明度要求，既可以向公众和监管者提供有用的信息，又不会损害市场的健全。此外，尽管市场的健全和恰当的保密性是重要的考虑对象，但金融危机中的事件清楚地表明，有效的系统性风险管理要求有更多而不是更少的信息披露。

总结

我在发言中，首先介绍了围绕着1907年银行恐慌所发生的一些事件以及美联储成立时的背景。这次银行恐慌事件带来了一个教训（当时的这个教训，同样适用于今天）：金融的稳定对于维持经济增长与经济繁荣是十分重要的。1907 年的银行恐慌，反映了我们的金融体系存在根本性的缺陷；发生在 2007—2008 年的金融危机也是如此。最近的危机表明，随着时间的推移，某些金融创新会使得金融体系承受金融冲击的能力变得更加脆弱；这种冲击会在整个经济体系中传播开来，不仅会带来直接后果，而且还会造成持续影响——我们今天仍然在应对这种影响。其中的一些脆弱性是由于金融创新造成的；这些创新增加了金融体系各个方面的复杂性和相互联系的程度。针对危机以及危机所反映出来的缺陷，全球的各国政府都在采取行动以提升金融的稳定性，降低金融体系的高度关联所带来的风险。当然，这些努力必须考虑到新的规则所带来的成本，而且要确保其利益明显地大于这些成本。我相信，在对这些重要的利益与必要的成本进行恰当权衡之后，我今天介绍的这些政策，将使得经济体系能更好地适应金融冲击，并有助于降低另一场危机发生的风险。

在做出这种权衡的时候，新的研究为政府提供了指导，因为这些研究可以加深我们对系统性风险的理解。这项工作仍在进行之中。我确信，今天在座的各位当中，有些人将会从事相关的研究，并获得一些研究成果。因此，最后请允许我对这些人的贡献提前表示感谢。我希望今天的发言，能让大家清楚地认识到，保护好我们的金融体系这项工作，将取决于人们的这些努力及其所获得的见解，因为政策制定者在做出正确的决策时，需要依赖于这些努力及其所获得的见解。

参考文献[①]

[1] ALLEN, FRANKLIN, and DOUGLAS GALE. Financial Contagion

---

① 此处参考文献为原稿内容，译者及出版者为确保准确性并做格式上的处理。

[J]. Journal of Political Economy, vol. 108 (February), 2000, pp. 1-33.

[2] Bank for International Settlements. Revisions to the Basel II Market Risk Framework [R]. Basel, Switzerland: BIS, 2009, July.

[3] Bank for International Settlements. The Basel Committee's Response to the Financial Crisis: Report to the G-20 [R]. Basel, Switzerland: BIS, 2009, October.

[4] Bank for International Settlements. Global Systemically Important Banks: Assessment Methodology and the Additional Loss Absorbency Requirement. Basel, Switzerland: BIS, 2001, November.

[5] Bank for International Settlements. Margin Requirements for Non-Centrally-Cleared Derivatives. [R]. Basel, Switzerland: BIS, 2012, July.

[6] Bank for International Settlements. Semiannual OTC Derivatives Statistics at End-June 2012 [R]. BIS, November, December, 18, 2012.

[7] CABALLERO, RICARDO J., and ALP SIMSEK. Fire Sales in a Model of Complexity [C]. Massachusetts Institute of Technology Department of Economics Working Paper 09-28. Cambridge, Mass.: MIT, 2011, April.

[8] CONT, RAMA, AMAL MOUSSA, and EDSON BASTOS SANTOS (forthcoming). Network Structure and Systemic Risk in Banking Systems [C]. in Jean-Pierre Fouque and Joe Langsam, eds., Handbook of Systemic Risk. New York: Cambridge University Press, forth coming.

[9] DIAMOND, DOUGLAS W., and PHILIP H. Dybvig. Bank Runs, Deposit Insurance, and Liquidity [J]. Journal of Political Economy, vol. 91 (June), 1983, pp. 401-19.

[10] Dow Jones & Company. Dow Jones Industrial Average [R]. via

Federal Reserve Bank of St. Louis, FRED Economic Data, "Dow Jones Averages" data release, December 18, 2012.

[11] DUFFIE, DARRELL, and HAOXIANG ZHU. Does a Central Clearing Counterparty Reduce Counterparty Risk? [J]. Review of Asset Pricing Studies, vol. 1 (December), 2011, pp. 74-95.

[12] Financial Crisis Inquiry Commission. The Financial Crisis Inquiry Report [R]. Washington: Government Printing Office, 2011.

[13] FREIXAS, XAVIER, BRUNO M. Parigi, and Jean-Charles Rochet. Systemic Risk, Interbank Relations, and Liquidity Provision by the Central Bank [J]. Journal of Money, Credit and Banking, vol. 32 (August), 2000, pp. 611-38.

[14] GAI, PRASANNA, ANDREW HALDANE, and SUJIT KAPADIA. Complexity, Concentration and Contagion [J]. Journal of Monetary Economics, vol. 58 (July), 2010, pp. 453-70.

[15] Group of Twenty. Leaders' Statement: The Pittsburgh Summit, item 13 under Strengthening the International Financial Regulatory System [R]. Pittsburgh, Pa.: G-20, 2009, September.

[16] International Monetary Fund. Global Financial Stability Report: Meeting New Challenges to Stability and Building a Safer System [R]. Washington: IMF, April, 2010.

[17] International Swaps and Derivatives Association. Comment letter from Robert Pickel on the Federal Reserve's proposed rule on margin and capital requirements for covered swap entities (Docket No. R-1415) [R]. 2012, November, 26.

[18] Securities Industry and Financial Markets Association. Statistics [R]. SIFMA, 2012, December, 18.

[19] SHIN, HYUN SONG. Financial Intermediation and the Post-Crisis Financial System [C]. paper presented at the Eighth Bank for International Settlements Annual Conference, held at the Bank for International Settlements, Basel, Switzerland, 2009, June 25-26.

美联储谋求金融稳定性的努力

珍妮特·耶伦

在芝加哥联邦储备银行举办的第 14 届国际银行业年会上的发言

2011 年 11 月 11 日

首先,我要感谢芝加哥联邦储备银行邀请我参加这次重要的会议,讨论中央银行在维护金融稳定性方面的作用。大家都知道,2010 年的《多德—弗兰克法案》赋予美联储在实现和维护金融稳定性的新的框架中的核心作用。我很感激可以利用这次机会,向大家介绍,我们是如何与其他监管者一道,来努力履行我们新的责任的[①]。

《多德—弗兰克法案》对美国金融部门的监管工作做出了重大调整。这种调整直接针对的是监管框架中存在的一些严重缺陷。金融危机及其所带来的严重经济衰退,正是对这些缺陷做出的痛苦反应。其中的一个重大调整,就是要求美国的金融监管者在监管方面采用"宏观审慎方法"。在今天的发言中,我要介绍美联储在实践中是如何使用这一方法的。我既要介绍我们自己的监管责任,又要介绍我们作为跨机构的金融稳定监管委员会(FSOC)的成员所承担的责任——《多德—弗兰克法案》通过设立该委员会来倡导一种更为全面的方法,以监控和减轻系统性风险。

我要指出的是,将宏观审慎方法付诸实践的一个重要方面,就是要设立一种新的监管设施,其中包括金融稳定监管委员会及其工作委员会

[①] 我要感谢 Rochelle Edge,Andrea Kusko,Andrew Levin 和 Nellie Liang 等美联储的工作人员;他们为这次发言做了许多准备工作。发言内容反映了我自己的观点,并不一定代表美联储其他工作人员的观点。

的结构安排。此外，为了履行其新的责任，单个监管机构已经进行了必要的组织调整。在美联储，我们已经对大型银行控股公司的监管进行了重新定位，而且还设立了一个新的机构，名为金融稳定政策研究室。该机构在以下几方面发挥着核心作用：监控金融风险；分析金融稳定性所受到的影响；寻找一些方法来化解已经存在的风险。

宏观审慎方法概述

将宏观审慎方面的考虑明确地纳入我们的金融监管体系，这代表了我们在思考如何最有效地获得金融稳定性方面所进行的一项重要创新。与传统的"微观审慎"监管方法关注于单个金融机构、市场和设施的安全与稳健不同，宏观审慎方法还要关注于整个金融体系。

具体而言，金融机构通常以一种复杂的网络相互联系在一起，因此，某一金融机构的突然倒闭会对其他金融企业产生波及效应，因而有可能使得整个金融体系面临风险。这种外部效应在庞大的金融机构和金融市场设施中表现得最为明显；但是，这种外部效应也可能来自几家中小型金融企业——它们的业务活动的回报具有很高的相关性。因此，宏观审慎方法想要通过降低系统性风险（即会给整个经济造成重大损害的严重金融动荡风险），来获得金融稳定性。在理想状态下，这一方法要采取预防性政策，在危机爆发之前，将金融体系的风险控制下来。

宏观审慎政策针对的是几种形式的系统性风险。其中一种形式的风险可以被称为结构性风险，比如系统重要性金融机构（SIFIs）或者是系统重要性支付、清算或结算设施（或这方面的业务活动）等。这些机构、设施或业务活动出现问题或遭遇金融困境时，会对金融体系中其他机构遭受的破坏性影响产生放大效应。另一种形式的风险，可以称为周期性风险，比如，经济活跃时期，资产价格的上涨和信贷的过度增长会使得大大小小的金融企业的资产负债状况面临着信贷周期进入下行通道的风险。在监控系统性风险以及做出恰当的宏观审慎政策反应时，关注于这些类别的风险渠道是非常重要的。具体而言，某些风险的缓解最好采用结构性的政策（这些政策不会随着经济状况的变化而变化），而其他风险的缓解则最好采用对经济发展较为敏感的政策。事实上，针对系统性风险的特定形态来选择合适的政策是非常重要的，因为它能确保金融市场上合理的风险承担行为和创新活动的持续存在，能够促进整个生产率的提高、经济的增长以及就业的改善。

对于中央银行而言，一个关键的问题是如何将宏观审慎政策与货币政策很好地结合起来。人们正在达成（但尚未最终确定下来）的一个一致的观点是，货币政策过于迟钝，并不能惯常地用于解决金融稳定性所面临的周期性风险；应该使用更具有针对性的微观和宏观审慎工具来应对这些风险。我认为，具有针对性的审慎政策应该成为防御金融稳定性威胁的第一道防线。然而，由于这些政策的有效性还没有得到实践的检验，我并不排除下列可能性：货币政策可以被直接用于支持金融稳定性目标——至少在一定程度上如此。

识别和纠正结构性的系统性风险

现在，我想转向系统性风险的结构性来源，谈一谈如何利用宏观审慎政策来缓解此类风险。在遇到金融危机（以及巨大的损失）之前，人们一般不会注意到结构性缺陷。事实上，现在根据《多德—弗兰克法案》而实施的许多监管政策，以及人们在银行资本和流动性标准方面达成国际协议，都是针对2007—2009年的危机事件所做出的反应。此类反应包括一些监管政策和改革措施，它们针对的是系统重要性金融机构和系统重要性金融市场设施（FMUs）所具有的风险，同时也是为了努力提升重要金融市场与重要金融基础设施的风险适应力。

因为具有系统重要性的金融机构在遭遇重大压力或发生倒闭时，会对金融部门以及实体经济产生特别大的影响，所以《多德—弗兰克法案》授权美联储通过一些更严格的审慎标准来降低此类事件发生的可能性，其中包括：强化风险资本和杠杆比要求；提出流动性要求；实施早期纠正制度；对业务活动进行限制。该法案还要求，美联储在评估和裁决金融类企业的并购申请时，要考虑系统性风险受到的影响。此外，为了确保系统重要性金融机构的倒闭不会给金融体系造成严重损害，该法案还赋予了美联储和联邦存款保险公司一些新的手段，比如改进金融企业的清算方案，以及设立有序清算管理机构等。该法案还要求，对标准化的场外衍生合约采用中央清算方式，针对未清算衍生合约提出了保证金要求；同时，还采取了其他一些措施来保证金融市场的健全与正常运行。

这些规则的制定正在顺利进行。不久，美联储即将针对自己在提升审慎标准方面所提出的规则征求各方的意见（这些规则将应用于大型银行控股公司，以及具有系统重要性的非银行类金融企业）。最近，美联储还在实施清算计划要求方面批准了一项最终规则。我要指出的是，与制定所有规则时的责任一样，在这些情况下，美联储要关注于《多德—弗兰克法案》所要求的规则与国际协议提出的要求（比如，针对大银行提出的更高的资本标准和新的流动性标准，以及针对系统重要性大型全球化金融机构提出的资本附加要求）保持一致。

美联储与其他的金融监管者一道，在以下几个领域发布了几项规则建议和最终规则：衍生合约的集中化清算；对互换交易保证金的要求；对系统重要性金融市场设施和系统重要性非银行类金融企业身份的确认。针对系统重要性非银行类金融企业身份的确定而提出的规则，在

10月份征求了各方的建议①。这一规则确定了识别此类机构的程序；该程序首先要对超过一定资产规模和呈现出某些特征（包括过度杠杆经营和过度依赖短期融资）的企业进行分析——如果该企业遭遇困境，这些特征会引发系统性风险。

然而，针对金融危机期间显露出来的其他一些重要缺陷而做出的努力，迄今为止也取得了某些进展。事实上，短期融资市场仍然是系统性风险的一个重要来源。尽管有一些重要的改革措施促进了流动性，并且对资产组合进行了额外的限制，但货币市场基金仍然容易受到流动性约束，主要原因在于其净资产价值（NAV）以及其投资者较低的风险容忍程度等特点所带来的影响。证券交易委员会正在考虑针对货币市场基金进一步采取改革措施，包括采用强制性的浮动净资产价值来抑制投资者抢先赎回基金股价的动机；通过资本缓冲来使得基金公司在维持稳定的净资产价值的同时能更好地处理实际和潜在的损失；通过对基金的赎回加以限制，来使得基金管理者有更多的时间解决问题，同时也向投资者强调，货币市场基金并不能保证像银行那样提供流动性②。

三方回购协议市场也不断显露出一些重要的缺陷。具体而言，三方回购交易的结算过程仍然依赖于大量的日间信贷，因此，容易受到下列决策的影响：当市场参与者违约或被认为将要陷入困境时，清算银行会决定停止向其提供融资。金融稳定监管委员会建议通过改革来解决这些问题，而且一个行业特别工作组已经在这方面初步采取了一些重要的措施——比如，针对三方交易，通过协调来实施一个可靠的确认程序。然而，还有很多工作要做。事实上，考虑到这一市场在金融体系中的核心

---

① 参见：Financial Stability Oversight Council. Authority to Require Supervision and Regulation of Certain Nonbank Financial Companies [J]. second notice of proposed rulemaking and proposed interpretive guidance (FR Doc. 2011-26783), Federal Register, vol. 76, 2011, October, 18, pp. 64264-83.

② 金融稳定监管委员会2011年年度报告中的专栏D，更全面地探讨了货币市场基金给金融部门带来的脆弱性。参见：Financial Stability Oversight Council. Financial Stability Oversight Council 2011 Annual Report [R]. Washington：FSOC, Box D: Money Market Funds, 2011, pp. 50-51.

地位，进一步采取措施来降低这个市场的脆弱性应该是一项要优先考虑的任务。

除了解决金融危机带来的一些尚未解决的问题之外，金融稳定监管当局和市场参与者还需要对新的结构和产品保持警觉，而不能仅仅只关注于那些在过去引发了问题的结构和产品。新的金融产品——比如场内交易基金和担保商业票据——尽管能更有效地提供居间业务；但是，如果它们增强了金融体系的复杂性和相互联系的话，那么也有可能使得系统性风险上升。

在风险凸显出来之前，监管当局就需要收集与新产品相关的信息，并对其风险加以监控。为了改进金融部门的信息质量，方便金融监管委员会及其会员机构对信息的分析，根据《多德—弗兰克法案》的要求，财政部内部设立了一个金融研究局。该研究局启动了一项计划，想依据独特法人实体的标识来建立一个全球分类系统，以识别出金融合约的交易方。这一系统使得市场参与者能够以合并基础来更好地计量其所有各类产品和其他方面的交易对手风险。此外，证券交易委员会和商品期货交易委员会最近针对对冲基金和部分其他的私人投资基金发布了一份新的信息报告格式；这一格式能够提供更多的有关其规模、业务集中度、融资状况和投资业务的信息。这些额外的信息具有较大的价值，使得我们能更好地理解金融行业中的一个重要部门的情况（因为我们以前没有反映该部门状况的一致信息）。

识别和纠正周期性的系统性风险

下面来看周期性的系统性风险。在这方面，我们正在开发准确的风险计量方法，以便对它们进行不间断地监控，并且了解它们是如何以一种不稳定的方式展开的。就这一点而言，我们美联储的工作人员，会对金融中介的杠杆比和期限不匹配指标进行定期监控；我们会通过分析资产估值、贷款发放的标准和信贷增长数据,来观察信贷所导致的系统性风险的累积情况。我们还要监控大型银行的各种系统性风险指标。这些指标反映了金融市场对这种金融企业风险的判断:一旦它遭遇困境,会给整个金融体系带来多大的风险。此类指标以金融企业的股价、信用违约互换溢价、股价波动性以及所有资产价格的相关性作为基础。

此外,我们还对全国的大型银行组织定期进行压力测试,以评估这些企业在经济结果比预期更差的情况下的应对能力。这种测试的基础是大型银行未公开的详细资产负债数据;这种测试能够全面和准确地反映出当经济和金融状况在多年内持续恶化时,这些银行的财务状况会怎样。压力测试首先于2009年按照监管资本评估方案(SCAP)展开;在2010年和2011年继续按照综合资本分析与评估(CCAR)方案进行操作;在这项测试中,我们能够评估金融企业的资本计划程序,并对企业要求继续派发股息或增加股息派发的行为做出反应。

几周之后,我们将开始2012年的综合资本分析与评估测试;以以前的综合资本分析与评估测试为基础,大约一年之后,我们将根据《多德—弗兰克法案》的要求,进行年度监管压力测试。该法案要求的压力测试涉及的银行组织更多,超出了监管资本评估方案测试下19家银行的范围;测试范围将扩展到金融稳定监管委员会认定的所有具有系统重要性的金融机构。随着所收集到的有关重要信用风险的数据的增加,压力测试有可能发展成为一种有效的手段,用于识别系统重要性金融机构之间的联系——这种联系会使得这些金融机构同时陷入金融困境。

识别金融部门脆弱性的另一个重要方面,是要持续关注金融部门某些领域有可能出现的风险;这些领域包括数据难以获得的领域,或者是近期发展起来的领域——人们对这些领域缺乏了解。金融监管群体一直在努力工作,以弥补这方面的信息缺口。比如,为了改进对杠杆比(尤其是那些处在传统银行体系之外的金融机构的杠杆比)的监控,美联储在2010年对交易商融资条件进行了一项季度调查（即高级信贷主管交易商融资条件意见调查）①。这项调查收集到的一些定性分析信息，反映了交易商向金融市场上的回购协议和场外衍生市场参与者提供的杠杆交易的情况。这种信息可以作为反映交易对手信用风险的一种补充（监管者以非公开的形式，从复杂的大型金融机构了解到了这种风险状况），也可以作为更频繁收集到的有关流动性状况的数据的补充。此外，联邦储备委员会的工作人员正在利用资金流动账户，开发出反映非金融类企业对来自银行以外的不稳定资金来源（即影子银行部门）依赖程度的指标。此类指标使得我们能够跟踪商业周期中这种风险来源的变化情况。

周期性缺陷现在看上去还不太明显。然而，这种缺陷很容易出现，尤其是一旦经济开始迅速扩张时。监管者需要有前瞻性，并随时准备做出反应。从原则上讲，一些宏观审慎政策工具可以用来纠正严重的周期性缺陷——其中有些政策已经在其他国家使用过，其他一些所建议的政策尚未进行过尝试。其他国家使用过的政策包括，随时间变动的抵押贷款价值比限额和储户债务收入比限额（在韩国和中国香港使用过）；以及针对银行而设立的动态损失备抵（在西班牙使用过）。去年达成的《巴塞尔协议（Ⅲ）》中的一揽子改革措施，包含了一种反周期资本缓冲政策。当信贷市场风险承担业务的过度增长导致系统性风险达到不能接受的水平时，就可以实施这一政策。另一种被人们提出但尚未尝试过的政策，是针对融资合约收取反周期性保证金和反周期性差额政策——由全球金融体系委员会提出来的一项政策②。

---

① 高级信贷主管意见调查的内容，可以从联邦储备委员会的下列网站获得：www.federalreserve.gov/econresdata/releases/scoos.htm.

② 参见：Committee on the Global Financial System. The Role of Margin Requirements and Haircuts in Procyclicality [C]. CGFS Papers No. 36, Basel, Switzerland: Bank for International Settlements, 2010, March.

当然，在实施这些政策之前，美国的政策制定者需要对这些政策工具进行深入的考察。首先，政策制定者要确保反周期性政策工具能够更有效地解决周期性缺陷，而不是像一些更简单的工具那样，在整个周期内都是固定不变的①。其次，在吸取国外的经验时，政策制定者必须意识到，制度性差异有可能使得这些工具在美国产生的效果不同于其他地方。另一个问题是，关于宏观审慎工具在限制周期性的系统性风险的累积方面所起的作用，仍然处于早期研究阶段。即使对其他国家使用过的政策而言，评估其有效性的论文仍然相对较少；而且，想要将特定政策的影响效果从一系列的经济和金融进展中分离出来，始终都是一项具有挑战性的工作。然而，这些论文使人感到鼓舞——尤其是可以鼓励人们进一步考虑使用针对周期性问题的政策工具；而且，这方面的研究（同时也包括了更多对此类政策的理论分析）非常活跃，成果越来越多，将会在今后几年内给我们带来许多有帮助的见解②。

目前面对的挑战

最后，我简单地谈一谈在金融稳定性方面目前面临的挑战。最突出

---

① 整个周期内固定不变的政策包括，非时变的贷款价值比（LTV）限额和债务收入（DTI）比限额，以及非时变的合约保证金和合约差额；这些措施有可能在一定程度上限制周期性缺陷的累积（即便它们并不能像反周期性政策那样发挥作用）。

② 目前，在这方面的一些经验研究包括，针对相关国家的 LTV 和 DTI 政策所进行的一些案例研究。比如，可以参见：Bank of Korea and International Monetary Fund. Managing Real Estate Booms and Busts [C]. summary from the BOK-IMF workshop, Seoul, Korea, 2011, April, 11-12. 对西班牙动态备抵政策的双重差分计量分析，还可以参见：Gabriel Jiménez, Steven Ongena, José‐Luis Peydro, and Jesús Saurina. Macroprudential Policy, Countercyclical Bank Capital Buffers and Credit Supply: Evidence from the Spanish Dynamic Provisioning Experiments [C]. unpublished paper, Banco de España, March. 关于模型分析的一个例子是，下列文献根据调整后的一般均衡宏观模型，对 LTV 比率进行的研究：Luisa Lambertini, Caterina Medicino, and Maria Teresa Punzi. Leaning against Boom-Bust Cycles in Credit and Housing Prices [C]. Banco de Portugal Working Papers 8/11, Lisboa, Portugal：Banco de Portugal, 2011, March. 另一个模型分析的例子是，下列文献根据调整后的一般均衡宏观模型，对反周期性资本缓冲所进行的研究：Ian Christensen, Césaire Meh, and Kevin Moran. Bank Leverage Regulation and Macroeconomic Dynamics [C]. paper presented at the Regulation of Systemic Risk Conference sponsored by the Board of Governors of the Federal Reserve System and the Journal of Money, Credit and Banking, Washington, 2011, September, 15-16.

的一点在于，人们对欧洲财政和银行问题的担忧，给全球金融市场带来了压力，从而给美国的经济前景造成了巨大的下滑风险。

美国的银行机构直接面对的欧洲边缘国家的风险水平是可控的；但它们与欧洲大国的金融机构的联系更多一些。此外，欧洲的一些大银行从美国的货币市场基金中获得了相当可观的短期美元批发融资；这些银行似乎正面对着严重的融资压力。考虑到这种国际联系，欧洲金融动荡的进一步加剧，有可能使得美国的金融状况进一步恶化。

10月下旬，欧洲公布的一揽子救助方案表明欧洲领导人有很强的决心要解决主权债务所带来的问题。这一揽子方案是朝着正确方向迈出的一步。但是，该方案的诸多细节尚不清楚，而且，所提出的措施需要得到严格执行。某些国家主权债务利差的持续扩大，整体市场波动性的增加，以及最近我们所看到的政治动荡，均说明需要采取强有力的行动来稳定当前的形势。

我们正在与其他监管者一道，积极努力确保美国的金融机构能够恰当地管理好自己的信用风险和流动性风险。为了限制融资压力的扩散，我们已经与几家外国中央银行安排好了美元流动性互换额度。我们正在对欧洲的进展情况进行非常密切的监控；我们将继续尽自己最大的努力，以化解国外任何的不利事件可能给美国的金融体系带来的影响。

总结

自从一年多以前《多德—弗兰克法案》实施以来，美联储以及美国的其他金融监管者已经取得了很大的成就。我们已经在实践中采用了一种宏观审慎监管的制度性框架；而且，我们已经采取某些程序来识别系统性风险产生的根源，并对其采取应对措施。然而，仍然有许多工作需要我们去完成，其中包括进一步消除金融部门在数据收集方面存在的缺口，以及深化我们对不同政策工具效果的理解。总之，设计出一种有效的宏观审慎政策,对维护金融稳定性和支持美国经济的总体发展是十分重要的。在实现这一目标的过程中,将会面临巨大的挑战;但该目标的实现,是极为重要的。

宏观审慎监管与后危机时代的货币政策

珍妮特·耶伦

在全美企业经济学协会举办的年会上的发言

2010 年 10 月 11 日

谢谢主持人的介绍。当我看到以前获得"亚当·斯密奖"的一些人的名册时,感到这的确是一支非常令人敬畏的队伍。十分荣幸有机会参加今年的会议;对此,本人不胜感激①。

需要强调的是,我今天的发言代表的是自己的观点,不一定代表了我在美联储的同事们的观点。今天,我想探讨的话题涉及非常重要的经济政策:金融市场过度的交易行为对金融体系监管,以及对货币政策制定的意义。

就在两年以前,我们经历了一场几乎难以想象的灾难——全球金融体系濒临崩溃。过去,许多经济学家一直认为,全球金融体系不会经历那种将全球带入经济衰退的恐慌事件。人们流行的观点是,现代经济政策的制定,尤其是中央银行的存在,使得我们能够对商业周期进行管理;而且,现代风险管理工具的应用,已经极大地提升了金融体系的稳定性。当然,金融市场并不能被看成是一个完善的市场。但是,人们认为金融市场具有一种自我矫正机制:在给实体经济造成广泛损害之前,金融市场将会恢复到一种稳定的均衡。

随着我们在全球看到上千万的失业大军,以及数以万亿计的产出和财富损失,这种观点被彻底粉碎了。所发生的这些事件,使得任何怀疑

---

① 我要感谢 John Williams 和 Sam Zuckerman;来自旧金山联邦储备银行的这两位工作人员为本次发言稿的准备提供了支持。

者都能够确信：我们的金融体系有可能遭遇各种灾难性的崩溃，从而给整个经济造成破坏。毋庸置疑的结论是，构建一个更加强有力的金融监管体系是头等大事——该体系能够在危机发生之前，识别出并把握住金融市场的过度的交易行为。我们必须找到约束此类威胁的方法，同时又不能对金融创新和风险承担行为加以过度约束。我认为这不是一件易事，但却是一件很重要的事情。

危机带来的教训

现在可以清楚地看到，我们的监管体系具有致命的缺陷。尽管人们对金融市场进行了大量的计量研究，在金融稳定性方面发表了一些重要的论文，但实际情况是，我们根本不了解一些危险性的系统性威胁。回过头来看，我认为监管群体因为一种过分乐观的世界观和一种良好的经济局面而陷入了自满情绪。认为金融市场应该尽可能地摆脱监管束缚的观点，已经演变成了一种信念：这些市场能够在很大程度上管理好自己。与此同时，长时间以来，事情进展如此顺利，使得人们都相信不可能会出现灾难性的错误。几十年以来，金融体系经历了多次的考验：拉美债务危机、储蓄贷款危机、亚洲金融危机、长期资本管理公司的破产以及20世纪80年代后期和21世纪初股市的崩盘。每次危机发生的时候，政策制定者都全力以赴击退了系统性威胁。防洪大堤经受住了考验。尽管这些金融市场动荡起伏，但美国以及全球其他国家的经济仍然表现得很好。我们似乎已经进入一个稳定的新时代。我们甚至给它取了一个名字：大缓和时代。给我们留下的印象是，这种体系能够承受住冲击，是不会被突破的一道金融马其诺防线。

为了了解问题出在哪里，我建议大家看一看海曼·明斯基在有关投机性的金融繁荣与崩溃方面的开创性著作[1]。正如明斯基所指出的，成

---

[1] 参见：Hyman P. Minsky. The Financial Instability Hypothesis [C]. Working Paper 74 Annandale-on-Hudson, N.Y.: Jerome Levy Economics Institute of Bard College, 1992, May.

功将导致过度的交易行为，而过度的交易行为将导致毁灭。大缓和时代经历了信贷的快速增长和风险的扩散，并且在抵押贷款市场达到了极限。信贷以廉价的方式自由流动，家庭和金融机构都承担了更大的风险，倾尽全力去借款。房屋价格直线上升。金融创新者找到了越来越多的奇异方法，将借款打包后卖给了投资者。证券变得如此不透明，以至于很少有人理解其存在的风险。贷款发放者将抵押贷款卖给了投资者；而投资者的尽职调查只不过是看一眼信用评级结果而已。金融体系变得越来越复杂，相互联系越来越密切，杠杆化程度越来越高。

当住房价格急剧下跌的时候，金融机构（包括传统银行业和影子银行部门）资产负债表中与不动产相关的资产价值开始暴跌。其中的许多金融机构不仅具有很高的杠杆比，而且还严重依赖于短期借款来获得这些资产。杠杆经营加上短期融资共同使得它们面临着严重的挤兑风险，然后是难以想象的恐慌和市场崩盘，令人恐怖地将我们带到了全球金融体系即将瓦解和第二次大萧条即将出现的境地。

幸运的是，大萧条没有再次出现。全球各国的政府和中央银行竭尽全力，防止了全面崩溃的出现。但是，我们真正得到的结果却相当不利——几十年以来最严重和持续时间最长的衰退。恢复过程相当地缓慢和痛苦，其部分原因在于，杠杆比过高的家庭和金融机构一直在努力修复其资产负债表。这些事件表明，金融体系天然存在周期性波动的倾向；同时也表明，如果没有恰当的监管，金融体系有可能崩溃，并威胁到全球经济。

金融市场参与者会出现极端情绪：追赶时髦，陷入狂热，目光短浅，遭遇恐慌和陷入沮丧；受短期利益驱使；容易陷入群体性疯狂。最重要的是，人们会相信其他人的想法，正如凯恩斯给出的选美比赛的例子[1]。此外，金融部门的薪酬体系和激励措施，使得人们有很强烈的过

---

[1] 参见：Franklin Allen, Stephen Morris, and Hyun Song Shin. Beauty Contests and Iterated Expectations in Asset Markets [J]. Review of Financial Studies, vol. 19 (3), 2006, pp. 719-52.

度冒险动机，尤其是在经济繁荣的年代。现代风险管理方法或许强化了这种波动周期，因为它们所依赖的风险价值之类的计量指标，对短期内的表现（尤其是短期波动性）高度敏感。在发展顺利时期，波动性下降，风险价值也随之下降。这种状况使得人们的风险承担行为和杠杆交易更容易出现周期性，从而使得繁荣与萧条周期得以放大和扩展。信心崩溃，资产甩卖，流动性蒸发以及杠杆比的急剧下降，正好是对此前抵押贷款市场狂热行为的一种反映。

为了避免此类事件重演，我们必须改变监管状况。国会最近通过的一项重大立法——《多德—弗兰克法案》——就是为了达到这一目的。法案要求监管者抑制金融体系内的风险，以防止其突然爆发成危机。法案设立了一个体系，以收集信息，识别正在出现的金融稳定性威胁，并通过制定政策来抑制这些风险。

在这一体系内，美联储将发挥重要作用。我们将对所有系统重要性金融机构进行监管，并且要与新成立的金融稳定监管委员会中的其他监管者一道，对此类企业设立更严格的审慎标准。我们要确保那些在支付、清算体系中发挥重要作用的金融市场公用设施的安全性。我们将积极支持委员会的使命，以发现并解决正在出现的金融稳定性风险。然而，与此同时，我们必须小心维护人们在金融创新和合理风险承担行为方面的积极性。我们必须保持谨慎，以避免过于严格的方法给金融中介业务带来不必要的损害，以及对资本的形成产生抑制作用。

对系统性金融风险的威胁保持警觉，也一定有助于货币政策的执行。我们已经看到，金融危机的突然爆发，给经济带来了严重后果，并且危及中央银行实行其主要宏观经济目标的能力。货币政策制定者还应该意识到，他们追求价格稳定和充分就业的政策，在某些情况下有可能影响到系统性风险的进展。比如，如果金融部门的报酬激励措施不合理，那么，较低的利率就可能会提升金融市场参与者获取收益和从事风险业务的能力与愿望。

我们的目标应该是利用更强有力的金融监管手段来解决系统性风险，从而使得金融体系更加稳固。这样的话，货币政策就可以集中于物价稳定和充分就业的长期目标。监管必须成为解决系统性风险的第一道重要防线。我们已经拥有一整套的监管政策工具，这些工具能很好地服务于这一目的。货币政策不可能成为系统性风险管理的主要工具。首先，货币政策有自己的宏观经济目标；它自身必须集中关注于这些目标。其次，货币政策在处理系统性风险方面显得过于迟钝。尽管如此，我也不排除存在下列可能：某些情况下，货币政策可以在抑制风险承担行为方面起到一定的作用。我将在后面回到对这一问题的讨论。

在余下来的发言中，我将探讨在制定抑制系统性风险的有效政策体系之前必须要解决的一些关键性的问题。首先，我们必须理解系统性风险的来源，并设计出一些监管方法，以使得我们能够及早地发现金融稳定所面临的威胁。其次，我们必须设计出一整套监管政策工具（即所谓的宏观审慎政策），并且在何时以及如何使用这些政策方面，制定出指南。最后，我们必须努力避免宏观审慎政策目标与货币政策目标发生冲突，因为宏观审慎政策会影响到宏观经济的表现，而货币政策也可能影响到风险承担行为的积极性。

所有这些都涉及政策设计与实施过程中的复杂问题。然而，在设计宏观审慎政策与执行货币政策方面，存在着一些引人注目的相似性。这些相似性包括：都需要恰当地权衡规则与自由决策权之间的作用；都需要这些政策能够有效地解决不确定性；以及都需要考虑政策的分配问题。所有这些都将在后面展开讨论。货币政策研究方面的丰硕成果，能够提供许多的教训；我们可以将这些教训有效地应用于系统性风险管理。

系统性风险：其来源与监控

从最根本上讲，系统性风险来自这样一种可能性：某一事件或某一系列的事件，会对金融部门向经济领域提供信贷的能力形成严重损害。在极端情况下，此类事件会引发恐慌性取款，造成挤兑，导致重要的金融机构倒闭，并最终引发系统性崩溃。

如果政策制定者想要察觉金融体系正在面临的威胁，就必须理解导致系统性风险的决定因素，并采用恰当的手段来对其进行度量。经济学家一直在进行这方面的研究；而最近的危机则强化了人们对这一话题的研究。这方面的研究结果，揭示了导致金融体系内系统性风险累积的几个关键因素。下面我来谈一谈最近的研究所揭示出的三个关键因素。

第一个关键因素是，金融部门有非常高的风险水平和杠杆比，同时还过度依赖于不稳定的短期融资。这种行为如果出现在业务联系非常密切的大型金融机构，其结果将是特别危险的，因为这些机构是我们金融体系中的关键成员，其倒闭会给大量的交易对手以及整个体系造成巨大的损害——雷曼兄弟与美国国际集团就是这方面的例子。然而，当金融体系内广泛存在杠杆比上升和期限不匹配增加时，也会引发人们的担忧。

第二个关键因素是，所有金融机构风险暴露状况的高度正相关。众多的商业银行、投资银行和其他金融机构都持有抵押贷款、抵押支持证券，或与抵押贷款相关的衍生交易头寸。其结果使得金融体系很容易受到住房价格崩盘带来的严重影响。表面上看起来是由单个金融机构承担的适度风险，但最终却给整个系统带来了巨大的风险。

第三个关键因素是，金融体系内部存在的过度相互联系与复杂性。金融市场参与者相互之间存在复杂和不透明的联系网络；这一网络会通过下列形式来使得传染性风险成倍增加：信心的丧失、流动性的冻结、资产的廉价甩卖,以及系统的连锁反应①。在这种系统性风险传播渠道中,一个关键的因素是支付、清算和结算体系的制度性安排。比如,回购协议和场外衍生合约方面的市场基础设施所存在的缺陷,加剧了危机造成的后果②。

系统性风险反映了多年以来慢慢积累起来的各种因素的共同作用。因此,其监控过程中必须关注于多种指标,并且要具有前瞻性,要考虑这些因素的变化过程会给将来的系统性风险造成的影响。为了及时地识别出系统性风险的产生,我们应该针对我刚才概述的三个重要因素,设计出量化指标,以反映出系统重要性金融机构以及整个金融部门内部风险的累积状况、金融市场参与者风险的正相关状况以及这些参与者之间相互联系的状况。

金融监管机构以及根据新的法案设立的金融研究局,必须在系统性风险的监控方面付出巨大的努力。这里存在着类似的现象:在考虑货币政策决定时,我们要了解经济状况;同样,在制定宏观审慎政策时,我们也应该对系统性风险进行监控和评估。在分析经济状况时,我们要收集并分析大量的数据。不过,在实践中,我们认为某些计量指标是非常重要的,比如国内生产总值、就业率、失业率以及通货膨胀率。同样,在风险监控过程中,我们要收集各方面的信息:风险溢价、贷款流量和金额、资产价格、债务和杠杆比、市场状况,以及金融机构的状况(包括资产负债表中经常不对外公开的详细微观数据,以及与场外衍生合约和回购协议等市场相关的一些数据)。然而,监控有可能集中在我刚才所讲的导致系统性风险累积的几个关键因素方面:系统重要性

---

① 参见:Hyun Shin. Financial Intermediation and the Post-Crisis Financial System [C]. paper presented at the 8th BIS Annual Conference, 2009, June, 25-26.

② 参见:Payments Risk Committee. Task Force on Tri-Party Repo Infrastructure [R]. New York: PRC, 2010, May; and Darrell Duffie, Ada Li, and Theo Lubke. Policy Perspectives on OTC Derivatives Market Infrastructure [R]. Staff Report 424, New York: Federal Reserve Bank of New York, January, 2010.

金融机构的资产负债表中以及整个金融体系内部信用风险和融资风险的累积；金融市场参与者之间风险的相关性；以及交易对手的风险状况。

当然，我们还必须密切关注整个信贷和资产市场的状况。其中的一项监控是要观察风险的变化程度，以及债券和其他证券相对于通常的历史数据的期限利差。风险利差和风险溢价的缩小，有可能预示着投资者存在过度的风险承担行为。另一项监控将更加直接地关注于信贷流量和信用风险的计量。如果信贷总量增长极快，就有可能反映金融机构正在加大其表内业务的风险。由于金融体系的复杂性，杠杆比不可能得到很好的计量。然而，反映金融中介杠杆比的实时指标，有助于识别出我们处在信贷周期的哪个阶段。比如，我们可以通过审核担保物差额的数据，来分析新增借款的边际杠杆比。我们还可以通过监控回购市场及其担保物的差额数据，来识别与期限不匹配相关的一些缺陷。这一信息可以与企业和部门的信用风险数据相互对照。

在系统性风险监控方面，引人关注的是如何识别资产价格泡沫。当主要的金融机构利用杠杆交易为其表内风险资产融资时，泡沫就会带来系统性危机。当资产泡沫同时伴随着助推高杠杆投资的信贷泡沫时，系统性风险就会成倍增加[1]。因此，系统性风险监管的首要任务，是必须分析资产价格变化是否意味着泡沫的存在，以及在泡沫变得极其危险之前，及早识别出它们。当然，在实践中，我们很难确切地了解过度交易会在何时演变成泡沫。泡沫即将破灭的时候，人们能很清楚地察觉到，出现了某些错误。然而，由于为时已晚，人们已经无能为力了。

---

[1] 参见：Tobias Adrian and Hyun Song Shin. Financial Intermediaries, Financial Stability, and Monetary Policy [C]. paper presented at "Maintaining Stability in a Changing Financial System," a symposium sponsored by the Federal Reserve Bank of Kansas City, held in Jackson Hole, Wyo., 2008, August, 21-23.

我们还必须监控整个金融行业内企业风险暴露的相关性①。此外，我们还需要掌握与衍生合约和其他金融工具相关的交易对手风险暴露信息。最后要指出的是，在2009年美国以及2010年欧洲进行压力测试的基础上，金融部门此类测试的进一步发展，将提供有价值的信息，反映金融体系在应对严重的经济或金融冲击时的抵抗能力。随着我们进一步理解金融机构层面的系统性风险因素，我们会对压力测试方法加以完善。这种完善可以借助于定量监控部门来完成——我们已经在大型金融机构的监控方面设立了这一部门，以便更好地将宏观审慎方面的考虑，融入日常的监管行为中。

信贷方面的定性信息将成为定量数据的补充。除了从现有商业银行的"高级信贷主管银行贷款行为意见调查"中获取信息之外，美联储最近还引入了"高级信贷主管交易商融资条件意见调查"②。

系统性风险监控，既是一门科学，也是一门艺术：之所以说它是一门科学，是因为我们要在仔细分析大量研究数据之后做出诊断；之所以说它是一门艺术，是因为我们需要判断，过度交易行为将在何时变得危险而需要采取行动。美联储以及美国和国外的其他监管者，已经在设计系统性风险指标方面取得了重大进步。然而，我们必须认识到危机预测方面必然存在的困难，并承认以往风险监控努力的失误。此外，我们还必须注意某些指标的不足——它们过度关注于一些市场和渠道在2007—2008年危机传播过程中的作用。与托尔斯泰所说的不幸的家庭

---

① 最近，人们开发出了一些很有发展前景的系统性风险计量指标；这些指标考虑到了企业战略的相关性。比如，协方差方法旨在计量某金融机构对系统性风险的边际贡献；这里的系统性风险，是通过所有企业的在险价值来衡量的。参见：Tobias Adrian and Markus K. Brunnermeier. CoVaR [R]. Staff Report 348, New York: Federal Reserve Bank of New York, 2009, August. 同时可以参见下列文献介绍的风险拓扑方法：Markus K. Brunnermeier, Gary Gorton, and Arvind Krishnamurthy. Risk Topography [C]. unpublished paper, 2010, July.

② 这些调查结果，可以从联邦储备委员会的网站获得：https://www.federalreserve.gov/data.htm.

一样,每一次的金融危机都有自己的原因。出于这种理由,我们需要一种科学与艺术相结合的灵活方法,来对所有指标反映出来的信息加以判断。

宏观审慎政策的实施

对识别系统性威胁的能力加以完善,是一种很好的做法。但是,当我们发现威胁时,应该怎样采取行动呢?这个问题将我们引入到了宏观审慎政策工具的制定与实施方面。第一项工具是借助于信息,使得投资者和公众在政策领域,对正在出现的系统性风险表示关注。国际货币基金组织和一些国家的中央银行所公布的详细的金融稳定报告,正是为了达到这一目的[1]。根据《多德—弗兰克法案》设立的金融稳定监管委员会,有责任在每年公布一份这样的报告。

诚然,大多数的此类报告都未能识别出最近这场危机背后的机制。而且,即使在问题被发现并拉响警报的时候,人们经常也并不在意——记得"非理性繁荣"这一说法的人们,都能证明这一点。那一位拉响警报的人,被认为是不想参加聚会的令人扫兴的人物。言语警告尽管重要,但它们显然还不够。我们需要依靠强有力的政策来提供支持。当聚会将要失控的时候,我们需要宏观审慎政策制定者来取走酒碗。当我们对那些最狂热的市场实施限制的时候,我们知道,市场参与者将会感到不悦,因为他们正在这些市场上赚大钱。在房地产繁荣的最后几个阶段,许多金融机构的首席执行官都挥手打消了自己的风险管理者提出的警告。

那么,主要的宏观审慎监管工具是什么呢?其中的许多都类似于微

---

[1] 参见:International Monetary Fund. Global Financial Stability Report:Meeting New Challenges to Stability and Building a Safer System [R]. Washington:IMF, 2010. 比如,参见:Bank of England. Financial Stability Report [R]. London:BOE.

观审慎政策。它们表现为对金融企业资产负债业务的限制或鼓励。然而，宏观审慎政策不同于纯粹的微观审慎方法；其区别在于，前者是为了保护整个金融体系以及经济体系。宏观审慎政策将关注于消除信贷和杠杆交易的顺周期性倾向，在系统性风险正在累积的过程中采取逆风行动。此外，它们还将力求阻止与金融体系的相互联系和波及效应相关的风险。

巴塞尔银行监管委员会正在发挥关键作用，以设计出这种新的监管制度，来作为《巴塞尔协议（Ⅲ）》的一项内容。此外，在美联储的领导下，美国正在顺利实施宏观审慎监管措施。美国以及国外的政策制定者一致认为，宏观审慎政策必须包含持有更多高质量资本的要求。所制定的资本要求，必须降低信贷和杠杆交易的顺周期性倾向。金融机构需要在繁荣时期积累资本缓冲，以便困难时期提取；这样就能限制繁荣时期的信贷增长，缓解经济下滑时期的信贷紧缩。除了传统的股本缓冲之外，银行还需要以可转换债务的形式，持有或有资本（在经历重大损失时，这些债务可以转换成股本）。这种额外的资本，使得银行可以在危机时刻免于破产，同时又可以使它们在繁荣时期，能够从债务融资中获得利益。美国的监管者还在针对系统重要性金融机构设计更高的审慎标准，以约束这些企业的风险承担行为（它们的倒闭会带来最严重的系统性风险）。其中一种方法涉及，依据某些因素（比如某些企业的战略与其他企业战略的相关性）来对金融企业实施处罚或限制；或者是对这些企业与单个交易对手的风险暴露加以限制。

我们正在制定政策，以确保金融机构不对短期债务产生过度依赖，而且在市场下滑时期拥有充足的流动性。此类要求会降低流动性短缺和流动性囤积而引发的风险（这种风险会加快信贷市场的瓦解）。政策制定者还可以通过采取一些政策，来抑制对更广泛的短期债务投资者的依赖——比如，可以对回购协议担保物的差额进行监管。为了应对不可持续的房地产价格上涨,一些国家选择了这样的做法:对住房贷款的贷款价值比实施最高限额。这种方法值得认真对待。我希望看到的是,这些政策将限制债务和杠杆交易呈现出危险的顺周期性变化趋势,减少期限不匹配状况以及有可能发生的挤兑,并抑制不可持续的资产价格上涨。重要的是,美联储及美国的其他监管者还采取了一些措施,来确保被监管的金融机构所实施的薪酬政策,不会去激励过度的顺周期性风险承担行为。

宏观审慎监管必须特别关注那些有可能损害金融体系通信设施(即支付、清算与结算体系)的风险——这些设施的停止运转,将会造成系统性风险的传播和放大。重要的一点在于,《多德—弗兰克法案》极大地提升了场内衍生合约交易的比重,以及这些交易利用中央交易对手进行清算的比重[①]。由于清算所本身面对着交易对手风险,而且是金融体系中的关键环节,因此,它们必须接受监管,以确保其安全运行。

由于宏观审慎监管工作正在实施过程中,因此,我想突出地谈一谈政策设计方面要考虑的几项重要的内容。首先是固定的规则与自由决策权之间的恰当平衡——这是货币政策和财政政策时常遇到的一个问题。在上述两种政策中,我们了解到,固定的规则能够提供独特的优势。在财政政策中,历史证明自动稳定器有助于缓解周期性波动的幅度。在必要的时候,它们会以一种及时和可预测的方式引发财政支持。在货币政策领域,美联储和其他中央银行通常的政策调整行为,在研究者和市场参与者看来,都是可以预测的,而且具有系统性。事实上,在实际的决策中,人们正在越来越多地使用政策规则所提供的指南,因为,基于规则的建议是合理思考的开端。符合于规则的行为,还有助于市场预期与政策制定者预期的吻合,这样,政策会迅速和有效地向经济领域传导。

---

① 关于这些问题的讨论,参见:Duffie and others. Policy Perspectives [C]. in note 5, 2010.

然而，无论财政政策的制定者还是货币政策的制定者，都不能仅仅依赖于固定的规则。在某些情况下，需要应对巨大冲击导致的经济波动时，财政政策的自由决策权是很有帮助的，甚至是必须的。同样，在货币政策领域，美联储和其他中央银行必定不会去被动地遵循任何规则给出的方案。在应对严重的冲击（通常出现的强大逆风行动或严重的非对称性风险）时，它们会保留偏离此类方案的自由决策权。

在实施宏观审慎监管的过程中，我认为采用下列控制体系同样是有利的：在该体系中，固定的规则能发挥重要作用，同时又为监管者的自由决策留有余地。固定的规则可以减少政策制定者在拿走酒碗时所面临的困难决定。此外，如果自由决定的宏观审慎政策干预措施，被推迟到繁荣已经完全出现的时候才开始实施，那么，事实证明，此时货币政策将难以抵消宏观经济的溢出效应。

由于这些原因，我们必须采用一种更加强有力的审慎控制体系，以缓解系统性风险的累积——该体系将包含自动应对顺周期性波动行为的机制。尽管如此，自由决策的干预措施必然要在宏观审慎监管中发挥一定的作用。重要的一点在于：我们需要记住金融机构一直非常善于利用基于规则的体系。而且，随着时间的推移，总是会有某种因素激励一些风险金融活动被转移到监管范围之外——即使监管范围也在不断地改变。这正是抵押贷款危机发生之前的状况：当时，影子银行系统和投资银行的杠杆比激增；某些非银行机构成了信用衍生市场的主要参与者。此外，金融体系的演变将使得任何完全基于规则的体系，都无法应对所有即将出现的系统性威胁，而必然需要自由决策的宏观审慎干预措施来解决危险事件的扩展；此外，判断力必须发挥一定的作用。

宏观审慎监管方面的第二个考虑是我们是否需要有更加完善的政策。这种考虑来自下列现象：我们还需要通过许多努力，来了解金融机构的行为以及这些行为对系统性风险和实体经济产生的影响。在信贷和金融动荡影响实体经济的渠道以及在这些影响向银行和金融体系的反馈方面，我们都拥有了更加强大的模型分析能力①。然而，在我们对关键渠道的理解、这些渠道的重要性的量化以及政策所造成的影响等方面，我们还没有完全的把握。因此，重要的是，我们所实施的政策要有能力成功地缓解引发未来危机的系统性风险，无论导致风险的确切原因和传播渠道如何。大量的货币政策研究结果表明，当政策制定者不了解经济结构以及经济冲击的来源时，简单的规则能够带来较为满意甚至是非常好的效果②。这一结论也适应于宏观审慎监管。

设计宏观审慎监管时的第三个考虑是，需要有广泛的国际合作。如果美国只是独自采取严厉的政策，我们会看到，美国的金融机构的业绩将越来越差。但是，我相信这种情况不会发生。在巴塞尔银行监管委员会、金融稳定委员会、国际货币基金组织以及其他机构的帮助下，我们正在与国际伙伴展开密切合作，以开发出统一的和全面的监管方法③。

最后，我们不要忘记，宏观审慎政策既会带来利益，也会带来成本。这些成本的规模仍然是人们在探讨的话题。然而，与其他各种形式的监管一样，我们必须在过于严格的监管与自由放任之间找到恰当的平衡。我并不知道确切的平衡点处在某个范围内的哪个具体位置。然而我的确知道，在危机爆发之前，我们灾难性地转向了自由放任，而且走得太远，导致了众所周知的后果。

---

① 比如，参见：Markus K. Brunnermeier and Yuliy Sannikov. A Macroeconomic Model with a Financial Sector [C]. unpublished paper, 2010, May; Vasco Curdia and Michael Woodford. Credit Spreads and Monetary Policy [R]. Staff Report 385, New York: Federal Reserve Bank of New York, 2009, August; Mark Gertler and Peter Karadi. A Model of Unconventional Monetary Policy [C]. manuscript, New York University, 2009, April.

② 比如，参见：John B. Taylor and John C. Williams. Simple and Robust Rules for Monetary Policy [C]. in Benjamin Friedman and Michael Woodford, eds., Handbook of Monetary Economics [M]. Amsterdam: North-Holland, forthcoming.

③ 参见：John Lipsky. Reconsidering the International Monetary System [C]. panel presentation at the "Macroeconomic Challenges: The Decade Ahead," a symposium sponsored by the Federal Reserve Bank of Kansas City, held in Jackson Hole, Wyo., 2010, August, 26-28.

与货币政策的相互作用

与系统性风险管理相关的一个最具挑战性的问题是：宏观审慎政策与货币政策之间存在着一定的相互作用。如果有必要的话，应该在多大程度上利用货币政策来缓解系统性风险？如果有必要的话，货币政策应该在多大程度上与宏观审慎监管相协调？这些问题是全球的政策制定者激烈讨论的话题。当然，货币政策是否应该逆资产价格泡沫而行，这并不是一个新问题①。发生改变的，只不过是人们在这些问题及其相关问题的探讨方面所感受到的迫切性的不同。

我在前面指出过（现在这一点已经成为共识），货币政策会通过几种渠道来影响系统性风险②。首先，货币政策会对资产价格直接产生影响；这显然是由于利率代表了持有资产的机会成本。事实上，货币传导机制中很重要的一部分是通过资产价格渠道来实现的。从理论上讲，利率下降导致的资产价格上涨，不应该使得资产价格像泡沫一样不断上升。然而，一旦泡沫产生（或许是因为过度乐观情绪的出现），尤其是当泡沫来自债务融资时，其结果就会造成系统性风险的累积。其次，最

---

① 比如，参见：Ben S. Bernanke and Mark Gertler. Monetary Policy and Asset Price Volatility [C]. paper presented at "New Challenges for Monetary Policy," a symposium sponsored by the Federal Reserve Bank of Kansas City, held in Jackson Hole, Wyo., 1999, August 26-28; Stephen G. Cecchetti, Hans Genburg, John Lipsky, and Sushil B. Wadhwani. Geneva Reports on the World Economy 2: Asset Prices and Central Bank Policy [R]. London: Centre for Economic Policy Research, 2000; and Donald L. Kohn. Monetary Policy and Asset Prices [C]. speech delivered at "Monetary Policy: A Journey from Theory to Practice," a European Central Bank colloquium held in honor of Otmar Issing, Frankfurt, Germany, 2006, March, 16.

② 参见：Janet L. Yellen. Linkages between Monetary and Regulatory Policy: Lessons from the Crisis [C]. presentation to the Institute of Regulation and Risk, North Asia, held in Hong Kong, 2009, November 17; and Charles Bean, Matthias Paustian, Adrian Penalver, and Tim Taylor. Monetary Policy after the Fall [C]. paper presented at "Macroeconomic Challenges: The Decade Ahead", a symposium sponsored by the Federal Reserve Bank of Kansas City, held in Jackson Hole, Wyo., 2009, August, 26-28.

近的研究发现，货币政策与金融中介的杠杆比之间有可能存在着联系①。可以想象，适应性的货币政策会引发金融系统内杠杆交易和过度风险承担行为的累积。

宏观审慎干预措施也可能产生宏观经济溢出效应。比如，研究表明，20世纪90年代初房地产贷款损失发生之后所采取的严格资本监管标准可能阻止了经济从衰退中恢复的步伐。如今，我们都知道，需要有更严格的银行资本和流动性要求来阻止系统性风险的产生。然而，在如此多的国家面临着大量的失业的时候，《巴塞尔协议（Ⅲ）》意识到有必要分阶段实施这些标准。将更严格标准的实施分布在多年内完成，这一做法可以缓解下列担忧：正在实施且旨在控制系统性风险的宏观审慎政策，将会过度限制信贷的获取，从而会阻碍经济的恢复。在这种情况下，宏观审慎政策的实施，理所当然地考虑到了货币政策（至少是在目前）无法轻易抵消的溢出效应。

有些人认为，由于存在我刚才所讲的溢出效应，宏观审慎政策和货币政策的执行应该进行紧密的协调，甚至是应该被整合在一起②。事实上，这一观点的逻辑使得某些分析者得出了下列结论：宏观审慎政策与货币政策都应该分配给中央银行来掌控③。正如我讲过的，出于多种原因的考虑，《多德—弗兰克法案》要求美联储在执行宏观审慎监管方面发挥重要作用。美联储有长期的监管经验，广泛了解金融市场的情况，

---

① 参见：Tobias Adrian and Hyun Song Shin. Money, Liquidity, and Monetary Policy [J]. American Economic Review, vol. 99 (May), 2009, pp. 600-05.

② 参见：Bean and others. Monetary Policy after the Fall, in note 15, for a discussion of the interaction of monetary and macroprudential policies.

③ 参见：Kenneth R. French, Martin N. Baily, John Y. Campbell, John H. Cochrane, Douglas W. Diamond, Darrell Duffie, Anil K Kashyap, Frederic S. Mishkin, Raghuram G. Rajan, David S. Scharfstein, Robert J. Shiller, Hyun Song Shin, Matthew J. Slaughter, Jeremy C. Stein, and René M. Stulz. The Squam Lake Report: Fixing the Financial System [M]. Princeton: Princeton University Press, 2010.

同时理解金融市场与经济之间的联系。此外，美联储来自监管方面的洞察力有助于货币政策的实施。然而，新的法案所指定的宏观审慎监管机构除了美联储之外，还包括其他一些机构；新设立的金融稳定监管委员会将在这方面发挥重要作用。当然，美联储要独自承担执行货币政策的责任，并保持自己的独立性。这样做有许多重要的原因。首先，金融体系内来自不同机构的监管者都加入了监管委员会，他们的各种观点有助于系统性风险的监控。其次，中央银行在执行货币政策时的独立性原则，被广泛认为是达到充分就业和物价稳定目标的重要手段。

幸运的是，即使货币政策和宏观审慎政策分别单独实施也完全有可能取得很好的结果；每一种政策所追求的目标，使用的是完全不同的政策工具组合。这一结论利用了大家熟知的政策指派问题——罗伯特·蒙代尔和其他一些人在分析货币政策和财政政策时提出了这一问题[1]。这方面学术研究得出的一个重要见解是：即使在没有政策协调的情况下，也能取得满意的结果——虽然在面对溢出效应时最优的政策一般都是需要协调的。当然，货币政策必须考虑到来自宏观审慎政策的任何宏观经济效应；反过来也是如此。

无论从理论上来讲，还是从实践来看，在制定宏观审慎政策和货币政策时，采用这种单独指派的方法都是有好处的。然而，小心起见我不想过多地宣扬这种政策分离的观点。比如，我讲过，有可能会出现这样的情况：美联储在执行货币政策时，有可能无法完全抵消宏观审慎干预给宏观经济带来的影响。这种情况之所以可能会发生，是因为利率有可能接近于零，或者是因为货币政策具有滞后效应。在这种情况下，宏观审慎政策就应该考虑到对宏观经济产生的影响。出于同样的理由，我也并不想说，在实施货币政策时，考虑该政策对金融稳定性的潜在影响的

---

[1] 参见：Robert A. Mundell. Appropriate Use of Monetary and Fiscal Policy for Internal and External Stability [J]. International Monetary Fund Staff Papers, vol. 9 (1), 1962.

做法始终是不恰当的。监管是不完善的。即使我们强化了宏观审慎监管和控制，金融市场的失衡也有可能出现。未来的某一天，宏观审慎监管者有可能会放松警戒。在这种情况下，如果正在出现的金融稳定性威胁变得非常明显，货币政策就有可能面临着难以取舍的问题。我希望这种情况主要体现在理论上，而在实践中会极少发生。

总之，在设计新的监管框架方面，我们取得的进步使我感到鼓舞。然而，宏观审慎监管是一项尚未完成的工作；我们必须保持谦虚，认识到自己还有许多东西需要去了解。

面对的挑战

对摆在我们面前的挑战采取现实的态度，这一点很重要。按其本意来讲，用于管理系统性风险的政策应对的或许是从来不会导致危机发生的危险事件。有时，我们就像一个喊"狼来了！"的男孩；村民们可能会由于被从床上叫起来而感到不高兴。目前，我们仍然在承受重大金融灾难所带来的冲击。现在，制定宏观审慎政策的环境相对有利。然而，与以往一样，人们的记忆将会退去；未来的政策制定者可能会面临严厉的批评。他们需要依赖不完全的实时信息，做出困难而且有可能是代价高昂的判断。在这一方面，有必要记住保罗·萨缪尔逊的俏皮话：在过去的五次衰退中，股市预测出了九次结果。未来的监管者和货币政策的制定者是否会遭到如下指责：在过去的两次资产泡沫破灭事件中，他们预测出了十次结果？

这些危险是真实存在的。然而，最近经历的事件清楚地表明，我们别无选择，只能朝着这条道路走下去。别人都问我们，"你们当时没有看到抵押贷款灾难正在来临吗？你们当时为什么没有采取任何行动？"现在，我们的任务是实施明智的货币政策，以抑制住未来的泡沫和信贷的过度扩张，并且确保这些问题发生时，对经济造成的损害尽量减少。

下次遇到这种情况的时候,我希望我们能说,"我们的确看到了灾难的来临,而且我们当时采取了一些行动。"

谢谢大家!